山东女子学院北大山成果文库

# 幼儿园课程革新

## 思维方式变迁与课程优化实践

刘 源◎著

中国经济出版社
CHINA ECONOMIC PUBLISHING HOUSE
·北 京·

**图书在版编目（CIP）数据**

幼儿园课程革新：思维方式变迁与课程优化实践 / 刘源著 .-- 北京 ：中国经济出版社，2025.8. -- ISBN 978-7-5136-8260-2

Ⅰ. G612

中国国家版本馆 CIP 数据核字第 2025U528U9 号

组稿编辑 崔姜薇
责任编辑 王骏雄
责任印制 李 伟
封面设计 任燕飞

**出版发行** 中国经济出版社
**印 刷 者** 河北宝昌佳彩印刷有限公司
**经 销 者** 各地新华书店
**开　　本** 710mm × 1000mm 1/16
**印　　张** 13.75
**字　　数** 208 千字
**版　　次** 2025 年 8 月第 1 版
**印　　次** 2025 年 8 月第 1 次
**定　　价** 88.00 元
**广告经营许可证** 京西工商广字第 8179 号

**中国经济出版社** **网址** http://epc.sinopec.com/epc/ **社址** 北京市东城区安定门外大街 58 号 **邮编** 100011

本版图书如存在印装质量问题，请与本社销售中心联系调换（联系电话：010-57512564）

---

如果是在表面上抓住它，困难依旧原封不动，得不到改变。必须是连根拔起，使得我们开始以一种新的方式来思考这些事物。例如，从炼金术到化学的思维方式的变化是决定性的。新的思维方式正是最难建立起来的东西。一旦新的思维方式得以建立起来，旧的问题就会消失；事实上这些问题也很难再想得起来了。因为它们跟随着我们表达自己的方式，假如我们披上新的表达方式，这些旧问题就会和旧的服装一起被丢弃了。

——（奥）路德维希·维特根斯坦

PREFACE 前 言

# 当代幼儿园课程实践审思

课程论是以课程现象为主要研究对象的学科领域。它有一个很长的过去，却只有一个短暂的历史。说它有一个很长的过去，是因为课程现象是伴随教育现象出现的。从本意上来讲，课程“是从拉丁语‘currere’一词派生出来的，意为‘跑道’（race-course）。根据这个词源，最常见的课程定义是‘学习的进程’（course of study），简称学程。”[①]作为世界历史上最早专门论述教育和教学问题的著作，《礼记·学记》提出了一个完整的学习进程和评价标准。“比年入学，中年考校：一年视离经辨志，三年视敬业乐群，五年视博习亲师，七年视论学取友，谓之小成。九年知类通达，强立而不反，谓之大成。”然而，作为一门独立的学科，课程论则始于1918年博比特出版的《课程》一书。在这本书中，博比特明确指出“课程”是一个专门的术语，并认为它包括经验的整个范围，既是指导性的，又是非指导性的，涉及个体能力的展开；它也是一系列有意识指导的训练经验。由此算来，课程论也不过只有百年的历史。

从博比特对课程的第二种解释，即课程是一系列有意识指导的训练经验这一观点来看，自从有了幼儿园教育，实际意义上的课程便存在了。我国幼儿园教育已走过了一百二十余年的发展历程，在此过程中，幼儿园教育实践的变迁与发展总是与幼儿园课程紧密相关。可以说，幼儿园课程的持续探索和健康发展将对未来我国学前教育高质量发展产生积极作用和关键影响。

---

① 施良方．课程理论：课程的基础、原理与问题［M］．北京：教育科学出版社，1996：3.

# 第一节　我国幼儿园课程的变迁

自 1903 年湖北巡抚端方于武汉创办我国第一家公共学前教育机构，以及 1904 年《奏定蒙养院章程及家庭教育法章程》的颁布起，现代意义上的学前教育在中国已走过了一百二十年余年的历史。纵观这百余年的发展史，幼儿园课程的发展与变革是贯穿百年学前教育发展的一条主线。

## 一、我国幼儿园课程百年发展史分析框架

我国学界对中国幼儿园课程百年发展史的系统研究中，王春燕撰写的《中国学前课程百年发展与变革的历史研究》是最具代表性的。依据社会条件、文化等因素的影响，王春燕将我国幼儿园课程百年发展史划分为五个阶段：学习、模仿日本模式的清末民初幼儿园课程（1903—1918 年）；旧中国幼儿园课程本土化、科学化的探索（1919—1948 年）；新中国幼儿园课程的变革与发展（1949—1965 年）；灾难化阶段（1966—1975 年）；中国幼儿园课程的进一步发展与完善（1976—2003 年）。[①]新近研究中，张斌、虞永平的《百廿年我国幼儿园课程的发展与启示》一文进一步论述了该问题。基于我国幼儿园课程在不同历史时期的阶段主题，张斌、虞永平将我国幼儿园课程百年发展史划分为四个阶段：萌芽与探索中的突破（1903—1948 年）；统一规制与曲折迂回（1949—1977 年）；回归与再度启程（1979—2000 年）；关注质量与多元改革（2001 年至今）。[②]

对比以上两个代表性研究，不难发现，在对我国幼儿园课程发展史的历史阶段划分上，二者有着高度的相似性。例如，从清末幼儿园创办到新中国成立前夕这一时期，王春燕将幼儿园课程的变革划分为两个阶段，即学习、模仿日本模式的清末民初幼儿园课程（1903—1918 年）和旧中国幼儿园课程本土化、科学化的探索（1919—1948 年），而张斌、虞永平则将这一时期凝炼

① 王春燕．中国学前课程百年发展与变革的历史研究［M］．北京：教育科学出版社，2004.

② 张斌，虞永平．百廿年我国幼儿园课程的发展与启示［J］．学前教育研究，2024（8）：12-22.

为一个阶段（即萌芽与探索中的突破（1903—1948 年），两者对这四十余年幼儿园课程变革的阐释重点都放在了清末模仿日本幼稚园保育课程来创立中国蒙养院课程和民国时期我国幼儿园课程本土化（包括理论层面、实践层面和政策层面）。这固然是对史实的“忠诚”，然而在回应“历史发展”与“现实变革”这一基本理论问题时，厚重感略显不足。因此，本书借鉴阿诺德·约瑟夫·汤因比（Arnold Joseph Toynbee）的“挑战”与“应战”理论框架，重新审视这一历史进程。

在汤因比的著作《历史研究》中，汤因比从文明形态史观的角度出发提出，人类历史是多种文明相互激荡的历史；每一种文明一般都会经历产生、成长、衰落和解体的过程。同时，他提出了“挑战”与“应战”这一对概念作为理解历史进程的关键。具体而言，创造性活动只能是对一定环境的反应，由于环境的挑战激发了人们的创造热情并为此付出了巨大努力以应战，在这个过程中文明产生了。“挑战”是个体在生存过程中所面临的各种各样需要解决的问题；“应战”则是多样、复杂化的问题得到了合理的解决。由此来看，任何人类文明的产生并非是在易于人类生活的良好自然环境中产生的，而是在恶劣的自然条件下产生的。这是因为，恶劣的环境激发了人们的创造力和想象力，而在改造环境的过程中，某种文明得以产生。

鉴于过弱的挑战和过强的挑战都不能引发良性的应战，汤因比提出了“适度性原则”，即在挑战不足与过量之间存在一个适应点，即二者之间存在着恰当的张力：挑战过弱，无法激起应战的热情；挑战过强，耗尽了人们的精力，无法进行有效创造。因此，可以说，人类文明的产生是对适度挑战的成功应战。当文明产生之后，成长并非自然而然的事情。对此，汤因比认为，一些文明虽然对最初的挑战做出了成功的应战，但由于挑战太过残酷，竭尽全力地应战耗尽了该文明的一切力量，从而导致这一文明的停滞不前。当然，停滞不前不仅可能发生在文明刚刚出现后，而且可能发生在文明发展的任何一个阶段。

概而言之，汤因比认为：“这些停滞的社会或团体的共同特点是：他们均由于尝试并实现了一次重大的举动而停止了运动，他们均对恰好介于刺激和过分刺激之间的挑战进行了应战。那些流产的文明，在试图出生的时候，遇到了难以逾越的困难，因此不幸夭折。停滞的文明则赢得了第一个回合，但在接下来的一轮中却遭受了明确无误的失败。”[①]由此来看，文明的成长并非一帆风顺。

> 最适度的挑战不仅必须激起受到挑战的一方进行成功的应战，而且刺激对方获得一种将自己推向前进的动力，即从一次成功到新的斗争，从一个问题的解决到另一个问题的提出，从暂时的歇息到展开新的运动，从阴再次到阳。如果说起源之后接着就是成长的话，那么仅有从混乱状态到恢复平衡这种单一的、有限的运动是不够的。为了使这一运动转变为一种反复再现的韵律，就必须有一种把受到挑战的一方由平衡状态推入不平衡状态的冲力，使之暴露在新的挑战面前，因而激励它做出以进一步的平衡为形式的新应战。而结局却是又一次的不平衡，实际是一种潜在的无止境的进程。[②]

如果一个文明不能对连续出现的挑战做出持续成功地应战，它随时可能会在任何一个阶段衰落下来。汤因比列举了导致文明衰落的几个主要原因，包括模仿的机械性、自我角色的转换、消极错误的偶像崇拜等。文明衰落后，有的很快走向解体，有的则要经过漫长的僵化后才解体。“当一个文明的成长被衰落终止的时候，已经僵化为少数统治者的那些自诩为创造者的人，便开始反复做出一种毫无新意的无效动作，来应付没有受到回应、于是便永无休止地出现的挑战。”[③]从汤因比对文明产生、成长、衰落和解体的论述中不难发现，当文明产生和成长时，社会呈现出丰富多彩、灵活多样、多元化的态势；在文明衰落和解体时，社会则呈现出单一性、单调性、无活力的态势。如果说，文明衰落的根本原因是社会丧失了自决与和谐，那么文明在解体的过程中是这种状况的进一步加深与强化，表现出社会有机体在地方和社会成员构成方面的分裂。

---

① （英）汤因比著 . 历史研究［M］. 上海：上海人民出版社，2000：113.
② （英）汤因比著 . 历史研究［M］. 上海：上海人民出版社，2000：119.
③ （英）汤因比著 . 历史研究［M］. 上海：上海人民出版社，2000：201.

## 二、我国幼儿园课程发展史阶段划分

根据上述的分析框架，本书将我国百余年的幼儿园课程发展史划分为以下 5 个阶段。这一划分强调不同历史时期社会文化语境对幼儿园教育及其课程系统提出的挑战，以及其通过理论创新与实践探索形成的挑战，最终推动幼儿园课程这一教育文明的演进。

1. 西学东渐与制度初创（1903—1921 年）

对于儿童的早期教育，中国早已有之，即蒙学。所谓蒙学，是我国古代对蒙童进行基础文化知识教育和初步道德养成教育的统称。即使如“胎教”这种被认为是现代西方国家首创的儿童早期教育理论，在中国古代也早有论著。汉代刘向（公元前 77 年 – 前 6 年）在其所著的《列女传》中就概括出“慎感”的胎教思想。“古者妇人妊子，寝不侧，坐不边，立不跸，不食邪味，割不正不食，席不正不坐，目不视于邪色，耳不听于淫声。夜则令瞽诵诗，道正事。如此则生子形容端正，才德必过人矣。故妊子之时，必慎所感。感于善则善，感于恶则恶。人生而肖万物者，皆其母感于物，故形音肖之，文王母可谓知肖化矣。”中国古代对于早期教育就有颇多研究和论述，强调要根据儿童的身心发展规律来进行。例如，明代思想家王守仁（公元 1472–1529 年）在《训蒙大意示教读刘伯颂等》中谈道：

> 大抵童子之情，乐嬉游而惮拘检，如草木之始萌芽，舒畅之则条达，摧挠之则衰痿。今教童子，必使其趋向鼓舞，中心喜悦，则其进自不能已。譬之时雨春风，沾被卉木，莫不萌动发越，自然日长月化；若冰霜剥落，则生意萧索，日就枯槁矣。

此外，传统蒙学的启蒙读物《三字经》《百家姓》《千字文》，即“三、百、千”仅用 1462 个单字组成，又极富音韵，易于蒙童接受又能基本满足阅读和写作的需要。不难发现，中国古代早期教育的思想，无论是理论上，还是实践上都是十分丰富多彩的。

晚清时期，随着内忧外患不断加剧，“一种前所未有的危机气氛形成了，全国弥漫着被瓜分的恐惧”。[①] 在一系列救亡图存的探索中，洋务运动中的洋务教育运动、康有为的儿童公育思想，以及外国教会幼稚园的出现，对中国传统蒙学无法培养现代公民提出了挑战。

为了应对这一挑战，1903 年，湖北巡抚端方于武汉创办我国第一家公共学前教育机构；同年，张之洞等人重新厘定并于 1904 年正式颁布、实施了中国近代第一个学制《奏定学堂章程》，即“癸卯学制”。在《奏定学堂章程》的《奏定蒙养院章程及家庭教育法章程》中规定：“按各国皆有幼稚园，其义即此章程所设之蒙养院，为保育三岁以上至七岁幼儿之所。”由此，我国制度化的学前教育机构正式出现，而真正意义上的幼儿园课程也随之出现。只是，这时候的幼儿园课程是对1899年日本《幼稚园保育及设备规程》的全盘复制。其课程目标包括：

> 保育教导儿童，专在发育其身体，渐启其心智，使之远于浇薄之恶风，习于善良之规范。
>
> 保育教导儿童，当体察幼儿身体气力之所能为，心力知觉之所能及，断不可强授以难记难解之事，或使为疲乏过度之业。
>
> 保育教导儿童，务留意儿童之性情及行止仪容，使趋端正。
>
> 儿童性情极好模仿，务专示以善良之事物使则效之；孟母三迁，即此意也。[②]

在课程内容方面，则设置了游戏、歌谣、谈话和手技四项。

诚然，《奏定蒙养院章程及家庭教育法章程》及其课程体系标志着中国近代学前教育的重大突破，但是由于其“中学为体，西学为用”的形式与内容的实质性矛盾，终究导致这一次的应战以失败而告终。

1911 年辛亥革命胜利，1912 年南京临时政府成立。1912 年 9 月，在蔡元培的主持下公布《学校系统令》，称壬子学制。不久，又陆续颁发了一系列改

① 费正清，刘广京．剑桥中国晚清史（下卷）［M］．北京：中国社会科学出版社，1985，323.
② 喻本伐．中国学前教育史料集成（卷一）［M］．北京：人民教育出版社，2022，41.

革政令，与壬子学制结合，并称为壬子癸丑学制，蒙养院更名为蒙养园。蒙养园作为新学制体系中的一环，仍不占学制年限，并且仍然是其他教育机构的附属部分，附属在小学和女子师范学校内。

民初时期的幼儿园课程中虽然增加了福禄贝尔的“恩物”“蒙台梭利教育法”等内容，但是在形式和内容仍沿袭清末效仿日本的模式。例如，在课程目标上，“保育幼儿务使其身心健全发达，得善良之习惯，以辅助家庭教育。”在课程内容上，“保育之项目为游戏、谈话、手艺、唱歌。”由此可以看出，上述这些规定，除个别称谓的变化，民初时期的幼儿园课程与《奏定蒙养院章程及家庭教育法章程》中的规定基本相同，且仍以效法日本模式为主。

在这近二十年的发展历程中，中国现代意义上的学前教育及幼儿园课程得以创立，实属一种历史突破。不得不说，这是在当时的历史背景下，中国学前教育面对巨大挑战的一种积极的应战。但这种应战形式大于实质，并且直接的移植（这一时期主要是移植日本）导致与中国传统蒙学之间的矛盾冲突，其实际上反映出“中体西用”思想的内在思维方式的尖锐矛盾。与此同时，从清末到民初，我国学前教育及其课程体系还面临着内部矛盾和外部矛盾。内部矛盾主要包括两个方面，一是官办幼儿园与私立幼儿园的对立，将本就质差量少、基础薄弱的中国学前教育进一步割裂，如有不完全统计数据显示，1907 年，全国有蒙养院 428 所，在院幼儿仅有 4893 人，且由于师资问题，在院幼儿并未能真正获得相应发展。二是城市与农村在学前教育资源获取上的差异，进一步加剧了城乡二元化对立和社会阶级分化。例如，据江苏教育会幼稚教育研究会的调查，1918 年，仅上海一地新建的幼稚园就有 12 所，在园幼儿约 389 人，教师约 42 人。① 外部矛盾也主要包括两个方面：一是中国自办的各类幼儿园与教会幼儿园的并存，导致教育话语权的争夺，更是中西方文化话语权的争夺。例如，据 1924 年南京一女师附设的幼师科对全国幼稚园的调查结果，在当时全国的 190 所幼稚园中，教会举办的幼儿园竟多达 156 所，占总数的 80% 以上。二是中国传统蒙学思想与西方学前教育思想的撞击，导致中国传统蒙学的式微。例如，1903 年，日本保姆到我国蒙养

① 唐淑，钟昭华．中国学前教育史［M］．北京：人民教育出版社，1993，93.

院任教后，便把福禄贝尔的思想、课程内容及教材、教法等带入中国；民初时期刊发在《教育杂志》《新教育杂志》上的文章进一步加大了福禄贝尔教育思想的传播，相应地，中国传统蒙学的思想、“三、百、千”等蒙学读物也被取而代之。

总而言之，这一时期的中国学前教育及其课程体系是在应对当时的国情和世界上有关儿童早期教育的浪潮中产生和发展起来的，但同时又因为处于被动应战的地位，直接移植了他国模式，因而最终走向了衰落和解体。

2. 本土化探索与理论觉醒（1922—1949 年）

“五四运动”前后，蔡元培、陶行知、胡适等人为了探讨中国教育的出路，把形形色色的西方教育理论、学说、思潮统统介绍进来，引发了宣介西方教育理论、教育学说的热潮。然而，就当时中国幼儿园课程的实际情况而言，外国化、宗教化倾向突出。张雪门在《我国三十年来幼稚教育的回顾》中记载，当时国内幼儿园课程主要包括三种类型：一是蒙养院中的日本式课程，二是教会幼稚园的宗教式课程，三是福禄贝尔、蒙台梭利课程。对此，陈鹤琴在《现今幼稚教育之弊病》中直言不讳地指出：“我们中国的幼稚园大抵是抄袭外人的，而外人的幼稚园已时有改进，但我们还是墨守成规，不知改良，以致陈旧腐败不堪闻问了。”

不难发现，自前一阶段的被动应战、直接移植他国模式而导致其衰落和解体的弊端仍在持续发酵，并由于此时的国家危机加重和民族救亡图存心切，以致在幼儿园课程中更加凸显民族文化主体性危机。这既是前一阶段挑战的延续，又是这一阶段挑战的新形态。其中，美国教育家孟禄来华讲学并对当时国家学制方面改革的影响可见一斑。

1922 年，当时的政府公布《学校系统改革令》，又称壬戌学制。在这一新学制中，蒙养园更名为幼稚园，并将其正式列入学制系统。这为中国本土化幼儿园课程的探索与发展提供了契机，以陶行知、陈鹤琴、张宗麟等人为代表的学前教育家开启了本土化、科学化幼儿园课程的实践研究。1923 年陈鹤琴创办的南京鼓楼幼稚园、1927 年陶行知创办的晓庄乡村幼稚园和张宗麟创办的南京燕子矶幼稚园等，积极探索适用于国情和学情的幼儿园课程，并推动了 1932 年第一个全国统一的幼儿园课程标准——《幼稚园课程标准》的颁布。该课程标准分为三部分，其中，第一部分为幼稚教育总目标，主要有四个方面：

1. 增进幼稚儿童身心的健康。
2. 力谋幼稚儿童应有的快乐和幸福。
3. 培养人生基本的优良习惯（包括身体、行为等各方面的习惯）。
4. 协助家庭教养幼稚儿童，并谋家庭教育的改进。[①]

第二部分为课程内容，包括音乐、故事和儿歌、游戏、社会和常识、工作、静息、餐点7项。每项均列出目标、内容大要及最低限度。例如，“游戏”一项规定如下：

1. 目标

（1）增进儿童身体的健康。

（2）顺应爱好游戏的自然性向，而兴以适当的游戏活动。

（3）发展筋肉的连合作用，并训练感觉和躯肢的敏活反应。

（4）训练互助、协作、合群守纪律、公正、耐苦等社会性。

2. 内容大要

（1）计数游戏（如搬运豆囊、抛掷皮球等，可兼习计数）。

（2）故事表演和唱歌表情的游戏。

（3）节奏的（例如听音而作鸟飞兽走等的游戏）和舞蹈的游戏。

（4）感觉游戏（闭目摸索、听音找人等练习触觉、听觉、视觉等的游戏）。

（5）应用简单用具（如秋千、滑梯、木马、跷跷板等）的游戏。

（6）摹拟游戏（如小兵操、猫捉老鼠等摹拟动作）。

（7）我国各地方固有的各种良好的游戏。

---

① 喻本伐. 中国学前教育史料集成（卷四）[M]. 北京：人民教育出版社，2022，168.

3. 最低限度

（1）能参加群儿的集合，成行成圈，自觉协调。

（2）能使用园中所设计的游戏器具五种以上。

（3）知道游戏的简要规则。[①]

第三部分为教育方法要点，共17条。其主要内容为：规定将各科（音乐、游戏、故事和儿童、社会和自然、工作等）打成一片，实行课程（作业）中心制的设计教学；幼儿在园时间，全日约六小时，半日约三小时；各种作业可由儿童各从所好，自由活动，但是每日应有一次团体作业；故事、游戏、音乐、社会和自然大都可由教师引导，施行团体作业，工作则大部分应该由儿童个别活动，由教师个别指导；幼稚园所用的材料，必须是日常可见可接触至少可想象的实物、事实；教师是儿童活动中的把舵者、儿童问题的最后裁判者；教师应利用奖励，以鼓励儿童对于某种作业的兴趣；教师需细微、全面的观察儿童并记录；幼稚园必须充分利用户外的自然和社会环境，并注意设备要合乎我国的民族性，合乎当地社会情形，要适应儿童需要和不违背教育的意义等。

《幼稚园课程标准》的颁布是当时我国专家学者在吸收和借鉴西方学前教育思想，并结合和总结自己实践经验的基础上，所编订的一套符合实际的幼儿园课程体系。同时，这一课程标准也是对前述阶段中所提及的内部矛盾和外部矛盾的积极应战。

更值得注意的是，这一阶段本土化、科学化的幼儿园课程理论也蔚为可观，而其中的翘楚当属“南陈北张”——陈鹤琴和张雪门。陈鹤琴（1892–1982年）的“活教育”理论，是我国现代学前教育的理论瑰宝。“活教育”理论包含目的论、课程论和教法论三大板块，依照陈鹤琴的说法，“课程与方法都是达到目的的工具，所以谈教育，第一应当解释目的”。在他看来，目的主要包括以下四方面：

① 喻本伐. 中国学前教育史料集成（卷四）[M]. 北京：人民教育出版社，2022，169–170.

> 1. 做怎样的人：应有合作的精神、同情心、服务的精神。
>
> 2. 有怎样的身体：应有健康的体格、养成卫生的习惯、相当的运动技能。
>
> 3. 怎样开发儿童的智力：应有研究的态度、充分的知识、表意的能力。
>
> 4. 怎样培养情绪：应能欣赏自然美和艺术美，养成欢天喜地的快乐精神，消泯惧怕情绪。

据此，陈鹤琴提出课程应以自然和社会为中心、课程应实验“整体教学法”、课程应当采用游戏式和小团体式的教学方法等观点，并设计了“五指活动”课程，包括儿童健康活动、儿童社会活动、儿童科学活动、儿童艺术活动和儿童语言活动。

张雪门（1891–1973 年）提出的“幼稚园行为课程”是我国现代学前教育的另一理论瑰宝。张雪门认为“生活就是教育，五六岁的孩子们在幼稚园生活的实践，就是行为课程”，“它从生活而来，从生活而开展，也从生活而结束，不像一般的完全限于教材的活动”。

> 教材不论是现成的，不论是创造的，其唯一的目的，为充实幼儿的生活，绝非灌注他们的熟料。因为教材的目的在充实幼儿的生活，所以对他们仅是活动而非知识。虽然活动里面未始不含有知识，但绝不是特殊地抽出来的死知识，且教材在儿童生活上的功能，是一种开始，而不是结果。若看教材当一种生活的结果，那儿童便可看作是一种空的东西待容纳了教材才能显出生活的功能；这一种生活即使实现，也不过是机械的反应罢了，且生活是流动的，所以教材的本体更应是现在，不是因袭。

为此，他提出了实施行为课程的三个重要原则，即课程固由于自然的行为，却须经过人工的精选；课程固由于劳动的行为，却得在劳动上劳心；课程固由于儿童生活中取材，但须有远大的客观标准。此外，张雪门还借鉴了克伯屈的设计教学法的基本思路，拟定了行为课程计划。

在这二十多年的发展历程中，本土化、科学化的幼儿园课程理论创造和实践探索，是对前一阶段挑战的积极应战，所取得的成就在此不再赘述。然而，在如火如荼的发展背后，国家仍然面临内忧外患，以至于先进的幼儿园课程理念和实践无法很好的推广。据统计，1936 年，全国幼稚园共有 1283 所，在园幼儿 79827 名；到 1947 年，全国幼稚园共有 1301 所，在园幼儿 130213 名，与当时全国人口相比，学前教育的普及率是极低的，且大都集中在沿海城市。同时，西方教育理论在这一时期的影响有增无减，即使如前述的“南陈北张”的课程理论和实践也难逃窠臼。总而言之，这一时期的应战较之前而言，更显主动。但是，由于特定历史时期的影响，以及当时幼儿园课程理论与实践自身的局限性，导致这一阶段的应战以衰败告终。

### （三）意识形态重构与苏式体系移植（1949—1977 年）

1949 年 10 月，中华人民共和国的诞生，让百年来灾难深重的中华民族和中国人民重新站了起来，也开启了我国学前教育和幼儿园课程发展的新纪元。在第一次全国教育工作会议上，确立了“以老解放区新教育经验为基础，吸收旧教育有用经验，借助苏联经验，建设新民主主义教育”的基本方针。[①] 在 1951 年 10 月公布的新中国第一个学制中，规定实施幼儿教育的组织为“幼儿园”，招收 3 足岁到 7 足岁的幼儿，使他们的身心在入小学前获得健全的发育。自 1922 年壬戌学制定名并沿用了 30 年的“幼稚园”更名为“幼儿园”。1952 年，在苏联专家的帮助下，原国家教委制订并实施了《幼儿园暂行规程草案》和《幼儿园暂行教学纲要（草案）》，我国幼儿园课程进入了苏联模式主导的阶段。

基于全面发展的学前教育总目标，《幼儿园暂行规程草案》规定：“幼儿园对幼儿进行初步的全面发展的教养工作。”具体划分为体、智、德、美四方面的培养目标：

① 中国教育年鉴．中国教育年鉴（1949–1981）[M]．北京：中国大百科全书出版社，1984：684.

1. 培养幼儿基本的卫生习惯，注意其营养，锻炼其体格，保证幼儿身体的正常发育和健康。

2. 培养幼儿正确运用感官和语言的基本能力，增进其对于环境的认识，以发展幼儿的智力。

3. 培养幼儿爱国思想、国民公德和诚实、勇敢、团结、友爱、守纪律、有礼貌等优良品质和习惯。

4. 培养幼儿爱美的观念和兴趣，增强其想象力和创造力。①

而在《幼儿园暂行教学纲要（草案）》中，则规定教养活动的总任务是“在有目的、有系统、有组织地对幼儿顺次传达知识，发展他们的体力、智力；并培养优良品德和习惯，打好准备升入小学的一切基础”。

在批判“单元教学”并仿照苏联分科教学模式的基础上，我国幼儿园课程自此确立了学科课程的绝对地位。《幼儿园暂行规程草案》将幼儿园课程划分为 6 个科目：

1. 体育（包括日常生活、卫生习惯、体操、游戏、舞蹈和律动等）。

2. 语言（包括谈话、讲述故事、歌谣、谜语）。

3. 认识环境（包括日常生活环境、社会环境、自然环境）。

4. 图画、手工（包括图画、纸工、泥工、其他材料作业等）。

5. 音乐（包括唱歌、表情唱歌、听音乐、乐器表演）。

6. 计算（包括认识数目、心算、度量）。②

上述课程科目与苏联《幼儿园教养员工作指南》中所设置的体育、游戏、本族语和认识环境、计算、图画与设计制作、音乐教育等活动基本一致。《幼

---

① 中国学前教育研究会. 中华人民共和国幼儿教育重要文献汇编［M］. 北京：北京师范大学出版社，1999：49.

② 中国学前教育研究会. 中华人民共和国幼儿教育重要文献汇编［M］. 北京：北京师范大学出版社，1999：52.

儿园暂行教学纲要（草案）》在强调“过去幼儿园一般都采用单元教学，各项作业，围绕着一个中心题，不顾作业本身的科学系统。这基本上是以幼儿为本位的教育思想体系，今天要明确肯定地废除它”的基础上，按照小、中、大三个年龄班进一步细化了上述科目的目标、教材大纲、教学要点和设备要点，充分体现了对苏联教育所强调的集中统一、计划教学思想的全盘接受。

1954–1956 年，结合新中国幼儿教育的发展步伐，在马努依连柯的指导下，《幼儿园教育工作指南（初稿）》完成编写并发至各地征求意见。《幼儿园教育工作指南（初稿）》再次强调了幼儿园“全面发展教育”的任务，并试图针对与苏联学前教育理论有差距的实践环节加以改革，重新划分了科目设置：

1. 作息制度和一天的教育工作内容。

2. 体育（创设合乎卫生要求的生活条件和环境、文化卫生习惯的培养、体操与活动性游戏）。

3. 游戏（创造性游戏、活动性游戏、教学游戏）。

4. 认识周围环境和发展语言（认识社会生活和发展语言、认识自然和发展语言）。

5. 计算（认识数目、学会数数、在已掌握的数目上加“一”或“二”后能知道是多少）。

6. 音乐（唱歌、听音乐、音乐游戏、舞蹈等）。

7. 美术。[①]

遗憾的是，由于受到当时政治运动的冲击，该初稿最终遭到否定而不了了之。

1966–1976 年的“文化大革命”期间，幼儿教育路线遭到全盘否定，被批判为修正主义的典型，而幼儿园课程形同虚设。例如，在体育课程方面，各类科学、合理的体育设施被批判为资产阶级生活方式被取消使用，幼儿的

① 中国学前教育研究会.中华人民共和国幼儿教育重要文献汇编［M］. 北京：北京师范大学出版社，1999：645–653.

体育活动和基本动作训练被“集体放羊”所取代，而供成人观赏的大型团体操表演和大型运动会风行一时。美育被视为资产阶级思想和情调的表现，幼儿园音乐、美术等方面的课程只能作为政治教育的工具，致使造反歌舞、样板戏曲充斥幼儿园，而引导幼儿欣赏自然美和艺术美的课程荡然无存。

在这近 30 年的发展历程中，国家对幼儿园课程的顶层设计与全国范围内的标准化推行，为新社会制度下我国幼儿园课程体系的建立奠定了基础。但是，我们应该看到，也是在这一时期，我国幼儿园课程面临着更加严峻的挑战。首先，在如何处理社会主义社会下幼儿园课程发展与旧中国幼儿园课程的关系上出现的割裂。在新中国成立之初，陈鹤琴“活教育”理论及单元教学仍然发挥着重要作用，公办幼儿园基本上沿袭了旧中国幼稚园课程设置。但由于全面效仿苏联和后续政治运动的影响，陈鹤琴首当其冲地受到批判并被冠以“文化买办”“冒牌学者”的污名。这对我国幼儿园课程的本土化、科学化探索造成了严重的损害。其次，在如何处理建立适应国情的幼儿园课程与接受外来模式（特别是苏联模式）的关系上出现了依赖。在新中国成立的 17 年间，不论是已实施的《幼儿园暂行规程草案》和《幼儿园暂行教学纲要（草案）》，还是夭折的《幼儿园教育工作指南（初稿）》都深受苏联模式的影响。整体来看，这一时期的幼儿园课程是在当时的历史背景下的一种积极应战，但简单化的“全盘接受”苏联模式，过于强调集中统一、计划教学以及分科课程的模式，在一定程度上违背了幼儿园课程发展的规律（见表 0-1）。

0-1 幼儿园每周必修作业项目和时间[①]

| 次数 / 班级 | 体育 | 认识环境 | 语言 | | 图画手工 | | | 音乐 | 计算 | 合计 |
|---|---|---|---|---|---|---|---|---|---|---|
| | | | 谈话 | 故事歌谣 | 图画 | 泥工 | 纸工 | | | |
| 小班 | 1 | — | 1 | 2 | 1 | 1 | 1 | 2 | — | 9 |
| 中班 | 2 | 1 | 1 | 2 | 2 | 1 | 1 | 2 | — | 12 |
| 大班 | 2 | 1 | 2 | 3 | 2 | 1 | 1 | 2 | 1 | 15 |
| 共计 | 5 | 2 | 4 | 7 | 5 | 3 | 3 | 6 | 1 | 36 |

① 中国学前教育研究会. 中华人民共和国幼儿教育重要文献汇编［M］. 北京：北京师范大学出版社，1999：568.

总而言之，这一时期在应对幼儿园课程发展的挑战中，既取得了前所未有的成绩，又存在着课程指导思想单一、继承历史经验不足、结合中国实际不够等局限性，并且由于政治运动的影响而遭遇了新的危机。正是在这样的基调下，能否积极应对挑战决定着中国幼儿园课程发展是继续前进，还是倒退，甚至是衰落或解体。

### （四）全球化冲击与多元融合（1978—2000年）

1978年，我国学前教育事业发展得以恢复。1979年7–8月，由教育部、卫生部、劳动总局、全国总工会和全国妇联联合召开的全国托幼工作会议，讨论了当时托幼工作中迫切需要解决的问题，奠定了拨乱反正之后各项托幼工作开展的基础，是我国学前教育发展史上一次极为关键的会议。会议明确提出：要积极恢复和发展卫生部门、教育部门办的示范性托儿所、幼儿园，有条件的地方也可以办实验性幼儿园，并提倡多种性质办园；要提高现有园所的保教水平，并确立了“根据儿童年龄特点积极创造条件，开展各种生动活泼的有教育意义的游戏”的改革思路。同年底，教育部颁发《城市幼儿园工作条例（试行草案）》，规定幼儿园必须贯彻保教结合的原则，将课程分为卫生保健与体育锻炼、游戏和作业、思想品德教育等几个部分。

1981年，教育部颁发《幼儿园教育纲要（试行草案）》，这是我国改革开放后的第一个幼儿园课程标准。这个课程标准继承了50年代《幼儿园暂行规程草案》和《幼儿园暂行教学纲要（草案）》的基本思想，规定了学前教育的任务，把幼儿园课程划分为生活卫生习惯、体育活动、思想品德、语言、常识、计算、音乐、美术等8个科目，并强调学前教育目标的实现是通过游戏、体育活动、上课、观察、劳动、娱乐及日常生活等各种活动来完成的。从课程结构来看，该文件所设置的幼儿园分科课程模式与以往相比几乎没有什么大的改变，始终没有摆脱苏联模式的框架。此后，这种幼儿园分科课程模式的弱点与弊端逐渐暴露出来，并对我国幼儿园课程的发展产生了持久的影响。

1989年，《幼儿园工作规程（试行）》的颁布具有重要的历史性意义，为幼儿园课程变革提供了颠覆性转变的课程观念。其中，它所提出的“遵循幼儿身心发展的规律，符合幼儿的年龄特点，注重个体差异，因人施教，引导幼儿个性健康发展”的幼儿园教育工作原则，以及所强调的教育要“以游戏为基本活动，寓教育于各项活动之中”的理念和“合理地综合组织各方面的教育内容，并渗透于幼儿一日生活的各项活动中，充分发挥各种教育手段的交互作用”的要求，表明幼儿园课程的整体性和联系性，并从根本上推动了课程中心由“教师、教材、上课”的理念转向“儿童、经验和活动”的理念。此后，为了适应我国幼儿教育事业发展的需要，原国家教委于1996年颁布并实施了修订后的《幼儿园工作规程》，并进一步强化了前述内容。

然而，如前所述，自20世纪50年代全盘接受苏联幼儿园分科课程模式以来所造成的影响是根深蒂固的，特别是1981年《幼儿园教育纲要（试行草案）》的颁布和实施，我国幼儿园分科课程的科目更加细化，这一方面推动了幼儿园课程的学科化和正规化，但也造成了各科之间割裂的加剧。同时，由于《幼儿园教育纲要（试行草案）》中把以前的“作业”明确更改为“上课”，客观上突出了集体教学的作用，致使教师多把注意力放在各科的教材教法上，使幼儿园的教学活动脱离了儿童的现实生活和成长规律，产生了重教学、轻游戏的普遍倾向。对此，弗莱雷在其《被压迫者教育学》中给出了一针见血的解释：“讲解把学生变成了‘容器’，变成了可任由教师‘灌输’的‘存储器’。教师越是往容器里装得完全彻底，就越是好教师；学生越是温顺地让自己被灌输，就越是好学生”，教师和学生处于对立面上：

> 1. 教师教，学生被教；2. 教师无所不知，学生一无所知；3. 教师思考，学生被考虑；4. 教师讲，学生听——温顺地听；5. 教师制订纪律，学生遵守纪律；6. 教师做出选择并将选择强加于学生，学生惟命是从；7. 教师做出行动，学生则幻想通过教师的行动而行动；8. 教师选择学习内容，学生适应学习内容；9. 教师把自己作为学生自由的对立面而建立起来的专业权威与知识权威混为一谈；10. 教师是学习过程的主体，而学生只纯粹是客体。①

① （巴西）弗莱雷.被压迫者教育学［M］. 顾建新，等译.上海：华东师范大学出版社，2001：24–25.

由此来看，当时我国幼儿园课程在政策层面（以及学术层面）的理念与实践层面的理念是存在鸿沟的。在当时的时代背景下，旧的幼儿园课程理念和模式仍在发挥着作用，而新的幼儿园课程理念和模式正在悄然兴起，这就好像两种文明在特定历史背景下的撞击和缠斗一样，必然会导致各种实践冲突。这既是对前一阶段挑战的一种必要的应战，同时又为这一阶段的应战提出了更高的要求。

与此同时，随着我国的改革开放，20 世纪八九十年代，西方一系列的儿童心理理论、教育理论以及各种教育思潮涌入我国，对新中国成立以来单一的课程指导思想产生了极大冲击。这一时期，皮亚杰的认知发展理论、人本主义教育理论、泰勒的课程设计理论等教育理论，以及蒙台梭利、瑞吉欧、华德福等幼儿园课程模式，形成了当时我国多元化的幼儿园课程发展与变革的指导思想。此外，20 世纪 80 年代以来，我国教育部与联合国儿童基金会的合作项目，如“学前教育师资培训”项目（1982–1989 年）、“幼儿园与小学衔接的研究”项目（1990–1994 年）、“学前教育机构一体化教育的教学策略”项目（1994–1996 年）等，以及与其他国际组织及国家合作的研究，在促进我国学前教育事业发展的同时，也对我国幼儿园课程的变革产生了重要影响。

总而言之，这一时期在应对幼儿园课程发展的挑战中，进一步厘清了我国幼儿园课程发展与变革的理念，也在 90 年代中后期愈发呈现出多样化的趋势。然而，这背后却隐藏着巨大的忧患和更大的挑战，即西方幼儿园课程模式仍然在我国幼儿园课程发展中占据着重要地位，而幼儿园课程理念和实践的种种变革又多是对这些外来模式的形式上的模仿，这导致课程精神的失却和本土化课程模式有效探索失去活力。诚如唐淑教授所言：“我认为当前幼儿园的问题主要有两个：第一，从不少文章里可以看到，我们现在的理论和实践工作者的理念是很先进的，近一二十年来，我们幼教界的理论发展非常快。但是我们所持有的理念与实践情况差距较大，并没有实质的转变；第二个印象是虽然有些幼儿园在搞一些‘游戏课程’‘情趣课程’，但是具体活动的设计并没有体现课程名称所包含的理念，仍然重知识，轻情感，教师处于高控制的地位，而且活动的目标、过程都没有体现幼儿的主体性。”

### （五）文化自觉与范式创新（2001年至今）

进入21世纪，教育部印发的《基础教育课程改革纲要（试行）》可谓影响深远的教育大事件。为了推动基础教育课程适应时代发展的需要，教育部决定大力推进基础教育课程改革，调整和改革基础教育的课程体系、结构、内容，构建符合素质教育要求的新的基础教育课程体系。其中，这次课程改革的6个具体目标为近二十余年来基础教育课程改革定好的基调：

> 1. 改变课程过于注重知识传授的倾向，强调形成积极主动的学习态度，使获得基础知识与基本技能的过程同时成为学会学习和形成正确价值观的过程。
>
> 2. 改变课程结构过于强调学科本位、科目过多和缺乏整合的现状，整体设置九年一贯的课程门类和课时比例，设置综合课程，以适应不同地区和学生发展的需求，体现课程结构的均衡性、综合性和选择性。
>
> 3. 改变课程内容“繁、难、偏、旧”和过于注重书本知识的现状，加强课程内容与学生生活以及现代社会科技发展的联系，关注学生的学习兴趣和经验，精选终身学习必备的基础知识和技能。
>
> 4. 改变课程实施过于强调接受学习、死记硬背、机械训练的现状，倡导学生主动参与、乐于探究、勤于动手，培养学生搜集和处理信息的能力、获取新知识的能力、分析和解决问题的能力，以及交流与合作的能力。
>
> 5. 改变课程评价过分强调甄别与选拔的功能，发挥评价促进学生发展，教师提高和改进教学实践的功能。
>
> 6. 改变课程管理过于集中的状况，实行国家、地方、学校三级课程管理，增强课程对地方、学校及学生的适应性。

从此开始，我国基础教育课程发展迈入了“旨在促使新的课程体系体现时代特征和中国特色，努力把开放的、民主的、科学的课程交给新世纪的中国儿童”的新篇章。[①]

随即，教育部印发《幼儿园教育指导纲要（试行）》并废止了1981年颁发的《幼儿园教育纲要（试行草案）》，标志着新时期我国幼儿园课程改革的启动。首先，《幼儿园教育指导纲要（试行）》所提倡的因地制宜、实事求是的原则，扭转了以往严格的集中统一要求，关注到了不同地区、不同类型、不同条件的幼儿园，为各地幼儿园课程的创生营造了一种更为宽松和支持的环境。其次，《幼儿园教育指导纲要（试行）》指出幼儿园的教育内容是全面的、启蒙性的，并可以相对划分为健康、语言、社会、科学、艺术等五大领域，扭转了以往幼儿园分科课程模式的局限，关注到了儿童、知识与课程之间的整体性和联系性，使幼儿园课程内容更加贴近幼儿生活和符合幼儿经验水平。最后，《幼儿园教育指导纲要（试行）》重新定义了幼儿园教师在课程实施中的角色定位：

> 1. 以关怀、接纳、尊重的态度与幼儿交往。耐心倾听，努力理解幼儿的想法与感受，支持、鼓励他们大胆探索与表达。
>
> 2. 善于发现幼儿感兴趣的事物、游戏和偶发事件中所隐含的教育价值，把握时机，积极引导。
>
> 3. 关注幼儿在活动中的表现和反应，敏感地察觉他们的需要，及时以适当的方式应答，形成合作探究式的师生互动。
>
> 4. 尊重幼儿在发展水平、能力、经验、学习方式等方面的个体差异，因人施教，努力使每一个幼儿都能获得满足和成功。
>
> 5. 关注幼儿的特殊需要，包括各种发展潜能和不同发展障碍，与家庭密切配合，共同促进幼儿健康成长。

扭转了以往幼儿园教师在课程实施中绝对权威的身份，关注到了师幼之间的共生关系，使幼儿园课程实施更加多样化和灵活，并能更好地支持儿童

---

① 钟启泉，崔允漷，张华，有宝华.为了每一个学生的发展——新世纪中国基础教育课程改革刍议［J］.全球教育展望，2001（2）：3-8.

的全面发展。最后，《幼儿园教育指导纲要（试行）》倡导评价主体构成的多元性，评价过程要真实、自然，扭转了以往幼儿园课程评价的单一性、成人化，关注到了幼儿的行为表现和发展变化的评价意义，使幼儿园课程评价更加强调是否对幼儿主动、有效学习的有利性。毫不夸张地讲，《幼儿园教育指导纲要（试行）》的颁布和实施带动了课程理念的再度更新，将先进的理念贯彻于对课程目标、内容、实施、评价等的系统性规定之中，为我国幼儿园课程的变革给予了彻底性框架。

此后，经过 10 年的实践经验积累和反思，加之大量本土性研究，并在吸收西方学前教育理论和实践的基础上，2012 年教育部印发《3–6 岁儿童学习与发展指南》，围绕五大领域、用大量可观测的典型表现阐释幼儿的各项发展目标，建立起本土化儿童学习与发展标准（见表 0–2）。

**表 0–2 《3–6 岁儿童学习与发展指南》各领域发展目标一览**

| 领 域 | 维 度 | 目 标 |
|---|---|---|
| 健 康 | （一）身心状况 | 目标 1 具有健康的体态<br>目标 2 情绪安定愉快<br>目标 3 具有一定的适应能力 |
| | （二）动作发展 | 目标 1 具有一定的平衡能力，动作协调、灵敏<br>目标 2 具有一定的力量和耐力<br>目标 3 手的动作灵活协调 |
| | （三）生活习惯与生活能力 | 目标 1 具有良好的生活与卫生习惯<br>目标 2 具有基本的生活自理能力<br>目标 3 具备基本的安全知识和自我保护能力 |
| 语 言 | （一）倾听与表达 | 目标 1 认真听并能听懂常用语言<br>目标 2 愿意讲话并能清楚地表达<br>目标 3 具有文明的语言习惯 |
| | （二）阅读与书写准备 | 目标 1 喜欢听故事，看图书<br>目标 2 具有初步的阅读理解能力<br>目标 3 具有书面表达的愿望和初步技能 |
| 社 会 | （一）人际交往 | 目标 1 愿意与人交往<br>目标 2 能与同伴友好相处<br>目标 3 具有自尊、自信、自主的表现<br>目标 4 关心尊重他人 |
| | （二）社会适应 | 目标 1 喜欢并适应群体生活<br>目标 2 遵守基本的行为规范<br>目标 3 具有初步的归属感 |

续表

| 领 域 | 维 度 | 目 标 |
|---|---|---|
| 科 学 | （一）科学探究 | 目标 1　亲近自然，喜欢探究<br>目标 2　具有初步的探究能力<br>目标 3　在探究中认识周围事物和现象 |
| | （二）数学认知 | 目标 1　初步感知生活中数学的有用和有趣<br>目标 2　感知和理解数、量，以及数量关系<br>目标 3　感知形状与空间关系 |
| 艺 术 | （一）感受与欣赏 | 目标 1　喜欢自然界与生活中美的事物<br>目标 2　喜欢欣赏多种多样的艺术形式和作品 |
| | （二）表现与创造 | 目标 1　喜欢进行艺术活动并大胆表现<br>目标 2　具有初步的艺术表现与创造能力 |

此后，我国幼儿园课程的变革，不论是在政策层面、理论层面，还是实践层面，都呈现出异彩纷呈的局面。最值得关注的是，2024 年 11 月颁布的《中华人民共和国学前教育法》以国家法律形式进一步确定了幼儿园课程的立足点："第五十六条　幼儿园应当以学前儿童的生活为基础，以游戏为基本活动，发展素质教育，最大限度支持学前儿童通过亲近自然、实际操作、亲身体验等方式探索学习，促进学前儿童养成良好的品德、行为习惯、安全和劳动意识，健全人格、强健体魄，在健康、语言、社会、科学、艺术等各方面协调发展。"由此，我国幼儿园课程进入了高质量发展的新时代。

从汤因比的"挑战"与"应战"理论视角来看，这一时期仍处在"成长"的阶段。这意味着，我国幼儿园课程的变革之路仍需应对诸多挑战。

纵观百廿年的发展历程，我国幼儿园课程从无到有、从起步到发展再到创新，经历了一次又一次的理论纷争和实践探索，并在一次又一次的转身中逐渐成长并呈现出异彩纷呈的景象。同时，在前述的百廿年的发展历程中，如何处理幼儿园课程变革中"传统与当代"和"本土与外来"这两对矛盾，始终是我们面临的挑战；而在不同时期的应战中，我们既取得了进步，又时常面临着困局。似乎在这一系列变革与矛盾并存的背后，某种根源性问题在发挥着作用，而这恰恰是我们需要警惕的。

诚如维特根斯坦所言："如果是在表面上抓住它，困难依旧原封不动，得不到改变。必须是连根拔起，使得我们开始以一种新的方式来思考这些事物。

例如，从炼金术到化学的思维方式的变化是决定性的。新的思维方式正是最难建立起来的东西。一旦新的思维方式得以建立起来，旧的问题就会消失；事实上这些问题也很难再想得起来了。因为它们跟随着我们表达自己的方式，假如我们披上新的表达方式，这些旧问题就会和旧的服装一起被丢弃了。”[①]站在面向未来的角度来看，构建具有中国特色的幼儿园课程体系仍然是我们需要直面和破解的时代命题，而这亟须我们在对课程领域自身存在的根源性问题进行反思和突破的基础上，再对当代我国幼儿园课程实践做一深度剖析和重构，才能为解答上述时代命题给出一个明晰的思路和方法。

## 第二节 课程思维方式分析框架

在库恩（Thomas Sammual Kunn）所提出的范式理论出现并引入课程论之前，课程理论专家主要通过“主义”这一范畴来界定和区别不同课程理论，以辨别不同课程理论所涉及的价值、道理和方案。“范式”理论的出现比“主义”更具有概括性，能够更加全面和真实地反映课程论的发展趋势。本节主要以派纳划分的课程论两个范式阶段为基础，阐明课程论在 20 世纪六七十年代发生的课程转变及课程思维方式的转变，并为后续分析阐明理论框架。

### 一、“主义”与典型分类

#### （一）“主义”释义

“主义”一词经常作为对某一学说的凝练，比如马克思主义就是对马克思和恩格斯系统阐述的学说的凝练，自由主义与保守主义、现代主义与后现代主义都是对不同学说的凝练。徐长福详细阐述了主义普遍具有的性质。[②]他认为，任何一种主义都包含三种异质性成分，即价值、道理和方案。价值是主义暗含的一种成分。任何一种主义最为重要的职能都是反映某种道理，道理

① （奥）路德维希·维特根斯坦．维特根斯坦笔记［M］．许志强，译．上海：复旦大学出版社，2008：84.

② 徐长福．“主义”三元素：价值、道理、方案［J］．求是学刊，2002（5）：19–25.

是主义最为基本的成分，也是主义存在的基本价值。道理所依循的是一种具有普遍性的原理或规则，但是，人文社会学科阐述的道理并非同自然学科阐述的道理那般具有普遍性，这主要是因为人文社会学科的研究对象远比自然界复杂得多。由于任何一种主义最为重要的职能是反映某种道理，而为了确保道理的普遍性，人们总是要假设他们是站在价值中立的角度上来解释现象、阐释规律的。然而，人文社会学科领域并非总是价值中立的，任何一种学说都反映着某一阶级或阶层的观念、利益、规则等，所以，主义所阐释的道理总是具有某种局限性。方案实际是人们对主义的最终的期待。人文社会学科中的主义并非只为阐释道理，而是要告诉人们应该怎么做。一套针对已有问题的解决对策就是方案，这套方案既依赖于主义所阐释的道理，而又不可避免内含着某种价值。方案既是主义的最终期待，也是让主义最为头痛的成分。这是因为，一套方案执行后就要受到实践的检验，如果失败，不仅表明这套方案本身存在问题，甚至会动摇整个主义所反映的道理。也正因如此，纵观人类过往的历史，才会出现主义之间的论争。主义作为一种对人类知识的分类标准，起到了一种知识整合和解释知识更替的作用，因而对于各种已经存在的课程形态或课程体系，一些学者会借助主义的分类来阐释其中的差异。

### （二）几种典型的课程“主义”分类

#### 1. 霍尔姆斯和麦克莱恩的分类

霍尔姆斯（Holmes, B.）和麦克莱恩（Mclean, M.）是英国著名的比较教育专家。从“什么知识最有价值”和“什么人应该受教育”这两个基本问题出发，他们划分了四种课程理论，即要素主义课程论、百科全书主义课程论、综合技术主义课程论和实用主义课程理论。[①]

要素主义课程论。要素主义课程论的萌芽可以追溯到柏拉图的《理想国》。柏拉图所坚持的个体间存在差异因而需要区别培养的观点虽然在政治上早已失去了广泛认可，但在许多教育思维中仍然存在。要素主义同时也是一种保守主义，“课程的内容应该就是西方‘文化上各式各样的最好的东西，即

---

① （英）霍尔姆斯、麦克莱恩. 比较课程论［M］. 张文军，译. 北京：教育科学出版社，2001.

共同的，不变的文化要素'"。[①]要素主义课程论一方面起到了传承文化的作用；然而，它的保守思想以及对个体差异的过分强调阻碍了它的发展。

百科全书主义课程论。与要素主义的观点截然相反，百科全书主义课程论认为教育内容应该包含人类所有知识。作为百科全书主义课程论的代表人物，夸美纽斯相信"人人应该受到一种周全的教育，并且应该在学校里面……学习的是存在中的一切最重要的事物的原则、原因与用途"。[②]这是一种泛智主义，同时，也表现出一种人文关怀。

综合技术主义课程论。与前面两种课程论强调知识本身的价值不同，综合技术主义课程论着重讨论了教育与社会生产、生活的关系，认为教育内容应与社会生产、生活紧密联系。马克思最早认识到了学校教育与社会生产、生活的关系，以及在反对资本主义过程中起到的作用。综合技术主义课程希望通过消除受压迫者头脑中残存的资本主义的错误思想和意识来解放他们。

实用主义课程理论。美国的实用主义者同样关心教育与社会生产、生活的关系，作为早期的代表人物，杜威的论述表现出了实用主义课程理论的两种倾向：一种倾向是儿童中心主义。杜威强调儿童在学习过程中的主体地位，学校课程应该考虑儿童的需要；另一种倾向是社会重建主义。这一倾向通过杜威的《民主主义与教育》一书的书名便可反映出来。虽然杜威声称教育除其自身没有其他的目的，但是，他并不否认教育对于社会重建的作用，甚至说，他鼓励教育为社会重建作出相应贡献，因此他才会提出"教育即生活""学校即社会"等一系列命题。

2. 舒伯特的分类

威廉姆·舒伯特（Schubert, W.H.）是美国当代著名的课程理论专家，同样是以"什么知识最有价值"为标准，他划分了四种课程观：智力传统主义、社会行为主义、实证主义和激进的重构主义。[③]

智力传统主义。智力传统主义以知识为本位，强调古典学科的权威，呼吁人们重视内含于古典学科知识中的伟大思想。持这一观点的课程专家，如

① 陆有铨.现代西方教育哲学［M］. 北京：北京大学出版社，2012：65.
② （捷）夸美纽斯.大教学论［M］. 傅任敢，译.北京：教育科学出版社，1995：40.
③ （美）帕克等.课程规划——当代之取向［M］. 谢登斌，等译.杭州：浙江教育出版社，2004.

赫钦斯（Hutchins, R.M.）、艾德勒（Adler, M.J.）等人就提出了“名著”课程以及博雅教育的方案。

社会行为主义。社会行为主义者并不像智力传统主义者一样，关注“永恒”存在的伟大思想，而是更多地关注“在当今世界获得成功的那些行为类型”，也就是说，社会行为主义更关注当下，而非传统。

实证主义。实证主义者认为“课程是经验的结构，人们通过经验获得技能、大量的知识、价值和信念。”与前两种课程观不同，实证主义更加关注个体的学习过程是如何发生、发展的。

激进的重构主义。激进的重构主义也关注个体，然而，这种课程观主要侧重个体及其在教育与社会关系中的位置。不同的社会背景，对个体学习和发展的机会具有重要影响。

3. 麦克尼尔的分类

麦克尼尔（McNeil, J.D.）是美国资深的课程专家。他认为“课程是提高学生学业水平的关键性要素”，在其《课程导论》一书中，根据对“课程是如何促进学生的学习”这一问题的回答，麦克尼尔区分了四种课程“主义”，它们分别是人文主义课程、社会重构主义课程、系统课程和学术性课程。①

人文主义课程。人文主义课程侧重讨论课程中的个体，关注个体的发展和他们的情感、态度等，促进个体获得自由和素质的提高，反对科学主义制定的制度化课程对人性的禁锢。人文主义的课程既有传统人文主义的基础，又有作为心理学第三势力的人本主义心理学的支持，确保其所阐释的道理的真实性。由此，他们提出了学校课程应该更多以提供学生自我发展和自我实现为主的方案。

社会重构主义课程。与人文主义课程相对，社会重构主义侧重讨论课程与社会的关系。一方面，学校课程会对社会发展产生一定的影响，影响政治的稳定和变革等；另一方面，课程受到政治等社会因素的影响，起到维护和再生产某种社会关系的作用。社会重构主义理论是“建立在‘人类有能力创造一个更加完美的世界’的基础之上的”，从根本上说，这是一种乐观主义倾

---

① （美）麦克尼尔．课程导论（第六版）[M]．谢登斌，等译．北京：中国轻工业出版社，2007.

向。至于改革课程的方案，不同的社会重构主义者有不同的答案，有的强调以人类知识中永恒的要素为课程的，有的以马克思主义为指导建构课程的，等等。

系统课程。系统课程论强调一套严谨的、基于目标的课程，它的主题就是控制。20 世纪 90 年代中期以来，美国掀起了一场制定全国统一课程标准的运动，《2000 年目标：美国教育法》《不让一个孩子掉队法案》相继推出，这是对以效率为核心的课程传统的回归。坚持系统课程论的研究者坚信，一套严谨的课程计划有助于促进学生的学习。

学术性课程。“发展思维的学术理想，能够提高学生的思考能力以及改善他们的思想”，①正是基于这种认识，以学科为本位的学校课程才会具有如此长久的生命力，甚至可以追溯到古希腊时期的教育实践。近代以来，特别是 19 世纪产业革命以来，学科课程的重要性与社会发展存在着密切的关系，以 20 世纪 60 年代美国学科课程改革运动为例，由于美苏之间的国家竞争以及对提高社会效率的追求，人们反思了进步主义教育过于随意的教授知识的做法，重新确立了以学科为本位的学校课程的地位，并进行了全方位的改革。

## 二、库恩的“范式”与课程范式

“范式”概念是库恩在其著作《科学革命的结构》中首次使用的。库恩解释说：“我选择这个术语，意欲提示出某些实际科学实践的公认范例——它们包括定律、理论、应用和仪器在一起——为特定的连贯的科学研究的传统提供模型。”而所谓范式，库恩认为满足两个特征便能称其为范式。这两个特征，一是“它们的成就空前地吸引一批坚定的拥护者，使他们脱离科学活动的其他竞争模式”，二是“这些成就又足以无限制地被重新组成的一批实践者留下有待解决的种种问题”。②虽然有的学者统计其在《科学革命的结构》一书中“至少以二十一种不同的意思在使用‘范式’”一词，但是，“总体来说，范式就是指某一科学家集团围绕某一学科或专业所具有的共同信念。这些共

① （美）麦克尼尔.课程导论（第六版）[M]. 谢登斌，等译.北京：中国轻工业出版社，2007：97.
② （美）托马斯·库恩.科学革命的结构［M］. 北京：北京大学出版社，2003：9.

同信念规定他们有共同的基本理论、观点和方法，为他们提供了共同的发展方向，限制共同的研究范围。”[①]所以说，库恩的范式理论为解释整个科学史的发展提供了一个非常好的研究方法。

由于库恩的范式理论颠覆了过往人们一直坚信的乐观进步观，而代之以阶段性的进化观，其理论招致众多非议，但国内外学者多是从方法论的角度出发看待、评价库恩的范式理论。国内已有研究中，学者于源溟从本体论角度出发认识库恩的范式理论，认为“实质上库恩范式论‘革命’并不仅仅是方法论的革命，更为核心的是本体论的革命，是科学发展观的革命”。[②]

范式这一概念虽然比主义出现得相对较晚，但同样具有对人类已有知识和理论的高度概括与整合作用。正如前文所说，库恩的范式理论“就是指某一科学家集团围绕某一学科或专业所具有的共同信念。这些共同信念规定他们有共同的基本理论、观点和方法，为他们提供了共同的发展方向，限制共同的研究范围”。根据前文中对思维方式的定义及其分析，我们可以发现，库恩范式论所具有的这种共同信念及其规定的共同的基本理论、观点、方法和发展方向，正是思维方式方面的问题。范式所具有的共同信念是思维方式的静态方面，作为一种认识定式，它使该范式领域内的专家和学者具有了共同的认识定向，即在认识活动开始之前，这些专家和学者就已经具有了某种倾向、惯性；而范式所具有的共同的基本理论、观点、方法和发展方向则是思维方式的动态方面，这就使得这一领域内的专家和学者不仅“先在的”将认识对象视为某一规定以及在认识过程中用来展开研究的基本理论、观点、方法，尤其是他所规定的方向也已经是固定的了。

由此可以得知，任一研究者“选择或确立了自己的研究‘范式’，首先就会在该范式的引导下发现、筛选，从而确立一定的‘问题’作为自己的研究对象，从而形成‘问题空间’，然后再按照该‘范式’所提供的思维模式和方法遵循相应的‘路径’进行‘解题’工作，做出一定的理论总结和选择一定的理论成果的表述方式。”[③]

---

① 刘放桐，等 . 新编现代西方哲学［M］. 北京：人民出版社 .2000：530.

② 于源溟 . 预成性语文课程基点批判［M］. 北京：社会科学文献出版社，2007：18.

③ 陈中立，杨楹，等 . 思维方式与社会发展［M］. 北京：社会科学文献出版社，2001：74-75.

同时，从范式论的本体论视角出发，所谓范式，即将研究对象视为某一本质存在，而这与范式论所反映的思维方式中“先在的”将认识对象视为某一规定是如出一辙的。这是因为，如何认识事物的本质，或者说将何种本质赋予该事物，正是由其特定的思维方式所决定的。由此观之，范式论所具有的本体论内涵及其反映的思维方式是密不可分的。

由于对范式这一概念的界定的不清，课程领域内的各种范式鉴定相继出现。国内学者郝德永、赵颖①对国外各种课程理论范式的梳理，对我们了解课程领域内的范式研究现状是有益的。

第一，方法范式论。这是以课程研究方法不同为标准进行的范式分类。具体来说，有舒伯特划分的“实证分析的范式”“释义学的范式”和“批判的范式”；肖特提出 17 种课程研究范式，主要包括分析的、演绎的、现象学的、批判的，等等。可以说，以课程研究方法不同为标准而进行的划分，更接近库恩范式的本意，而且具体内涵明确、一致，但未能明示课程范式的本质。

第二，模式范式论。这是以课程研制中的具体的课程目标决策及实施方案，表现为对某种理论及其在实践中运用程序的模式种类的划界及辨别为标准进行的范式分类。主要包括艾丝纳和范兰丝总结了五种课程模式的价值取向，包括认知过程的发展、课程作为技术、自我实现的课程、社会适应与社会改造课程、学术理性主义；麦克尼尔划分了四种课程理论流派：人本主义的、社会改造主义的、技术的、学术性的，等等。这一分类标准与前一标准相比，缺乏统合化，使潜存于课程理论模式背后的实质性原则或立场显得模糊不清。

第三，主体观念范式论。这是以“共同信念”为标准进行的范式分类。派纳把课程研制者和理论家分为三类：传统主义者、概念经验论者、概念重建主义者；克利巴德则把课程学者划分为四类，包括人文主义者、社会效率主义者、发展主义者和社会向善论者。与模式范式论一样，这一分类标准下的各种具体表述，尚停留在范畴层面或亚层次属性的阐释、归纳，未能透过现象对最后的本质性依据及方法予以深刻地揭示、剖析及归类。

---

① 郝德永，赵颖 . 范式与课程研制方法论探究［J］. 课程 · 教材 · 教法，1999（7）：6–11.

第四，本体范式论。如前文所述，国内学者于源溟从本体论角度出发认识库恩的范式理论。将其置入课程研究领域，“如果仅仅把范式理论当作一种方法论进行引进，它并不比我们已经引进的新三论、旧三论更有解释力，也不比我们已经熟练掌握的泰勒原理更具操作性，但是如果把它理解为本体论的转换和发展观的革命，那么范式论的理论意义则是空前的，可以从根本上改变我们的思维方式”。[①]

## 三、思维方式与课程思维方式

“思维（thinking）是借助语言、表象或动作实现的，对客观事物概括的和间接的认识，是认识的高级形式。”[②] 思维通过一系列的操作得以实现，包括分析和综合、比较、抽象与概括等，不同操作的组合呈现为思维方式。从认识论的角度来说，思维方式就是人在认识事物时所依托和遵循的某种模式，它规定了人们在认识事物时从哪里开始，沿何路前进并最终到达何处。从历史的角度来说，对思维方式的范畴界定不一而足，例如，思维结构、图式、算法、范式，等等。这些范畴反映了思维方式的不同层面，但它们又并非思维方式本身。

思维方式具有以下几个特点：第一，对象性。思维是人类认识事物的一种高级形式，它必然以对某种事物的认识为展开前提。同时，正是在这一认识对象的过程中，思维方式得以形成，并引导个体对对象展开认识。思维方式在认识对象的过程中，“表现为思维活动的某种惯性、倾向、态势”，即一旦认识某一事物的思维方式形成了，那么，它对认识同类事物和其他事物都具有这种引导的作用，达到一种经济性原则。第二，时空性。思维方式并非一成不变、永恒存在的，它会随着时间和空间的改变而改变。从历史性的角度来说，人类社会实践活动的演变推动着思维方式的变迁。从茹毛饮血、男耕女织到蒸汽、电力，再到电子科技、航空航天等，人类不断改造着客观世界，我们生活的世界不断发生着翻天覆地的变化。由此导致我们的主观世界

① 于源溟．预成性语文课程基点批判［M］．北京：社会科学文献出版社，2007：18.

② 彭聃龄．普通心理学（修订版）［M］北京：北京师范大学出版社，2004：246.

也被改造了。从共时性的角度来说，同一个时代，不同地域、不同种族、不同性别的人类也会有各不相同的思维方式，这就导致了面对同一问题时，不同地域、不同种族、不同性别的人会做出不同的解释和选择。正是由于思维方式的时空性，才使得我们生活的世界如此丰富多彩。第三，功能性。思维方式的对象性表明，人类总是以某一对象作为自己认识的客体；同时，人类也不会无缘无故地去认识事物，人们总是依照自己的需要、有选择地认识事物，这反映了思维方式的功能性。一般来说，思维方式具有认知和筹划两种功能：思维方式的认知功能规定了认识目的、认识内容、认识方法等的选择，以及如何对事物进行分析、解释和评价等环节；思维方式的筹划功能则是在认识的基础之上，人类改造客观世界和主观世界时如何展开、构造、调控等的作用。

课程思维方式是指人们在研究课程现象及其相关问题时所依托和遵循的模式。它是思维方式在课程领域中的一个具体化，影响和引导人们对课程的认识。课程思维方式规定着人们从哪个角度切入课程对其进行研究，通过何种方法、路径对其进行研究，以及对研究结果如何解释等。它是各个课程领域研究者头脑中存在的东西，通过对其理论的分析，包括理论依据、研究方法、研究过程、研究结论及其解释，我们可以了解每一个研究者的课程思维方式是怎样的。由此，我们也就可以了解到，他为何会这样认识“课程”。同时，作为一种被创造出来的事物，课程最为重要的职责在于帮助个体学习、促进个体发展，所以，它属于实践领域，这就导致研究者从自己的认识出发，提出不同的课程设计方案。如果这一方案得以实施，就会对众多个体产生影响。所以，我们更加有必要对课程思维方式进行研究。

## 四、课程范式转换与思维方式流变

1969 年，施瓦布（Schwab, J.J.）宣布课程领域“岌岌可危”，派纳（Pinar, W.F.）的表述更为直白，他认为“对课程与教学问题的常规反应显然已不能解决这些问题”，课程开发的时代已经过去。整个课程领域正在经历一场范式的转换，即从课程开发范式向课程理解范式的转换。

课程开发范式以怎样科学的、有效地开发课程作为研究的主要问题，“这种研究取向把课程视为‘学校材料’（school materials），课程研究即探究‘价值中立的’课程开发的理性化的程序，从而导致‘程序主义’（proceduralism）倾向”；课程理解范式则以如何理解课程作为其研究的主要问题，“这种研究趋向把课程视为‘符号表征’（symbolic representation），课程研究的目的是‘理解’课程‘符号’所负载的价值观”。①

课程开发范式主要在20世纪20—70年代占主导地位。随着时代的发展，人们逐渐认识到学校教育在促进个体发展和社会进步中的作用，如何科学、有效地开发课程成为主要问题。一批教育家开始通过借鉴其他学科的已有理论解释这一主要问题。博比特通过借鉴科学管理理论，设计了一整套课程开发的原理，即活动分析法。博比特的研究提高了课程开发的“科学化”，开辟了新的领域，成为课程论之父。

继博比特之后，越来越多的研究者投身于课程领域。克伯屈、塔巴等人吸收并改进了博比特的理论，课程开发的理论和模式得到了极大的丰富。而其中最为成功，也最为人所接受的，要数拉尔夫·泰勒（Tyler，R.W.）。泰勒参与了一场重要的课程研究——“八年研究”，并担任评价小组的主任。通过对前人理论的研究以及“八年研究”的成果，他提出了以目标为核心的课程开发理论，并于1949年出版《课程与教学的基本原理》一书。在这本书中，泰勒系统论述了自己的“目标—经验—组织—评价”四步课程开发。一方面，“泰勒原理”使得课程开发更加科学化，以目标为中心，整个课程计划成为一套有理有据的系统；同时，评价系统又为衡量整个课程计划的实施情况和效果提供了保障。它成为任何想要进入课程论领域的学习者都必须学习的内容。更为重要的是，各个国家的课程改革、课程设计实践也非常依赖“泰勒原理”。另一方面，对“泰勒原理”的过分推崇也必然导致对它的反思。“泰勒原理”因自身的机械性、线性和技术主义而饱受争议，由此推动了课程领域的范式转换。

对于课程开发范式“撰写行为目标，用标准化测验来评价，用线性的、因循守旧的形式呈现资料，驱逐不循规蹈矩的学生”的做法，课程理解范式

① 张华.走向课程理解：西方课程理论新进展［J］. 全球教育展望，2001（7）：40-48.

将其视为失败的和无效的。作为一种新的研究范式，课程理解范式更加关注实践中的课程的属性，即把课程领域理解为一种话语、一种文本、一种符号，并对这种话语、文本、符号所代表的意义进行分析和解读。这是一场对课程领域原有概念的重建运动，威廉·派纳“透过他主编的《课程理论化：概念重建主义学派》一书，使‘概念重建主义’一词普及化”，“概念重建主义者就是挑战这些传统的学者，研究生的目的不是开发和管理，而是从政治、文化、性别和历史的维度对教育经验重新审视”。[①] 这一运动吸引了众多学者从不同的学科理论出发，对课程进行“理解”，包括政治文本、种族文本、性别文本、现象学文本、后现代主义文本、自传 / 传记文本、美学文本、神学文本、制度文本、国际文本，等等。课程理解范式最为重要的意义在于，它极大丰富了对课程现象的认识，使研究者认识到，课程是一个多元、多结构的复杂事物，与社会政治、经济、文化等各个方面都有密切的联系，而非简单的程序性的开发问题。同时，课程理解范式并非不寻求在理论上和制度上的变革，而是更加强调对实践中的课程进行一种历史的、人文性的理解基础之上的变革。

作为两个前后相继的研究范式，课程开发范式和课程理解范式之间存在着紧密的联系。

课程开发范式阶段是课程作为研究对象开始形成一个研究领域的初始阶段，在此之前，并没有形成系统的课程理论和课程范式。也就是说，课程开发范式阶段的一个主要任务是建构出一个“课程论”领域来。在一个追求学科“科学化”的时代，任何一门可称得上“学科”的知识体系，都必须严格规定它的研究对象、研究内容、研究方法，形成较为公认的理论等等。以课程为研究对象并追寻形成独立学科的努力也必须以完成这些规定的任务为前提，同时，由于学校课程的先天不足——任何一门课程都源于某一门具体的学科知识——导致处于起步阶段的研究还要依赖其他学科已有的知识和理论，更为准确地说，要依赖其他更加科学化的学科知识和理论来分析和解释课程现象和课程问题，阐发课程规律等。由此产生了以借鉴科学管理学理论为主

① 沈岚霞 . 威廉·派纳与课程的概念重建主义运动［D］. 上海：华东师范大学，2004.

的博比特课程理论，以综合哲学、心理学和管理学理论为主的泰勒课程理论，以及以结构主义哲学和认知心理学理论为主的布鲁纳等人的理论。正是遵循了学科“科学化”的时代要求，才推动课程论领域从无到有、逐渐发展成熟的过程。这一阶段的课程思维方式主要是一种科学主义的课程思维方式，本书将在第一章第一节中，通过详细论述几位代表人物的思维方式说明开发时期的课程思维方式。

经历了课程开发阶段的建构，课程论领域成为一门独立的学科；同时，一些重要的课程理论进入实践领域，对实践进行指导。以泰勒原理为例，自1949年泰勒原理出现之后，不论是美国国内，还是世界范围内，它都对实践领域中的课程设计和开发发挥着重要的指导作用：制定详细而具有可操作性的目标，分析人类哪些经验足以实现这些目标并对这些经验加以科学化的编排，最终通过定量的测量和测验对课程是否达到目标进行评价。基于这样一套规则，各种课程得以出现；也正是因为由此产生了众多的课程，才使得课程理解范式有了可以理解的对象。课程理解范式将实践中的课程作为一种文本，对其进行解读；同时，还对创造课程的理论和模式进行反思和解读，由此而来的是发现了课程的多种价值，包括政治价值、种族价值、性别价值，等等。课程理解范式进一步推动了课程领域和课程实践的发展。这一阶段的课程思维方式主要是一种后现代主义的课程思维方式，本书将在第一章第二节中通过详细论述不同人物对课程文本的理论说明理解时期的课程思维方式。

CONTENTS 目 录

第一章
Chapter 1

# 过往课程思维方式的流变

## 第一节　开发时期课程思维方式理正

课程开发时期主要是指1918年博比特出版《课程》一书至1969年施瓦布发表课程论“岌岌可危”言论之间的半个世纪左右的时期。这一时期的课程理论主要集中讨论如何科学地进行课程设计这一问题，出现了博比特、泰勒、布鲁纳及施瓦布（前期）等主要课程理论专家。这一时期的思维方式也主要通过以上几位代表人物表现出来。本节的主要内容就是通过梳理以上几位代表人物的课程思维方式来总结开发时期的课程思维方式的特征。

### 一、时代背景

19世纪是资本主义大发展的时期，由于自然科学对人类社会发展发挥的巨大作用，一个研究领域为确立自己学科地位的合法化，必须依赖自身的“科学化”，即通过分析观察和测验所得到的数据而得到对世界客观的、价值中立的结论。这种方法超越了哲学的思辨的思维方式，成为所有学科竞相追求的发展方向。人文社会学科中最早做出改变的，是以孔德（Comte A.）为代表的实证主义社会学，孔德的研究推动了实证研究方法在人文社会学科领域中的发展。孔德不仅试图将自然科学的方向引入社会学研究之中，更希望通过改造哲学，形成一门实证哲学，他的“实证科学只研究怎么样（how），而不研究为什么（why）”，[①] 这是他所追求改变的重要目标。

自然科学对管理学的影响同样重要。在资本主义突飞猛进的发展黄金期，如何提高劳动生产率成为工业发展中的一个重要课题。泰罗（Taylor F.W.）的科学管理理论为解答这一问题提供了一个重要模式。这一模式对于课程论的形成和发展起着巨大的推动作用。

泰罗强调管理的作用，是因为他认识到了，如果管理不善，将会导致工人罢工或者其他麻烦，由此带来的损失会更加阻碍生产率的提高。老式企业里的管理方式，“做法固然简单，但毕竟太不经济”，所以，“设立计划部门有它的必要性和经济性”。计划部门起着观察、分析工作流程，制定工作量和监督、检查的作用，这是科学管理的开始。科学管理的显著好处，一方面在于“没有发生过罢工”，雇主和员工之间和谐的关系是提高生产率的保障；另一方面则在于从技术方面，“一个好工人的成功和一个次工人的失败，会每天明显地引起管理人员的注意”，[②] 由此企业可以对工人的工作进行有效的管理，并引发生产率的极大提高。

泰罗的科学管理理论强调对工作流程的定量化分析，观察并计算出每一项工作的组成部分以及各部分所需要的最短时间，然后通过选拔最优秀的技工并分配到各个岗位去完成这些工作的各个部分，最终通过对任务完成的量的分析，对员工进行评价和奖惩。“泰罗制”的作用是有目共睹的，它同样为其他人文社会学科走向“科学化”树立了榜样。

与上述社会背景下人文社会科学的“科学化”转型相比，以课程作为研究对象的学科尚未建立，更遑论“科学化”。然而，变化也在悄然发生。其实，对课程较为系统的讨论，早在我国《学记》和西方柏拉图的《理想国》中就出现了。但是，《学记》中有关课程的讨论更像是对实践经验的概括，而柏拉图的讨论也处在哲学思辨的基础之上。随后在漫长的历史发展中，我国古代并不将其视为“立世之本”和“成圣”的关键，因为处于长期停滞状态。而在欧洲，中世纪以来，宗教神学占据了教育的核心部分，课程也主要以传

① 欧力同．孔德及其实证主义［M］．上海：上海社会科学院出版社，1987：47.

② （美）泰勒．科学管理原理［M］．黄榛译．北京：北京理工大学出版社，2012：62-64.

授“上帝的福音”为主。指导这一时期的主要理论基础是官能心理学。官能心理学“集中体现在灵魂的功能或曰‘官能’的探讨上”。[①]“虽然心灵的官能是人生来就有的，但必须经过训练才能得到发展和加强。因此，学习的实质就在于加强和训练各种心理官能。”[②]以官能心理学为基础的教育教学不重视学习内容，而强调以艰涩的拉丁语等知识作为对官能的发展和训练的材料。这些学习内容与时代的需求是不相符的，“什么知识最有价值”的问题就此应运而生，成为形成课程论领域的前奏。

正是在这样的时代背景下，课程作为教育中的重要组成部分，逐渐受到教育研究者的关注，并发展成一门独立的学科。

## 二、开发时期课程范式的基本主张

### （一）博比特的课程思维方式

1909 年，博比特从克拉克大学获得博士学位后，进入芝加哥大学执教，并于 1910 年开设一门名为“课程”的课程，以教授学习者如何科学地编制学校课程。博比特所关注的研究方向是如何提高学校效率，并引入科学管理理论作为使课程开发走向科学、有效的途径。

博比特首先将教育经验分为两种：第一种是对发展自身素质有益的教育经验，这种经验在于发展个体的潜能；第二种教育经验则与个体的社会生活，或者说职业有着密切的关系。博比特认为，当前的公共教育是一种闲暇教育，这种教育与第一种教育经验相关，而与第二种经验不相关；而这与时代和社会的需求是不相符的，个人应该可以而且必须在公共教育中获得与未来职业相关的经验，同时，这种公共教育又比职业训练中的学徒制更加有效率。也就是说，教育要使学生为成人生活做好准备。在这个过程中，课程起着根本的作用，因为，“倘课程之编制不良，仅以揣度及个人之意见为张本，则虽采用世界上一切科学以施诸上述之因素，亦未必能奏效”；编制课程的素材是“发现此等人事中所包含之细条节目。此等细条节目可以指示人之能力，态

① 叶浩生．西方心理学的历史与体系［M］．北京：人民教育出版社，1998：2.

② 冯忠良，伍新春，姚梅林，等．教育心理学［M］．北京：人民教育出版社，2000：87-88.

度，习惯，欣赏，以及人类所需之各种知识”，[①]课程的任务就是通过提供给儿童和青年一系列系统的经验以帮助他们获得这些“细条节目”。

在博比特的另一本重要著作《如何编制课程》一书中，他更加详细地列举了编制课程的步骤：[②]①人类经验的分析。教育即为学生未来的成人生活做准备，因此就需要从人类各种生活活动出发作为分析的对象，系统地阐述各种活动包含的经验，博比特共将生活活动区分为语言、健康、公民、社交、心智活动、休闲、宗教、亲职、实用与职业10个领域。②特殊活动分析。对前述的10个领域继续细化，分成更加具体且可进行的特殊活动，使之成为课程编制的基础。③获得课程目标。课程目标是实践经过详细分析的活动能力，而且能力是指活动的履行，在《如何编制课程》一书中，博比特就列举了800多个具体的目标。④选择课程目标。学校教育与一般教育有别，只有那些十分复杂、无法由一般生活历程充分发展的能力，才属于学校教育目标。由此，博比特通过目标的确定来编制课程，提供给学生活动经验以达到这些目标，并最终使学生具备选定的、与未来成人生活相联系的目标。博比特以目标为中心的活动分析法影响深远，其后的一大批课程专家虽然在方法上对博比特的模式有所改动，但是，目标的重要性并没有受到怀疑，其顶峰就是泰勒及其《课程与教学的基本原理》的出现。然而，博比特获得目标的方法是以成人的现有生活为依据加以分析，以获得学校教育中，为儿童确定何种目标、提供何种经验的方法。这就必然使这种模式下编制的课程脱离儿童的实际，使之成为成人世界的附属品。

从博比特的课程理论可以看出，他受到“泰罗制”非常大的影响。“泰罗制”所实施的基础是“计件工资制”，这种制度最为重要的实施步骤在于制定定额，即“先详细研究每一个基本动作所需要的时间……然后再将这些基本动作分类、记录和编号……得到一项工作所需要的总时间”。[③]由此，工厂管理者可以更好地记录工人的日常工作，并决定给予奖励或惩罚。泰罗所提出的这套完整的步骤，正是博比特所需要的。正如博比特自己所说，他认为如

① （美）博比特．课程［M］．张师竹，译．北京：商务印书馆，1927：47.
② 黄光雄，蔡清田．课程设计——理论与实际［M］．南京：南京师范大学出版社，2005：48.
③ （美）泰勒．科学管理原理［M］．黄榛译．北京：北京理工大学出版社，2012：3.

果课程编制的过程不够科学的话，那么其内容不论如何科学也无济于事。所以，博比特通过借鉴科学管理理论来实现课程编制的科学化进程。

博比特的课程思维方式是时代的需求。资本主义大生产需要大量接受过教育的产业工人进入工厂劳动，但是，一方面，传统的公共教育是一种闲暇教育，无法完成培养产业工人的社会要求；另一方面，传统的职业教育形式——学徒制效率低下，同样无法完成培养产业工人的社会要求。只有改进现有的教育，使科学知识能在科学化的方法教授之下，培养出适应社会需求的劳动者才是学校教育的最终目的。所以，才会有博比特所假定的社会取向的教育经验以及通过借鉴科学管理理论以分析成人生活的“活动分析法”的产生。

### （二）泰勒的课程思维方式

继博比特之后，科学编制课程的研究日益受到专家的广泛关注，涌现出一批以课程为研究对象的理论专家，包括查特斯等，都努力改进博比特的理论，但是，效果都不甚明显。真正发展了博比特的科学化编制课程的思想之集大成者当属拉尔夫·泰勒（Ralph Tyler）。

1927年，泰勒于芝加哥大学获得博士学位，并在俄亥俄州立大学担任教师。这一时期，他深受康茨、贾德以及查特斯等人的思想的重要影响：康茨的课程编制范畴、贾德的类化学习原理、查特斯的社会效率课程理论都影响到泰勒在勾勒自己的课程理论时，各种素材的来源以及评价。

随后，对泰勒提出自己的课程理论产生更为直接影响的是由俄亥俄州立大学发起的“八年研究”（1934—1942年）。1929年，最先在美国并不久遍及全球的经济危机，使得各个资本主义国家都受到不同程度的影响。其中，美国深受这次经济危机的影响，“大萧条”被专门用来命名这次经济危机。围绕“学校如何更好地服务于青年”这一问题，美国展开了这场持续8年之久的研究。其中，泰勒担任这一研究课程评价小组的主任。这一研究活动对整个课程领域发展最为重要的作用是使课程专家认识到，课程评价对于阐述课程目标、指导课程内容的选择与组织，以及课程实施情况具有不可缺少的意义；同时，课程评价也对博比特等人的“活动分析法”起到了补充作用，使得整个步骤更加完整。正是在“八年研究”的基础之上，泰勒提出了自己的课程开发理论，并于1949年出版《课程与教学的基本原理》一书，详细地阐明了自己的课程理论。

泰勒在《课程与教学的基本原理》中开宗明义，将其所阐述的基本原理总结为四个基本问题，这四个问题是“学校应力求达到何种教育目标”“要为学生提供怎样的教育经验，才能达到这些教育目标”“如何有效地组织好这些教育经验”以及“我们如何才能确定这些教育目标正在得以实现”。[①]对于这四个基本问题的回答，就是泰勒编制课程的基本模式，并可以简化为“目标—经验—组织—评论”的公式。“目标”是整个课程编制步骤的起始点和核心：目标是“选择教学材料、勾勒教学内容、形成教学步骤以及准备测验和考试的标准”。[②]强调教育目标表现了泰勒与博比特理论的联系；同时，泰勒的目标来源多元化，又使他超越了博比特单一的以分析成人生活的经验作为目标来源的不足。泰勒认为目标的主要来源有三：一是对学习者自身的研究，这主要体现了对学习者本人的关注；二是对社会生活的研究，这主要体现了一种社会性取向的结果；三是学科专家对目标的指导和建议，这主要体现了课程的知识性。另外，泰勒还指出，应该利用哲学和心理学作为两把“筛子”来对各种目标进行选择。在此基础之上，为学生提供可能实现这些目标的经验，这些经验必须依据连续性、顺序性和整合性的原则进行组织，展现给学生们，以帮助他们有效地学习这些经验。最后，依据目标本身来对学生的学业情况进行评价。

通过对泰勒整个理论的研究不难发现，他仍然坚持着与博比特一样的路线，即发展出一套科学化的课程编制程序。由于时代的进步，众多人文社会学科，特别是心理学的发展都更加“科学化”，这就为课程的进一步科学化提供了充足的帮助。泰勒不用再像博比特一样，仅仅借助于科学管理理论来建构课程理论。虽然泰勒也同样以管理作为自己研究的出发点，紧紧围绕“目标”的获得来编制课程。但是，他所利用的素材与课程本身的联系更加紧密，

---

① （美）泰勒.课程与教学的基本原理［M］. 罗康，张阅，译.北京：中国轻工业出版社，2008：1.
② （美）泰勒.课程与教学的基本原理［M］. 罗康，张阅，译.北京：中国轻工业出版社，2008：3.

重视学习者本人和学科知识的重要性，这使泰勒的视野显得比博比特更狭窄了，其实反而使课程开发更加专业化和科学化了。泰勒的这一变化是建立在博比特等人早期工作以及其他学科发展的基础之上的，因而在认识课程的属性上，泰勒较之博比特有了思维方式的转变和深化。

### （三）布鲁纳的课程思维方式

1959 年 9 月在伍兹霍尔会议上，布鲁纳（Jerome S. Bruner）宣读了他的文章，并随后以《教育过程》为名出版。这次会议的召开以及布鲁纳的《教育过程》的出版，标志着美国学科结构运动的开始；同时，也标志着课程思维方式的一次巨大转变。

美国于 20 世纪 60 年代实施的这次课程改革有着深刻的历史背景。1957 年，苏联发射了人类第一颗人造卫星，这一事件震惊美国。一向自诩有着优秀教育实践的美国在这场大国之间的竞争中明显落后于苏联，由此导致了美国从上到下开始反思自己的教育在人才培养方面到底存在什么样的问题。较为一致的观点是，美国在大学之前的教育过于重视儿童的需要而忽视学科知识造成了这一明显落后。在这种背景之下，才有了上述的伍兹霍尔会议以及布鲁纳的《教育过程》的出版。

另外，结构主义的盛行以及对教育学的影响是布鲁纳领导的学科结构运动的思想背景。结构主义思想产生于 20 世纪初期，并在 20 世纪五六十年代盛行于世。这是一种主张从结构与成分的区分去认识世界的哲学思潮，涉及语言学、社会学、历史学、文学、心理学等多个学科。它对教育学的影响，催生了皮亚杰（Piaget J.）的认知发生结构主义、乔姆斯基的结构主义语言学等多种理论。布鲁纳的结构主义课程理论也是其中的代表。

布鲁纳认为，任何学科中的知识都可引出结构，运用结构可以更加合理地学习自然科学知识，学习就是学习结构，即“学习事物是怎样相互关联的”。由此，课程开发者必须“重新考察学习过程的本质及其与教育的关系，并且考察当前课程研究在哪些方面对我们的学习和教学的概念产生了新的问题”。[①] 对学习本质的认识，体现了布鲁纳课程思维中结构主义与新兴的认知心理学的共同作用。一方面，布鲁纳借鉴了皮亚杰的认知发生理论，分析了儿童智力发展的过程以及在这一过程中同化、顺应等环节对智力结构的作用。皮亚杰认为，知识起源于主体与客体之间的相互作用，这种相互作用体现在主体的动作中。由此引发了主体图式建构，即主体认识结构的发展。根据认识结构的不同，皮亚杰将儿童认知发展划分为四个前后相续的阶段：感知运动阶段（0~2 岁）、前运算阶段（2~7 岁）、具体运算阶段（7~11 岁）和形式运算阶段（12 岁、13 岁开始）。由此，教育教学的展开应以符合儿童认知结构的发展水平为前提和依据。布鲁纳所谓的“所有知识都可以通过正确的方式教授给任何年龄的儿童”的论断正是建立在这种认知结构发展水平的基础之上。

另一方面，新兴的认知心理学的发展也推动了布鲁纳课程思维的形成与变化。“广义的认知心理学主要探讨人类内部的心理活动过程、个体认知的发生与发展，以及对人的心理事件、心理表征和信念、意向等心理活动的研究”，狭义的认知心理学则以个体的信息加工为核心，“即信息的获得、存储、加工、提取和运用”。[①] 认知心理学将人的大脑与电脑相类比，指出人的感觉、知觉、记忆、思维等活动过程都具有相应的结构及其活动原则，通过认识这些结构和活动原则，可以更加有效地认识人类学习的本质和过程。

由此，布鲁纳提出的课程理论就明显地区别于此前以行为主义心理学和科学管理理论为指导的课程领域。对知识结构的强调使得课程开发的主要代表由课程专家转向了各学科的最优秀人才。学科专家的参与提高了课程内容的科学性和逻辑性，这与当时美国社会的实际需要是相符的。然而，由布鲁纳领导的这场学科结构运动最终还是以失败告终。从外部原因来说，是美国国内环境变化导致的，更为重要的是由这场运动造成的：“这次改革所编写的配套教材……只反映了科学发展的要求和专家的观点，但不符合中小学的实际。主要问题是教材的难度过大，只适合少数尖子；过于理论化，忽视了应

① （美）布鲁纳 . 教育过程［M］. 邵瑞珍，译 . 北京：文化教育出版社，1982，24.

① 梁宁建 . 当代认知心理学［M］. 上海：上海教育出版社，2003：4.

用知识的基本技能的训练，致使教育质量并未达到预期的目标。”①

### （四）施瓦布前期课程思维方式

施瓦布是课程领域一位重要的领军人物，他的学术生涯大致可以分为两个时期：前期主要遵循结构主义，推动学科运动发展；后期则转向了实践路径，引发了概念重建运动。这一部分我们主要讨论施瓦布的前期课程理论及其思维方式。

施瓦布的前期理论，集中体现在为人所熟知的学科结构运动中，但是这种认识是有所偏颇的。更为准确的表达是，施瓦布一直致力于探寻人文主义与科学主义有机融合的道路。从人文主义视角来看，这与他的工作经历有着密切的联系。1938 年，施瓦布进入芝加哥大学，在本科学院担任生物学教师和主考人。在这里，他受到赫钦斯等永恒主义者们的影响，开始关注通识教育，“以恢复西方历史悠久的人文主义传统为宗旨”。② 从科学主义视角来看，则与施瓦布所处的社会环境有着密切的联系。1957 年，苏联发射了人类第一颗人造卫星，震动了整个美国社会。人们开始追问和反思为什么一直自诩有着最优异教育的美国，在科技方面会落后苏联。人们最终指向了反对进步主义教育对学科知识过于随意的教授方式。在 1959 年的伍兹霍尔会议上，由布鲁纳宣读的《教育过程》宣告了学科结构运动的开始。施瓦布不久之后也参与进来，提出了自己的学科课程理论并亲自主持编制了 BSCS 生物理论。

受麦基翁通过诠释学提取语义结构来把握“名著”“精义”的影响，施瓦布希望通过运用这种方法，分析、获得自然学科知识所包含的“精义”，以此体现其人文主义特性，由此推动二者的融合。对于具体的课程编制，施瓦布认为“应当涉及与其他课程内容和方法相联系的科学课程的内容和方法，应当陈述与其他课程特殊目的相联系的科学课程的特殊目的和职责，要提供方法，以便通过这种方法，其特殊资料、方法和目的能从总体上体现课程的一

① 马开剑 . 美国 60 年代课程改革的理论基础［J］. 教育改革，1997（1）：16–19.

② 陆有铨 . 现代西方教育哲学［M］. 北京：北京大学出版社，2012：86.

般特性”。[1] 在《学科结构：意义及重要性》一文中，施瓦布提出的三个问题“分别表征的是学科结构的三种不同含义，即学科间的组织结构、学科的句法结构、学科的实质结构”。在实际的教育中，“要让儿童亲自体验到不同学科句法结构的特点与差异，亲自体验到学科实质结构的可修正性与多样性。在学生体验学科结构、科学知识的灵活性的同时，形成探究的灵活性”。[2] 这种探究式的学习方式基于这样一种观念，即“任何给定时期的科学知识都并非建立在一切事实的基础之上，而是建立在经过选择的事实的基础之上——而这种选择则是建立在探究的概念原则的基础之上的”。

选择结构主义的思维路径正符合施瓦布融合人文主义和科学主义的初衷。然而，由于学科结构运动表现得过于“科学化”，忽略了学生和教师的能动性，课程领域的众多学者开始借助人本主义心理学的帮助来抨击学科结构运动。另外，在学科结构运动过程中，学科专家的地位超过了课程专家，也促使他们起来反对这场运动。同时，对于这场运动的目的，“人们意识到对学科结构的精深广博的讨论中隐含着军事和国家主义的目标”，[3]也是导致它最终走向失败的原因之一。施瓦布重新审视了以往的课程理论和学科结构运动的失利，走上了一条崭新的道路。

## 三、开发时期课程思维方式的特征

一方面，开发时期的课程思维方式是一种科学主义的思维方式。开发时期是课程论从刚刚起步到快速发展的一个重要时期，这一阶段的课程理论专家都将注意力集中在如何科学地开发能够在实践中操作的课程，也即将课程设计作为自己的研究问题。这一问题本身是一种实践导向的问题，但从思维方式的角度出发，我们不难发现，这一时期的课程思维方式归根到底是一种科学主义路线的思维方式。不论是博比特的“活动分析法”、泰勒的“泰勒原理”，还是布鲁纳和施瓦布的学科结构运动，都希望通过一种科学的、化简的

---

① （美）韦斯特伯里，威尔科夫．科学、课程与通识教育：施瓦布选集［M］．郭元祥，乔翠兰，译．北京：中国轻工业出版社，2008：35.

② 张华，等．课程流派研究［M］．济南：山东教育出版社，2000.

③ （美）威廉·派纳，等．理解课程［M］．张华，等译．北京：教育科学出版社，2001：155.

方式，勾画出一套能够指导课程设计实践的理论。这是在科学主义盛行的历史条件下，一个新兴学科不得不遵循的思维方式。但是，他们的课程思维方式忽视了实践的复杂性，因而从其理论模板出发无法处理课程设计实践的复杂性，也就无法实现其理论所规划的美好愿景。

另一方面，开发时期的课程思维方式依赖其他学科的已有理论。作为一个从无到有的新兴学科，课程论本身在这一时期尚未形成具有其学科特点的思维方式，而是更多地借鉴其他学科，如哲学、管理学、心理学等学科的思维方式。这些思维方式本身也因处在科学主义时期而包含着浓重的“科学”风气，从而决定了开发时期的课程思维方式是一种借鉴了其他学科、包含着浓重的“科学”风气的思维方式。

## 第二节　理解时期的课程思维方式理正

课程理解时期主要是指自 1969 年施瓦布宣布课程领域“岌岌可危”至今的时期。这一时期主要受整个知识大厦向后现代主义倾斜的影响，从而批判课程理论前一阶段的发展深受科学化的理论影响而忽视课程实践本身的弊端。因此，这一阶段的课程理论主要以施瓦布的后期课程理论和将课程视为不同文本进行解读为代表，反映的课程思维方式也较为多元，但归根到底是一种后现代主义的思维方式。

### 一、时代背景的转变

1969 年对于课程领域来说，是一个极其重要的年份。正是在这一年，施瓦布宣布了课程领域的“岌岌可危”，举起了反对以追求科学化课程设计为目标的传统课程领域的大旗。一场被称为“概念重建”的运动在整个课程领域兴起。正如里德所言，施瓦布的研究是概念重建活动的前奏。[①]“概念重建”运动的兴起标志着课程研究范式的转换，即由课程开发范式向课程理解范式

① William A Reid. Rethinking Schwab：curriculum theorizing as a visionary activity［J］. Journal of Curriculum and Supervision，2011，17（1）：29–41.

的转换。课程专家从不同视角解读了课程“文本”，我们将在后文中从思维方式的角度分别来解析他们。课程领域范式的转变与整个时代由现代性向后现代性的转换有着密切联系。

哈贝马斯把现代性“看作是一种新的社会知识和时代，它用新的模式和标准来取代中世纪已经分崩离析的模式和标准”，“福柯则把现代性理解为‘一种态度’，而不是一个历史时期，不是一个时间概念”。“现代性态度是在启蒙运动过程中形成的。文艺复兴以来科学观念的传播以及人文主义思潮的发展，使科学、自由和追求世间的幸福成了推动启蒙的主要因素。与科学革命和启蒙运动的开展相伴随的，是对宗教的猛烈批判，这使社会表现为一个世俗化的过程，或者用韦伯的话来说，是一个‘世界的祛魅’过程，它改变了人们的思维方式与世界观，形成了人们的理性意识，推动了反宗教蒙昧迷信运动，催生了主体性意识，产生了现代的自由、平等、博爱等价值观念，所有这些为现代资本主义社会的产生提供了思想基础，它们也因此构成了哲学意义上的现代性的基本特征。”①现代性大大扩展了人类的视野，提高了人类认识世界的意识和能力，使人类积累了更多的知识。一方面，现代性的科学知识使人类超越了古代时期蒙昧的或者思辨性的积累知识的方式，促进了人类自身、人类社会的进步和发展；另一方面，对于它的质疑和批判也伴随它的发展逐渐扩大。18 世纪法国启蒙思想家卢梭对科学知识、资本主义制度等进行了否定性评价，提出了自然主义观；19 世纪德国思想家狄尔泰提出“精神科学”对其进行了批判；20 世纪的福柯则围绕知识与权力“二位一体”的观点批判科学知识。同时，对现代性的科学知识的批判不仅来自哲学、社会学等人文学科，也来自现实社会的各个侧面的批判，这些批判主要集中在文化学、人类学、女性主义等领域。由此，人类社会和各学科领域开始了一场后现代转向。

“后现代”是一个含义既丰富又模糊的概念。一般认为是由英国画家查普曼（Chapman J.W.）于 1870 年举办的个人画展中首先提出后现代油画的口号以对抗当时法国的印象派。仅从时间上来看，现代和后现代并非可以用一个

---

① 陈嘉明，等 . 现代性与后现代性［M］. 北京：人民出版社，2001：2-3.

时间点截然划分开的。它泛指在文学、艺术、哲学等诸多学科领域中具有反普遍性、批判现代主义倾向的思潮。后现代这一概念的出现同样影响和改变了人们的思维方式。首先，对理性主义的批判。理性是启蒙运动以来，人类借以发现自我、用知识代替神话和宗教的武器，后现代主义者们认为对理性的宣扬造成知识与权力的联系，产生了具备知识的理性人对缺乏知识的非理性人的排斥和压迫。其次，对普遍主义和本质主义的批判。正如波普尔所说，“所有的知识，不仅是科学知识，在实质上都是‘猜测性的知识’，都是我们对于某些问题所提出的暂时回答，都需要在以后的认识活动中不断地加以修正和反驳”。[①] 因此，现代主义所追求的普遍的知识是不存在的。另外，由于人类认识活动的不断修正和反驳，构成事物的多元要素所处的地位也是不断变化和发展的，仅仅规定其中某一要素作为其“本质”来代表该事物的思维方式也是不正确的，后现代主义者反对这种本质主义的思维方式。

时代的转向导致了课程领域的范式转换。正如前文所述，课程领域由课程开发范式向课程理解范式的转向，是由关注客观的、普遍的、制度性的课程开发转向关注现实的、实践层面的课程所蕴含的多元性意义。不同的课程专家通过借鉴哲学、社会学、人类学等领域已然转向后现代主义的新知识，来解读实践层面课程的意义，为我们展现了课程的丰富性。从不同角度来解读课程的各种文本各具自己思维方式的特色，我们在后文将一一分析。同时，我们也必须明确，不论哪种文本，其解读的方式和手段都是借助后现代主义，所以，他们又同属于一种思维方式，即我们规定的理解性思维方式。

## 二、理解时期课程范式的基本主张

### （一）施瓦布后期课程思维方式

在 1969 年美国教育研究协会（AERA）年会上，施瓦布宣读了震惊世界的论文《实践：课程的语言》，宣告了课程领域的“岌岌可危”。随后，他又陆续发表了《实践 2：折中的艺术》（1971）、《实践 3：课程的转型》（1973），

① 石中英. 知识转型与教育改革［M］. 北京：教育科学出版社，2001：72.

以及《实践4：课程教授要做的事情》(1983)，系统阐述了课程的实践模式。

《实践：课程的语言》开宗明义，“课程领域已经到了岌岌可危的境地，依照现有的方法和原理已不能维持其研究，也难以对教育进展做出重大贡献”，造成这种局面的原因在于“课程领域一贯地、不加思考地和错误地依赖理论”，而“课程领域复兴的希望在于，把主要精力从用于追求理论转向实践的、准实践的以及折中的方式”。[①]

随后，施瓦布指出了课程领域现存的六种逃避方式，并详细阐述了他的课程开发思想——审议，这是一条实践性道路。课程审议包括四种基本要素，即学科内容、学生、教师和环境。其中，学科内容既包括一般的学科内容，又包括教育上的学科内容，“要使学术知识成为课程资源，不是靠学科专家借助自己的专业知识就能转化的，只有通过审议才能实现这种转化”，[②]这显示出他与之前作为学科结构运动领袖重视从学科角度来设计、开发课程的巨大转变；学生和教师也是课程审议的重要组成部分，这也体现了施瓦布对于之前过分强调学科结构和学科内容而忽略学生和教师的一种补偿；最后，环境也受到了施瓦布的注意，成为课程审议中的一项组成部分。随后，施瓦布指出并建议每所学校都要组织一支课程审议小组来负责课程开发与修改。课程审议小组既包括学科专家、课程专家、行政人员等常规成员，也包括教师、学生、家长等新的课程开发参与者。相较于传统的自上而下式的课程决策模式，施瓦布认为审议模式“是民主体制的模式”。

施瓦布从学科结构运动转向实践路径，从思维方式的角度来看，其实质是在继续关注通识教育的前提下，由重视课程内容的普遍性转向重视课程实践的具体特性。施瓦布认为，“课程的产生既不是虚构的，也不是抽象表述的，而是基于真实的事情、具体的事例的，它完全来自具体事实又完全不同于所有的具体事实，与理论概念有关的大部分事实是不置可否的。具体课程的资源不仅仅由‘科学’‘文学’或‘过程’组成……课程资源是以特定的事物和事情已有的特定情形为条件来进行感知的。由这些特定方面组成的课程不是

---

① Joseph J Schwab. The practical: a language for curriculum [J]. The School Review, 78 (1): 1–23.

② 施良方 . 课程理论——课程的基础、原理与问题 [M]. 北京：教育科学出版社，1996.

在教室中产生，而是在比教室有更多事情去做的学校围墙之外有气味、有影子、有环境的，能够获得更多时间和空间的场地产生的……科学、文学、一般的儿童、某类儿童或教师可能确实具有普遍性特点，但是，它们是由于忽略了某些特性而具有了普遍性。被忽略的特性通过显露自身的问题，或者改变理论中的普遍特征而破坏理论的实际阶段”。①

## （二）课程的政治文本

20 世纪 70 年代之前，学校课程的中立性是课程专家一种普遍的思维前设，这种思维前设与深受科学主义影响、坚信通过科学的方法便可获得客观、价值中立的数据以编制科学化课程的设想密切相关。以博比特、泰勒为代表的课程专家以科学主义为依据，分别提出了有代表性的课程编制理论。然而，在这一时期，也有部分专家注意到了课程的政治性。以康茨、拉格等人为代表的社会改造主义，认为教育应该以“理想社会”为目标，学校作为社会机构，有必要围绕这一目标使学生认识到各种社会要素，包括政治、经济、文化等方面在社会发展中发挥的作用。康茨等人的早期理论为 70 年代之后，将课程理解为政治文本提供了参照。

法兰克福学派对这一文本理解影响重大，而这一学派又主要以马克思主义作为其理论活动的源头，所以有学者认为，“20 世纪 70 年代把课程理解为政治文本的这一学术思想在本质上是公然的马克思主义者和新马克思主义者”。②法兰克福建立的理论被称为“批判理论”，它“是通过对其他思想家和传统哲学的一系列批判来表达的，其发展是对话式的，其起源是辩证的，这也是它运用到社会现象中去的方法”，③其根源与黑格尔哲学以及与黑格尔哲学存在密切联系的马克思主义是密切相关的。将课程理解为政治文本，一方面借助了法兰克福学派的批判理论的思想，另一方面又从马克思主义当中借鉴了一些概念，用以分析学校课程的政治性。不论各课程专家如何具体地论述

① （美）韦斯特伯里，威尔科夫．科学、课程与通识教育：施瓦布选集［M］．郭元祥，乔翠兰，译．北京：中国轻工业出版社，2008：254.

② （美）派纳，等．理解课程：历史与当代课程话语研究导论［M］．张华，等译．北京：教育科学出版社，2003：237.

③ （美）马丁·杰伊．法兰克福学派史［M］．单世联，译．广州：广东人民出版社，1996：52.

其课程理论，他们都承认这样一个前提，即学校课程并非价值中立的，而是深受社会政治、经济的影响，并对政治、经济产生反作用。其发展路径大致可以分为再生产理论阶段、抵制理论阶段和批判教育学阶段三个前后相继的阶段。

再生产理论直接借鉴了马克思的“再生产”概念，“指出学校教育的主要作用不仅是资本主义社会生产得以进行下去的劳动力分工的再生产，而且也是资产阶级统治思想、意识形态和文化价值的再生产……只有通过对学校教育与国家政治、社会经济关系的分析，才能深刻地理解学校教育的职能。学校教育的深层结构和潜在意义，只有通过分析它们作为社会的和文化的再生产机构所起的作用，才能揭示出来”。[①] 这一阶段的理论较好地揭示了作为社会组成部分的学校组织与其他社会政治、经济等部分的相互关系，然而，它忽视了学校的相对独立性，忽视了教师、学生等因素所处的社会环境和历史对其自身发展的能动作用。美国课程专家吉鲁克斯（Giroux H.）明确表达了这一观点，他认为“必须把行为表现同行为所表现出来的旨趣联系在一起，超越对行为的即时性的关注，深入到经常潜在的存在于隐蔽逻辑之下的行为旨趣，这种逻辑本身必须通过历史和文化的情境才能得以解释”。[②] 随着再生产理论和抵制理论的发展，将课程理解为政治文本的课程理论发展到了一个新的形态，即批判教育学。其代表人物是巴西著名教育家保罗·弗莱雷。弗莱雷认为，由于压迫者的压迫，被压迫者和压迫者本人都丧失了人性，被压迫者担负着“一项富有人性且具有伟大历史意义的任务：解放了自身，同时也解放了压迫者”，他把资本主义的学校教育比作“银行储蓄”，教育的成功表现为教师把更多的知识储存到了学生这座“银行”中。总之，这种“储蓄”式的教育“作为使人固化不变的力量，不承认人是历史的存在”；与之相反，被压迫者教育学所倡导的是一种对话式的教学和师生关系，在这种教育方式中，“人们同时考虑自身与世界，增加了感知的范畴，他们开始注意以前不为人注意的现象”，使被压迫者意识到自己的处境，形成一种批判的精神，并最

---

① 陆有铨 . 现代西方教育哲学［M］. 北京：北京大学出版社，2012：239.

② Giroux H A.Theories of reproduction and resistance in the new sociology of education：a critical analysis［J］. Harvard Educational Review，1983，53（3）：257-293.

终担负起解放自己和压迫者这一“富有人性且具有伟大历史意义的任务”。[①]

将课程理解为政治文本，打破了课程领域自形成以来便开始寻求的制度化的课程编制的设想，指明了课程编制的过程与整个社会政治、经济等各个方面都存在密切联系。这一理解由于借鉴了马克思主义说法，使其思维方式必然反映了马克思主义所具有的时代局限性，即二元化的和功能主义的思维方式。一方面，二元化的思维方式简化了课程领域的复杂性，例如鲍尔斯（Bowles S.）和金蒂斯（Gintis H.）从马克思主义“经济基础决定上层建筑”这一论断出发，认为学校教育从属于上层建筑，必然会受到资本主义经济的影响；同时，学校教育又会再生产社会经济关系，使统治阶级与被统治阶级处于一种对抗的关系中。另一方面，由于深信“改革是进步”这一信念，将课程理解为政治文本的课程专家大都坚持通过学校教育促使个体的自我实现，促进个体的解放，并从根本上消除资本主义对于个体的“异化”。这导致坚持这一观点的课程专家过分夸大了课程的政治性，将所有社会要素和课程要素都视为统治阶级的主张以及统治阶级与被统治阶级的斗争等基本假设，忽视或随意简化了其他影响课程的因素自身所具有的特性和独立性，这本身就限制了课程领域的进一步发展，从而才有了随后出现的将课程理解为种族文本、性别文本等理论活动。

### （三）课程的种族文本

将课程理解为政治文本的学术活动，激发了人们关注课程本身所负载的价值性要素。然而，仅仅着眼于从政治性方面来理解课程，使得其他一些社会属性遭到了忽视，其中一点就是个体所具有的种族的特性。将课程理解为种族文本的兴起，与第二次世界大战后世界各民族解放运动，特别是20世纪60年代美国民权运动的发起有着密切的联系，它的兴起是对将课程理解为政治文本的一种超越。

众所周知，资本主义的兴起始于14、15世纪，当时西班牙、葡萄牙、荷兰等国开展的大航海运动，为资本主义发展开辟了道路。这些国家在航海的

① （巴西）弗莱雷.被压迫者教育学［M］.顾建新，等译.上海：华东师范大学出版社，2001：1.

过程中，搭建了国际贸易的桥梁，推动了资本主义的形成。更为重要的是，在航海过程中，这些国家对发展落后的国家实施了殖民政策，使落后的国家成为他们的附属国，肆意掠夺当地的原材料，并变其为自己的主要市场，对其进行货品倾销，以此进行原始积累。对于这些被殖民地的人民，殖民者视其为自己的奴隶，压迫、劳役他们。这种情况直到第二次世界大战之后才有所改变，各被压迫民族兴起了一次民族民主潮流，众多殖民地建立了自己独立的国家。而在发达资本主义国家内部，也发生着零星的弱势民族争取种族平等和民主权力的斗争。以 20 世纪五六十年代的美国为例，一方面，以黑人为主的弱势民族代表人物以演讲、文学等多种形式，展开了强有力的民权社会活动，其中以马丁・路德・金最为人熟知；另一方面，美国联邦政府通过了《民权法》《选民登记法》等一系列法案，消除美国社会根深蒂固的黑人与白人之间的隔阂。

在这样的社会背景下，教育领域中存在的种族之间的隔阂与矛盾问题也日渐为课程专家所注意。在早期，种族问题是包含在将课程理解为政治文本的学术活动之中的。正如布迪厄所指出的，学校中的课程是一种“霸权课程”，统治阶级仅仅将其自身的文化选择进入课程体系进行教授，而排斥其他下层阶级和种族的文化。对于课程的这种理解有其合理的一面，但更为重要的是，这种政治性的理解与马克思主义的“经济基础与上层建筑”密切相关，矛头直指资本主义本身，然而“种族”概念本身不仅仅具有政治含义，更多的是一种文化的、历史的内涵。

“种族”的概念本身是一种生物学概念，是指具有某些共同特征的人群的总称。由于本身就是一个生物学概念，所以“某些共同特征”首先就体现在外貌上，如肤色、毛发等部位；同时，由“种族”各成员所反映的、共同具有的某些心理特征也包含在内，这就超越了生物学本身而具有了文化特征。经过历史的演进，全世界的民族都不断发展着，对于某些民族的认识逐渐成为一种刻板效应，即对某一民族的固定的印象，例如，中华民族的勤劳、日耳曼民族的严谨，白种人是勤劳的、黑种人是懒惰的，等等。近代以来，这种刻板效应导致了前述的一个民族对另一个民族的压迫，并造成了极大的痛苦和灾难。在课程领域，则体现为“白人课程”或者“科学知识课程”。

将课程理解为种族文本，是世界性的多元文化发展的一种必然趋势。“多元文化教育的核心取向是促使每个来自不同社会阶层、种族、文化和性别团体的学生能够享有公平的学习机会，帮助所有学生获得未来跨文化社会中所需的民主价值观、信念、知识、技能和态度。”①孟凡丽教授认为，多元文化课程开发的主要模式包括平行模式、整合模式、扩展模式等。②平行模式通过在现行课程中增加非主流文化知识，以“讲授文化上不同的东西”；整合模式注重整合多元文化知识与现有主流文化课程，而不仅仅是在主流文化课程之外再添加额外的非主流文化知识课程；扩展模式则重视教师和学生在现有课程的基础上，发挥其课程开发的作用，通过现有课程资源的开发达到多元文化教育的目的。

将课程理解为种族文本的努力，基于对课程在选择内容时如何公正、全面和多样性地反映现实世界，提供给学生与种族相关的经验，使他们认识到种族与种族之间的异同首先是一种生物学上的概念和在文化上的延伸，而并非政治上和经济上的人为划分，从而达到在学校教育中对于自我身份的一种认同。与此相关，另一种与个体自我身份认同相关的要素将是我们下面一个部分所要讨论的内容。

### （四）课程的性别文本

另一种与个体自我身份认同相关的要素是性别。性别是一种先天的生理性因素。但是，婴儿出生伊始，他或她的人生发展轨迹就被“确定”了。通过各种途径，个体的性别逐渐社会化。男性与女性的差别本来是一种自然属性的体现，然而，这些差别却被置于对立的和孤立的关系中，被视为一种客观性被记录下来，“男人和女人一旦包含在我们尽力领会的对象之中，我们就以认识或评价的无意识模式，接纳了男性秩序的历史结构；为了思考男性统治，我们甚至冒险援引本身就是统治产物的思想方式”。③正是以这种思维方式，男性和女性的差别成为划分和预测男性和女性日后生活的一种依据而存

---

① （美）班克斯．多元文化教育概述［M］．孟梅艳译．北京：商务印书馆，2020：20.

② 孟凡丽．国外多元文化课程开发模式的演进及其启示［J］．比较教育研究，2003（2）：28-33.

③ （法）皮埃尔·布尔迪厄．男性统治［M］．刘晖译．北京：中国人民大学出版社，2017：1.

在。反映到教育中，甚至在教育刚刚正式形成之时，男性和女性之间的课程就被区分开了。在古代雅典教育中，“7岁前，儿童在家中由父母教养。7岁以后，女孩继续在家中由母亲负责教育，学习纺织、缝纫等技能；男孩则开始进入文法学校、弦琴学校学习”。① 近代以来，男性与女性之间从分别教育到同校争议、从性别歧视到性别优势能力之争，“被学校制度传输的文化……直到最近还一直不停地输送陈旧的思想方法和模式，如使男人成为积极成分、使女人成为消极因素的亚里士多德传统”。② 性别教育问题日益突出。同时，18世纪以来便开始形成的女性主义理论，发展至今已经形成了社会主义的女性主义、激进的女性主义、马克思主义的女性主义等众多流派，它们从不同角度对性别差异、性别歧视、父权制等性别问题进行了认识和批判，这些理论对于将课程理解为性别文本有着重要的作用。

将课程理解为性别文本，旨在通过重建确立性别课程经验，特别是包含在课程中的女性经验，消除性别歧视、体现和尊重性别差异、实现不同性别的社会选择自由。在实际的课程中，“男性霸权”的课程占据重要的地位，不同性别的学生被灌输了与其性别相关的、社会认同的思想和行为模式：男性居于支配地位，具备运动的、健壮的、独立的、有头脑的等特质，其未来的人生应当是成为一名积极的社会建设者；而女性则通常居于被支配地位，具备柔弱的、依赖的、服从的等特质，其未来的人生应当是以家庭为主、成为男人事业的附属。这种课程设置以男性经验作为一种普遍的、合法性的标准，作为对男女两种性别的衡量准则，忽视了女性经验的特殊性，造成了女性自我身份认同的歪曲。将课程理解为性别文本的课程专家，从各自不同的理论出发，提出了各具特色的课程观，总体来说，集中在这样两个问题上：一是揭示和批判课程中的性别不平等问题。正如我们刚刚所论述的，学校课程通过灌输性别差异的知识来确立学生对性别的认知，更为重要的是，学校课程本身从课程目标、课程内容、课程实施和课程评价等各个方面，都表现出了这种性别的不平等性，即遵循以男性为中心这一原则进行课程设计，从而使

① 吴式颖．外国教育史教程［M］．北京：人民教育出版社，1999：34.

② （法）皮埃尔·布尔迪厄．男性统治［M］．刘晖译．北京：中国人民大学出版社，2017：200.

女性的社会不利地位从学校教育时便开始形成，女性学生最终成了“女性”。二是增加与女性经验相关的课程内容，推动性别平等进程。为了扭转女性在课程中的不利地位，首先改变男性与女性在课程中所占的比例是必须的，这就需要“组织相关领域的性别研究者对课程与教材进行性别分析和审查，找出课程与教材中存在的性别偏见、性别歧视问题，并据此进行修改，以尽量符合性别公正的要求”。[①] 更为重要的是，对固有的、将男性和女性的生物属性的差异客观化的观念进行挑战，这就要求将女性特殊的经验放入课程中，关注女性的认识和情感，伦理和道德，提供正确的女性知识，以真正实现性别平等。

### （五）课程的现象学文本

将课程理解为现象学文本，是课程领域的专家借助哲学领域中的一场变革而提出一种新理论来诠释课程要素的理论活动。在 1967 年俄亥俄州立大学举办的课程理论会议上，休伯纳（Huebner D.E.）第一次将现象学引入课程研究中。随后，派纳等学者也进入该领域，从现象学角度来认识理论。

现象学是由德国哲学家胡塞尔（Husserl E.）开创的一种哲学思潮，它对海德格尔、萨特、庞蒂等现当代著名的哲学家都有重要的影响。胡塞尔将实证主义和科学，以及与此相关的认识论作为自己批判的对象，他认为，“在十九世纪后半叶，现代人让自己的整个世界观受实证科学支配，并迷惑于实证科学所造就的‘繁荣’。这种独特现象意味着，现代人漫不经心地抹去了那些对于真正的人来说至关重要的问题。只见事实的科学造成了只见事实的人”。这段话表明，胡塞尔所关注的是近代以来，由于受到实证主义和科学的影响，人们丧失了自古希腊以来对于人性和人的生活本身的思考，从而造成了他所谓的“危机”。而这一思考是实证主义之前的哲学所关注的对象，胡塞尔认为这“实际上意味着信仰的崩溃”，“我们时代的实证主义的科学概念是一个残缺不全的概念。实证主义丢掉了一切人们在时宽时狭的形而上学概念中所考虑的问题，其中包括一切不清楚且被称之为‘最高的和最终的问

---

① 高德胜．性别公正与学校教育［J］．全球教育展望，2007（9）：33-38.

题’”。[①] 世界被二分为自然世界和心灵世界，“自然”成为封闭的物体世界以待人类的认知。实证主义忽视了主体与客体之间的统一关系，忽视了主体对于客体属性的授予，也即忽视了主体的理性本身。胡塞尔认为，解决问题的方法，就是回归到个体的日常生活世界，即个体能够实际感知并获得经验的世界。

课程领域从其形成伊始，就受到科学实证主义的影响，或者说，正是由于对课程编制问题的科学化回答，才形成了课程论。科学主义和技术取向的课程编制理论和手段对日常教育经验的理解造成了消极的影响，课程难以描述个体对世界的体验。将课程理解为现象学文本，就是考察并描述每个个体的、独特的经验，回归个体的日常生活世界。派纳的学术活动显著地体现了这一文本解读的特点。

派纳重新界定了“课程”的含义。“curriculum”一词，从词源学的角度来看，其含义是“跑道”，“即为学生的身体和心理所环绕的‘跑道’——预先设定的、由学生记诵的教学内容或教材”。[②] 派纳则以拉丁文词根“currere”来代替“curriculum”，意指“奔跑”或者“奔跑的感觉”。与静态的“curriculum”相比，“currere”是一种动态的、建构的过程，更加重视个体的经验，这正与现象学基本原理切合起来。由此可以发现，派纳的存在体验课程将个体的经验置于课程的中心位置，课程的具体内容不应该违背个体的经验而孤立存在，个体在学习的过程中要反省教育经验的意义，并通过反思建构属于自己的经验。对于派纳来说，从现象学角度来审视课程，尚处在一种抽象的、形而上学的水平。在后面“将课程理解为自传 / 传记文本”中，我们还要继续深入了解派纳的“存在体验课程”。

总之，将课程理解为现象学文本，就是要解放个体的经验，承认个体经验存在的价值。课程应以提供可“体验”的内容为核心，助力个体建构自身经验。

---

① （德）胡塞尔. 欧洲科学危机和超验现象学［M］. 张庆熊，译. 上海：上海译文出版社，1988：9.

② 张华，等. 课程流派研究［M］. 济南：山东教育出版社，2000：276.

### （六）课程的后现代主义文本

后现代主义课程有广义与狭义之分：广义的后现代主义课程是指受后现代主义思潮影响，注重对课程的多元式理解，反对科学主义支配下的现代主义课程的一系列学术活动。从这一角度来说，后现代主义课程始于“概念重建运动”，本部分所论述的对于课程的各种文本的理解就属于这一层面。狭义的后现代主义课程则主要指借用后现代主义哲学对于现代主义哲学的批判过程中一些新的概念以重新理解课程。这一层面的课程研究主要反映在多尔的后现代课程理论和斯拉特瑞的后现代课程理论。

从广义层面来看，后现代主义课程理论就是对课程领域旧已存在概念的“重新”规定。课程领域旧已存在的概念主要是指从博比特开始直到 20 世纪 60 年代末，受到科学主义和实证主义支配而在课程研究、课程编制中所使用的技术性、机械的概念，比如课程编制、课程设计以及确定目标、结构等。这些概念反映了时代特征，将学校课程视为开发一种程序，建造一条生产流水线，使学生通过它得到“改造”，成为“产品”。后现代主义课程理论反对这些技术性的、机械的概念，因为它们的使用本身就反映着课程领域的思维方式——一种建构的思维方式——的巨大影响，如果不改变它们，本领域的生存和发展就要受到威胁。派纳认为：“概念重建从本质上来说，是一种认知主体、认知过程和认知客体之间的辩证关系。它的主要特征必须而且将通过它的参与者们的对话及其学术成就来确认和建构。如果把它想象为一个已完成的产品、一个教条，就是没有领会它的意义。概念重建，最根本的是持续不断地被重新定义。”[①] 基于这种“不断地被重新定义”的认识，派纳、陶伯曼、格鲁梅特等课程专家，通过借鉴其他领域中的新概念、新理论、新方法来“重新定义”课程，课程呈现出“百家争鸣”的繁荣景象，并且引发了课程领域的范式转换。

威廉姆·多尔是美国路易斯安那州立大学课程与教学系的教授，他的

① Pinar W. What is reconceptualization［J］. The Journal of Curriculum Theorizing, 1979, 1（1）: 93-104.

《后现代课程观》一书，详细论述了他的后现代主义课程理论。多尔提倡一种以会话为核心的课程，这是因为我们有必要探索并尊重他人的思想和存在，而这正是他所批判的现代主义的课程理论所缺乏的。“今日主导教育领域的线性的、序列性的、易于量化的秩序系统——侧重于清晰的起点和明确的终点”，其核心是预测与控制，这将导致课程对于个体经验的忽视而变得“客观”；现有的课程“将让位于更为复杂的、多元的、不可预测的系统或网络。这一复杂的网络，像生活本身一样，永远处于转化和过程之中”。后现代主义的课程是一种建构的课程，“既能容纳又能扩展”。作为现代主义的代表性课程理论，“泰勒原理”受到了多尔的猛烈抨击。多尔认为，这一原理受到现代主义的影响而假定了一个有稳定状态的宇宙的存在，因而人类有可能通过自己的认知发现并证实它，这既是近代以来人们可以无限扩展知识的前提，也是支配“现代人”思维方式的根源。因此，“泰勒原理”的线性规划以确立“确定的目标”为其核心，造成了它封闭的特征，因而不能够有效反映个体不断发展和变化的经验，最终导致课程领域“岌岌可危”。针对这一缺陷，多尔提出了“4R”模式，即丰富性、回归性、关联性和严密性，以此作为“一种形成性的而不是预先界定的”课程的标准。①

将课程理解为后现代主义文本，不论是从广义的角度，还是从狭义的角度，都为我们认识课程提供了多元化的视角，使得课程领域的发展更加丰满。它所遵循的思维方式是与现代主义截然相反的思维方式，是一种多元的、丰富的思维方式。

### （七）课程的自传 / 传记文本

将课程理解为自传 / 传记文本与将现象学引入课程领域有直接的关系。现象学关注个体现实生活世界，关注个体的经验，强调个体在与世界交往过程中建构经验和认识的过程。传统课程领域受到技术理性的影响，以形成一种客观的、可操作的课程编制程序为其研究中心，从而导致由某一理论指导的课程也以一种“客观”的面貌出现，而忽视了学生在课程中的体验，以及

① 多尔 . 后现代课程观［M］. 王红宇，译 . 北京：教育科学出版社，2000.

建构属于自己独特经验的过程。正如派纳指出的，课程研究的科学化倾向，是非个人性的经验，导致了个体自我的消失。所以说，课程应该“返回事物本身”，发现“真实声音”。“课程不是由学科组成的，而是由主体、主体性组成的。课程的开展就是建构自我、建构主体性生活体验的过程。自传是自我的建构……自我在世界之中得到实现。即使是真实的与书籍的，我们也无法确信它就是我们所知道的自我，因为它总是在运动之中，随时间的演变而变化，部分地由它所不在的地点、所不出现的时刻、所不是的特点所界定。”① 因此，课程研究最好的方式就是研究自己的经验，也就是说，“帮助课程领域的学生学习如何描述学校知识、生活史和思想发展之间的关系从而达成自我转变”。②

正如前文所述，派纳的“存在体验课程”中既体现了将课程理解为现象学文本的理念，又以自传理论作为主要研究方法，用以描绘教育经验。派纳的“存在体验课程”由课程“curriculum”的拉丁语词根“currere”引发，意指奔跑的感觉或者过程，这一概念的转变本身就体现了现象学原理。派纳进而指出，存在体验课程的方法由四步组成：回溯、前进、分析和综合。回溯是指“我回到过去，按原状抓住它，当它萦绕于现在之中时抓住它”；前进则进入了另一个阶段，“我们发现在过去即是现在的同样意义上，未来也是现在。它以复杂的方式影响着现在；它形成了现在”；分析则要求个体“悬置现在的所是，过去的所是，可能的所是”，从而获得更多的自由与选择；综合就是个体重新回到生机勃勃的现在，专注于现在的“我”，“我把当前的情境概念化，心灵回到了它的位置上。我的各个部分被放置在了一起。这就是综合”。被置于一条时间线上的个体情境，并非必然地具有逻辑连贯性，更重要的是，它是一种可感知到的体验，即关于生活世界的传记。③ 由此，个体便可以有效地理解教育经验究竟对个体产生了何种影响或者发生了怎样的作用。课程成为

① （美）派纳. 自传、政治与性别：1972—1992课程理论论文集［M］. 陈雨亭，王红宇，译. 北京：教育科学出版社，2007：175.

② （美）派纳，等. 理解课程：历史与当代课程话语研究导论［M］. 张华，等译. 北京：教育科学出版社，2003：537.

③ （美）派纳. 自传、政治与性别：1972—1992课程理论论文集［M］. 陈雨亭，王红宇，译. 北京：教育科学出版社，2007：11–21.

一种与个体密切联系的活动而非“客观”的事实描述。

将课程理解为自传/传记文本，尽管受到了批评，被抨击是唯我的和极度个人化的，但是，它促使我们重新发现个体经验，改变了由技术主义导致的忽视真实个体的思维方式，指明了传统课程领域所指称的“人”或者“个体”，只不过是不具备具体生活的抽象了的概念符号，根本没有考察的价值。从自传/传记文本的角度出发，具体生活的个体重新获得了在课程研究中的价值，这种方法不仅能够帮助我们细致地考量实践的课程对个体的影响和作用，而且作为一种思维方式，它能够促使课程研究者跨越技术路线的束缚，建立课程研究的新主体。

### （八）课程的美学文本

20世纪60年代，休伯纳将美学语言引入课程领域，正如他把现象学引入课程领域一样。用美学语言代替当时支配课程领域的技术语言——以泰勒原理为代表——极大地推动了课程领域的发展。将课程理解为美学文本，旨在帮助学生关注那些与生活中“美”相关的个体经验，以此弥补由于传统课程领域所推崇的科学的和技术的价值取向。课程本身应该提供审美经验，因为“那些组成审美经验的事件就发生在给我们时空定位的环境之中并以交换的方式与环境相互作用”，[①]在这种课程中，学生能够通过“认识”成为意义的探寻者和建构者。

现代课程重视理性认知，排斥美学体验。理性主义是西方文化的一大传统，特别是近代以来，以实证的自然科学为代表的工具理性，它对于课程最大的影响就是课程形式的科学化——课程编制的程序科学化，以及课程内容的科学化——以近代以来人类凭借自然科学的方式所取得的知识为教授内容。这成为衡量课程的最高标准，由此导致音乐、美术等学科成为学校课程中的边缘科目。这是因为，这些学科的经验无法“科学化”，学生在这些课程中所获得的经验无法用定量的方法进行研究和评价，因此，它们的价值就远低于其他科目。然而，正如科学主义对人类社会的消极影响一样，这种重视科学

① （美）奥恩斯坦，等.当代课程问题［M］.余强，译.杭州：浙江教育出版社，2004：59.

知识而忽视美学知识的做法也造成了学生精神世界的缺失。杜威反对这种课程设计，他认为艺术可以把自然高度地结合进我们的经验中，反映一切自然事物，它是方法与过程的统一。艺术作为一种经验，可以促使人们享受生活的美好。他在《艺术即经验》一书中指出，“最终，在一个人类经验受到限制的、满是鸿沟与围墙的世界里，艺术作品将成为人与人之间完整的和无障碍的交流的唯一的媒介”，[①]“以艺术这个形式表现出来的经验，当我们对它予以反省思考时，解决了一些曾使哲学家们感觉苦恼的问题，而且摧毁了较之其他思想主题尤为顽强的二元论”。[②]也就是说，课程的美学价值在于保持了心灵与物质的统一。

将课程理解为美学文本，同样与现象学有关系。这种课程理解允许教育者和受教育者重新回到经验的内容之中，去体会和建构知识，因为“知识不是逻辑排列的，也不是等待着被发现的，而是在个体及其存在的经验中被建构的”，“这种课程观不仅为个体提供了成长和生成的过程，也为学校提供了批判性反思的机会，这种机会向那些尚未形成却绝对有可能形成的事物敞开了大门”。[③]

### （九）课程的神学文本

神学是统治欧洲中世纪的神圣枷锁，它对于包括哲学在内的所有人类知识都有着绝对的影响力；同时，它对造就具有信仰的个体也起着非常重要的作用。另外，在神学（或者说宗教）的名义或影响下，腐败、伪善甚至宗教恐怖主义等，又对人们造成了巨大的伤害。可以说，神学是一种能量强大的文化现象，它对于个体和社会都带有巨大的影响力。

然而，近代以来，由于自然科学的发展，人们坚信只有可观察的、可经验的、可测量的知识才是最有价值的知识，学校应该以这种规范化的知识作为教育的内容，神学所提供的知识并非这种知识，它具有非常大的“臆造

---

① Deway J.Art as experience［M］. New York，CT：Minton，Balch&Company，1934：105.

② （美）杜威．经验与自然［M］. 傅统先，译．南京：江苏教育出版社，2005：249.

③ （美）斯莱特里．后现代时期的课程发展［M］. 徐文彬，孙玲，等译．桂林：广西师范大学出版社，2007：12.

性”，而且，不同的宗教与特定的种族、地域又有着极其密切的关系，从而导致不同宗教的神学观存在着巨大的、不可调和的冲突与矛盾，所以说，近代以来，神学课程在学校教育中逐渐消失。具体而言，学校课程中忽视神学课程的原因有以下几点：“不同神学信仰之间严重的神学观分裂；许多重要的宗派领导者的虚伪表现甚至不时的非法行为；长期忍受种族主义、性别主义、军事主义和教会殖民主义的历史；西方社会中尤其是美国教会和政权分离的传统（因此精神信仰方面的事情是私人的事情）；现代技术社会明显无法解决关于道德问题的冲突；以‘圣战’为感召的过激宗教政治化和对‘邪恶帝国’的谴责；原教旨主义及其影响在教育中的上升；由分裂出来的教派、礼拜以及传统宗派所产生的跨文化和跨民族的全球福音传播和宗教信仰改变；牛顿世界观把宗教贬为迷信，把唯物主义无神论奉为神明的科学经验主义和还原主义；前现代和现代社会中对宗教预言持续不断的抵制和猛烈抨击。”[①]传统的课程领域重视技术和程序，通过既定的“目标”开发课程，它“忽略了那些威胁整个社会的伦理的、生态的、社会学的以及经济危机的部分”，同时，它还忽视真实的学校教育情境，“忽视了困扰现代文化的沉闷、痛苦和恐惧”。这是现代主义支配下的教育和课程必然存在的一种精神危机，这也正是要将神学引入课程领域的原因。当前将课程理解为神学文本的尝试，其关注的重点正是这样一个问题，即作为一种文化力量，神学对于提升个体的精神境界，帮助个体重新获得信仰、道德这些方面具有怎样的价值和意义。

重新确立神学在当代课程中的价值，并非要求恢复欧洲中世纪的神学宗教实践，而是怀特海所谓的“责任感和崇敬感”。怀特海反对教育中已经存在很久的“将大脑视为一种无意识的工具来认识世界”的观念，他认为“教育的本质在于它那虔诚的宗教性”，“它谆谆教导受教育者要有责任感和崇敬感。责任来自于我们对事物发展过程具有的潜在控制。当可习得的知识能够改变结局时，愚昧无知便成为罪恶。而崇敬是基于这样的认识：现在本身就包含着全部的存在，那漫长完整的时间，它属于永恒”。[②]这段话体现了将课程理

① （美）斯莱特里.后现代时期的课程发展［M］. 徐文彬，孙玲，等译.桂林：广西师范大学出版社，2007：90–91.

② （英）怀特海.教育的目的［M］. 徐汝舟，译.北京：生活·读书·新知三联书店，2002：26.

解为神学文本的精神实质，即被作为神学文本的课程并非试图提高神学知识在学校课程中的地位，它所强调的是，通过神学，联结教育经验与人类灵魂最深刻的一系列问题。重视神学课程的价值，并非仅仅要求在学校课程中开设独立的神学课程。这种课程开发的方法以及支配它的思维方式仍然是现代主义的。真正重要的是课程所反映的“整体性”，即怀特海所表达的，要“根除各科目之间那种致命的分离状况”，使身体、思想和精神成为相互关联着的整体；要将对人类精神的重塑和培养与学校的真实情境结合在一起，创造一种合作的而非竞争的环境，在对话和沉思中体验自己的经验。

## 三、理解时期课程思维方式的特征

理解时期的课程思维方式是一种后现代主义的思维方式。与前一时期直接关注课程设计，寻求指导课程设计者应该如何做不同，理解时期的课程论主要关注实践中的课程，即通过对已然在实践中实施的课程的性质的理解，更全面地认识和揭示“课程”的多元性，从而指导课程设计应该如何做。但是，理解时期的课程思维方式本身并不直接指导课程设计者开发课程或课程实施，而是认为理解本身更为重要。后现代主义者在将现代主义指导下的“课程”撕碎一地给人们一看究竟上下足了功夫，这固然是对本质主义的极为有力的反证；相反，这种“去中心化”的做法并不能将“课程”再次整合在一起，而理解之后究竟如何有效地构建一个整体的课程，似乎也是理解时期课程思维方式遇到的瓶颈。这恰恰体现出了理解时期课程思维方式的第一个特征——碎片化思维。

与开发时期课程思维方式强调“科学合理性”不同，理解时期的课程思维方式更加强调“人文 / 生态合理性”。这种思维方式源自其对现代性单一理性霸权的解构。一方面，这种思维方式揭示了知识生产的多元性，为文化多样性提供了理论支撑；另一方面，它瓦解了机械论自然观的理论根基，并通过揭示现代发展主义对生态系统的简化认知，后现代思想为生态整体主义提供了认识论基础——将自然视为具有内在价值的生命共同体，而非可量化的资源库。由此，我们一方面看到近几十年来课程理论与实践的多样性发展，另一方面又时常满怀“质疑”，因而难以统一。

第二章
Chapter 2

# 过往课程思维方式判定

前文我们用足够多的篇幅，从思维方式的角度，系统梳理了课程领域百年来复杂的课程理论的变迁过程。一种直观的感受是，不同的课程专家从各自的角度为我们展现了一个丰富多彩的课程世界。从不同的视角出发，会有不同的研究取向；同样地，也会有不同的研究方法与分析框架。通过上一章的梳理，我们发现，课程领域的已有研究从管理学、心理学、政治学、美学等不同学科出发，对课程现象以及相关问题进行分析、解释，展现了课程的不同侧面：从管理学的角度来看课程，使我们倾向于价值无涉地来看待课程设计，从而看到了它的程序性；从心理学的角度来看课程，使我们注意到了学生个体的心理层面，从而看到学生在课程中的受动性与能动性的统一；从政治学的角度来看课程，使我们注意到了课程的政治性而非价值中立，从而注意到课程在维护统治和生产社会关系中的作用；等等。这一部分，我们将从更加概括的高度来审视课程领域的过往思维方式，指明这一系列课程思维方式的特点，并详细论述其对课程领域的不利影响。

## 第一节　过往课程思维方式的性质

开发时期的课程思维方式和理解时期的课程思维方式是分别反映了现代主义和后现代主义的思维方式。本节，我们从思维方式的根源和核心问题两个方面分析，发现开发时期的课程思维方式和理解时期的课程思维方式实质都是一种围绕认识与对象关系问题的对象性思维。这种对象性思维具有本质的、割裂的和必然的特性。

前文我们将过往的课程思维方式划分为开发时期的课程思维方式和理解时期的课程思维方式。这种划分，我们是依据课程领域两种范式——课程开发范式和课程理解范式——以及二者之间的转换得来的。课程开发范式和课程理解范式分别代表两个不同的时代，即现代主义时期和后现代主义时期。课程开发范式遵循现代主义时期的思维路径，以科学的——客观性和技术性——课程编制作为自己的研究出发点，寻求理论对实践的具有普遍意义的指导，产生了博比特的“活动分析法”、泰勒的“泰勒原理”、布鲁纳的结构主义课程观等；课程理解范式遵循后现代主义时期的思维路径，以理解——非本质主义和多元化——课程现象作为自己的研究出发点，寻求对实践的课程“个性化”的解读，产生了以上我们所论述的政治文本、种族文本、性别文本等。对于两种课程范式思维方式的认识和理解，需要建立在对现代主义①和后现代主义的思维方式的认识和理解的基础之上。

## 一、现代主义及其思维方式

“modern”一词根源于拉丁语“modo”，意指“正是现在”。从广义的理解来看，“现代”一词可以指代任何一个当下人类所处的时代：相对于原始社会，处在古希腊古罗马时代的人类可以称自己的时代为“现代”；而对于中世纪的人类来说，他们可以说自己生活在“现代”，而古希腊古罗马时期是古代。我们现在所经常使用的“现代”则是在一种专属的意义上来指代某一段特殊的时期，即资本主义和自然科学极大地推动人类社会进步的这一段时期。更为重要的是，“现代”一词超越了时间性，成为一种制度变迁的代名词——现代性。吉登斯（Giddens A.）这样来说明这种“现代性”：

---

① 本部分将主要涉及三个概念：现代性、现代主义和后现代主义。一般情况下，现代性和现代主义基本可以作为内涵等同的概念交互使用。笔者认为，“现代性”主要是指“新”，或者“求新意志”，现代主义是现代性在16世纪至19世纪末20世纪初的一种表现；20世纪五六十年代以后出现的后现代主义则更“新”于现代主义，是“现代性”的一种新的表现形式。所以，本书将区分现代性和现代主义为两个概念。具体请参见：卡林内斯库.现代性的五副面孔［M］.顾爱彬，李瑞华，译.北京：商务印书馆，2002。

> 我是在很宽泛的意义上使用“现代性”这个术语的，它首先意指在后封建的欧洲所建立而在20世纪日益成为具有世界历史性影响的行为制度与模式。“现代性”大略地等同于“工业化的世界”，只要我们认识到工业主义并非仅仅是在其制度维度上。工业主义是指蕴含于生产过程中物质力和机械的广泛应用所体现出的社会关系。作为这种关系，它是现代性的一个制度轴。现代性的第二个维度是资本主义，它意指包含竞争性的产品市场和劳动力的商品化过程中的商品生产体系。上述两个维度在分析上均可与监控制度（the institutions of surveillance）区分开，后者是与现代社会生活的出现相联系的组织化权力大量增长的基础。而监控则意味着对臣民的监督性控制，无论这种控制是采用福柯意义上的“可见”监督，还是利用信息去调整社会活动都是一样。这个维度依次可与在“战争的工业化”的场合中对暴力手段的控制区分开来。现代性宣告了“整体战争”时代的开始，在其中，武库所潜在的毁灭性力量异常巨大，它以核武器的存在作为主要标志。[①]

吉登斯为我们勾勒出了这一特定“现代”的基本内涵：始于14、15世纪，通过社会的工业化和资本主义化，推动了人类社会的发展；直至19世纪末20世纪初，这一“现代性”最终成形，并对整个世界产生了重大影响。同时，吉登斯也表达了由这种“现代性”给人类社会带来的负面影响：由科技造成的对整个人类所“潜在的毁灭性力量”。可以说，14、15世纪至19世纪末20世纪初是“现代性”以科学、理性和技术为标志的时代，也即我们通常所说的“现代主义”时期。鲍尔格曼（Borgman A.）对于这一“现代主义”特征的归纳为“侵略性的现实主义”“方法上的普遍主义”“意义含糊的个人主义”，并指出它们与培根、笛卡尔和洛克三人的理论直接联系。

---

① （英）吉登斯.现代性与自我认同：现代晚期的自我与社会［M］.赵旭东，方文，译.北京：生活·读书·新知三联书店，1998：16.

现代对自然的支配或驾驭，不是贵族式的对它执掌统治权，而是激烈的征服活动。这种活动是和下述这些事情一同开始的：现代初期航海的发现；贸易路线的扩大；风力和水力的广泛应用；大规模消费工厂的建立，以及记账方法和财务工具的发展。这些范围内的扩展很快碰到不可逾越的障碍……所有这一切障碍，在 18 世纪晚期被煤、蒸汽和铁以及在 19 世纪中叶被炸药统统粉碎了。

随着征服、掠取不断增加和巩固，大规模的综合一体化就十分需要了。培根的侵略性开始需要笛卡尔的秩序加以补充。最后，笛卡尔主义通过科学和工业表现自己的权威……笛卡尔用 4 条规则解释他的方法：抽象的规则；分析的规则；重建的规则和控制的规制……面对一个问题，我们必须首先从它那里抽出身来——往后退一步，从远处怀疑地审视它……笛卡尔方法的第 2 条规则，要求我们把目前的问题剖析为它的最简单部分……第 3 个规则指示我们，从若干要素开始，由简而繁，建造一个新的大厦……第 4 条即最后一条规则，要通过归并等办法对关系重大的事情进行控制。

当过渡到现时代，人们对神和君主政体之为公共秩序的基础感到怀疑时，洛克提出个人的主权是权威的根本……现代的人所共有的意见似乎承认个人主义的界限，并且区别私与公，区别个人自由处理范围与集体管辖范围。但是，这种公—私的区别远未能明确个人主义的界限并加以澄清说明，它本身在现代规划中究竟把权力与责任置于何处的问题，差不多是人为地搞得一团糟。①

鲍尔格曼的描绘使得“现代主义”的形象更加全面地展现在我们的面前，它对普遍意义的追求、对客观化知识的追求、对自然的征服以及对实实在在个体的忽略成为它的典型特征。这些典型特征源于现代主义特殊的思维方式，反过来，现代主义思维方式又加强了这些典型特征。简单来说，现代主义的思维方式就是科学主义（自然科学）的思维方式。

① （美）鲍尔格曼 . 跨越后现代的分界线［M］. 孟庆时，译 . 北京：商务印书馆，2003：32-57.

早在古希腊时期，哲学家们就以追求和探寻世界万物所具有的普遍的、一般的、绝对的本质作为最高的目的和理想，这是一种极具科学主义色彩的哲学的思维方式。现代主义表现出来的科学主义的思维方式正是这种早期哲学的思维方式的发展结果。也就是说，现代主义的科学主义思维方式源于古希腊时期的哲学的科学主义思维方式。进入“现代”，自然科学发展蒸蒸日上，它所具有的思维方式——科学主义的思维方式——成为支配整个现今世界的核心，这是因为，运用科学主义的思维方式有助于帮助人类把握事物的普遍规律。然而，科学主义的思维方式继承了哲学的思维方式的特征，也承担了它的局限性。

首先，围绕概念范畴规定认知客体。科学主义的思维方式以认知和把握事物的本质为终极目的，这种思维方式在认知事物的时候，将认知客体分解为各种性质，并将其中起“决定”作用的性质规定为这一客体的“本质”。“规定”在这里起着限制的作用，然而，客体本身是一种无限可能性的存在，而对它的认识及其由此形成的知识在一定时期内是有限的，这种“本质”并非绝对的。

其次，将认知主体与客体割裂为二元对立。科学主义的思维方式的展开，从确定认知主体对认知客体的认识活动开始。关键问题在于，割裂的认知主体与认知客体之间是否存在同一性，即认知主体的思维与认知客体的属性，两种性质截然不同的存在是否能够趋向认识的同一性，更进一步来说，认知主体思维的认识能力的可能性究竟在多大程度上能够把握认知客体，至今仍然沿用的是哲学的思维方式“不证自明”的观点。这对于自然科学造成了极大的威胁，即我们无法确定自然科学的知识究竟是“真”还是“假”，而只能以现有的经验归纳。

最后，科学主义的思维方式有其适用的范围，并非“万能钥匙”。科学主义的思维方式促进了自然科学的快速发展，它在改造和利用自然世界方面取得了卓有成效的成绩，极大推动了人类社会的发展。科学主义的思维方式所认知和把握的对象是自然存在物，认知和把握的规律在一定范围内具有“普遍性”。但是，对于人类的社会性和历史性、价值观念的相对性等因素，科学主义的思维方式是无法有效认知和把握的，这与它追求普遍的、一般的、绝对的规律是相违背的，因此，无法取得它在自然科学领域中所取得的成绩。

科学主义的思维方式虽然带有明显的局限性，但是，它对推动人类社会所发挥的巨大作用还是使它成为现代主义的主导思维方式，从而成为衡量人类社会所有活动和知识价值的唯一标尺。正如前文所述，课程领域作为一门学科被认可，它走上了一条“科学化”的道路，这条道路最早由博比特借鉴科学管理学理论，通过分析成人生活的活动经验，确定学校课程的目标展开教学。整个过程都坚持以“科学”的手段展开。其后泰勒的“泰勒原理”进一步发挥了这种“科学化”，通过广泛借鉴多学科的已有理论和知识，使课程开发更加系统化、科学化，也更为人们所接受。继“泰勒原理”之后，学科结构运动继续沿着科学化之路发展着。它借鉴了结构主义的哲学观以及认知科学领域的最新发展成果，以适应时代的需求表征出来，显示了科学化课程的重要性。但是，不论借鉴哪一领域的何种理论，建构的课程思维方式都是现代主义的思维方式，那么，它就必然反映其特征，即追求普遍、一般、绝对的课程规律，用以指导人的实践活动。也正如科学主义思维方式的局限性所表明的，它有其适用范围，并不适用所有学科。更为重要的是，人类认知能力的有限性相对于人类及其社会知识的无限性能否有效把握尚无法证明，这使得试图通过建构的思维方式来认知课程的努力并不能取得使人满意的结果。

## 二、后现代主义及其思维方式

后现代主义是20世纪60年代兴起的一股反对现代主义的文化思潮。正如前文所述，现代主义追求普遍的、一般的和绝对的规律，希望通过思维把握事物的“本质”来改造和控制事物以为“我”所用。其思维方式表现为科学主义的思维方式——客观的和定量的把握事物“本质”的思维方式——控制着整个社会：它促使人类更加坚信自己可以认知和把握那个“自然而然”存在的“本质”。这种自信的思维方式弥漫于整个世界，促使人类不断做出改造自然世界和人类世界的行为，在推动人类社会发展的同时，也给人类带来了巨大的多方面的危害（包括潜在的、还不为人所知的）：对自然的破坏，如大气污染、水污染等，给人类的生活带来了伤害，同时，自然也“报复”着人类肆意改造它的行为；资本主义、工业主义的盛行，整个社会被生产力、利润、价值（这里是指商品价值）所钳制，人类的道德精神下滑严重，这加剧了人类的生存危机，人类丧失了精神家园；科学主义对人类思维的绝对统治，压抑了人类的创新精神——一切学科知识都以实现“科学化”作为自己发展的标准，获得知识的手段仅局限于模仿科学式的定量、实验和描述方法。人类的大脑被“定式”化了……这一切被各个学科领域，包括自然学科和人文学科的学者认识到，从不同方面展开了激烈的批判，旨在消解现代主义及其思维方式对人类社会带来的危害。这就是后现代主义运动。

法国当代著名哲学家利奥塔（Lyotard J.F.）指出，“19 世纪后，我们的文化经历了一系列的嬗变：科学、文学、艺术的语言游戏规则全变为‘后现代’一词，恰好标示出当今文化的方位和状况。这项研究以‘叙事危机’为焦点，来探讨上述一系列的文化变迁”。利奥塔的论断表明，使用“后现代”一词旨在区别现代主义所使用的语言和方法，更重要的是，这是一种思维方式的变化，即由“叙事”转向一种新的表征方式——这是一种从知识的获取角度来重新审视现代主义的路径，后现代的知识“能够使我们形形色色的事物获致更细微的感知能力，获致更坚韧的承受力宽容异质标准。后现代知识的法则，不是专家式的一致性；而是属于创造者的悖谬推理或矛盾论”。也就是说，利奥塔对现代主义的批判主要针对了“知识合法化的叙事”。利奥塔认为“合法化的叙事”主要包括两个派别：政治性派别和哲学派别。

> 倾向政治性的一派，以人文研究为重心，将人文视为解放的英雄。他们认为，所有的民族都有权利研究科学。假如一个社会中的主要问题不是属于科学知识的，那必定是因素遭到了祭司或暴君的禁锢。因此，我们研究科学的权利，必须靠人们主动不断去争取。
>
> 在第二种合法化叙事中，科学、国家与政府关系的发展，与第一种截然不同。这种合法化叙事，首次出现于 1807—1810 年，也就是柏林大学成立前期。自 19 世纪到 20 世纪以来，世界上一些新兴国家的高等教育机构都深受影响……哲学必须把统一性归于知识教学上，因为目前各种实验室与大学预科教育里的教学知识，已被侵害成各门

> 各类的学科，只有靠语言游戏规则，才能把这些不同各类的学科联结一起。这种处理方法，今后会不断出现，变成一种精神，换句话说，就是以一种理性的叙事方式，把这些不同的科学说法贯穿起来。更精确地讲，就是用后设论说把不同的说法连接起来。①

利奥塔通过对现代主义叙事合法性——两种合法性都追求普遍性意义——的质疑，动摇了整个现代主义的根基：从科学和技术方面来看，人类社会的进步与退化并存，甚至退化的结果远远大于它所带来的进步；从政治实践方面来看，世界的动荡与反民主化经常上演，人类自我毁灭的行为背叛了“崇尚理性”的理念。后现代主义正是代替这种“合法性”的形式：以悖谬逻辑挽救“叙事危机”。“悖谬逻辑”的提出，并不存在普遍的元叙事，知识应该被置于开放性的系统中，通过对话的形式得到。这是消解由元叙事导致的对异质性因素持否定态度的现代主义最好的方法。因此，我们基本可以认为，“悖谬逻辑”就是利奥塔所揭示的后现代主义的思维方式。

另一位法国当代著名哲学家福柯的学说能够更加直白地揭示现代主义的思维方式的弊端，以及他从历史的角度重新审视人类思维方式的观点。福柯之所以从历史的角度，更精确地说，是从知识考古学的角度来分析现代与后现代，主要指向现代主义思维方式中线性进化的观念，而他所做的工作就是要解构这种线性的发展观，“拒斥所谓的连续性”。他认为，“某种概念的历史并不总是，也不全是这个观念的逐步完善的历史以及它的合理性不断增加、抽象化渐进的历史，而是这个概念的多种多样的构成和有效范围的历史，这个概念的逐渐演变成为使用规律的历史”。② 这段话揭示了现代主义思维方式对于概念范畴的应用以把握事物本质的方法从根本上并不能在渐进的过程中逐渐剥离表象而抓住深层的本质，而是从不同的领域、视角、话语出发显露事物的不同侧面，形成某种特定的概念来指代。多样化的概念的交叉与融合才使我们逐渐认识到了事物本身。这种“非连续性”的观点，如同利奥塔一

---

① （法）利奥塔.后现代状况：关于知识的报告［M］.岛子，译.长沙：湖南美术出版社，1996：36-37.
② （法）福柯.知识考古学［M］.马月，译.北京：生活·读书·新知三联书店，1998：3.

样，也表现了对各种异质性认识存在内在联系的确认。这对于反对现代主义的宏大叙事的思维方式具有极其强烈的攻击性，给予了现代主义以沉重的打击，也使我们对于后现代主义的思维方式有了更深一步的理解。

从根本上来说，后现代主义的思维方式就是一种解构的思维方式。“解构”的思想最早由德里达（Derrida J.）提出。他以“解构”的思想来消解盛行的结构主义。“结构”在德里达的话语体系中实质上指代着西方文化的“逻各斯中心主义”，它反映了语言对思想和存在的把握。对此，德里达提出质疑：

> 结构，或毋宁说结构之结构性，虽然一直运作着，却总是被一种坚持要赋予它一个中心、要将它与某个在场点、某种固定的源点联系起来的姿态中性化了并且还原了。这个中心的功能不仅仅是用以引导、平衡并组织结构的——其实一种无组织的结构是不可想象的——而且尤其还是用来使结构的组织原则对那种人们可称为结构之游戏的东西加以限制的。
>
> 然而，这种中心也关闭了那种由它开启并使之成为可能的游戏。中心是那样一个点，在那里内容、组成成分、术语的替换不再有可能。组成部分（此外也可以是结构所含的结构）的对换或转换在中心是被禁止的。至少这种对换一直都是被禁止的……因此人们总是以为本质上就是独一无二的中心，在结构中构成了主宰结构同时又逃脱了结构性的那种东西。这正是为什么，对于某种关于结构的古典思想来说，中心可以悖论地被说成是既在结构内又在结构外。中心乃是整体的中心，可是，既然中心不隶属于整体，整体就应在别处有它的中心。中心因此也就并非中心了。中心化了的结构这种概念——尽管它再现了连贯性本身，再现了作为哲学或科学的认识之前提——却是以矛盾的方式自圆其说的。[①]

德里达的质疑从根本上抽掉了现代主义思维方式赖以存在的基础，即思

① （法）德里达.书写与差异［M］. 张宁，译.北京：生活·读书·新知三联书店，2001：501-502.

维对事物普遍的、一般的、绝对的“本质”认知和把握的可能性的悖论。中心的不复存在也就使得二元对立的思维被取消了合法性。因此，规则和意义再也不是永恒的绝对存在。一切都变成了话语，它是充满差异的系统，这对于消解现代主义思维方式提供了方法，也即从根本上否定了认为“历史与认识一直被视为（不论从语源学上看还是从哲学上看）为恢复在场而进行的迂回”的观点，[①]不论是对于思想的表达，还是对于文字的理解，我们都应从历史的角度出发，从更加复杂的背景入手来理解文本。这是一种历史性的观点，也是一种历史性的策略。

作为一种解构的思维方式，后现代主义思维方式的影响在进入课程领域之后，兴起了一场被称为“概念重建”的运动。从德里达的解构主义角度出发，所谓概念重建，就是对“逻各斯中心主义”的传统课程领域中所使用的概念进行历史性的文本解读，从而产生了政治性文本、种族性文本、性别性文本等多样性的文本，呈现了多元化的课程认知。它改变了传统课程领域一元性（或二元对立）的课程观，展现了课程的多元性，揭示了课程的众多属性。

## 三、现代主义与后现代主义的关系

“后现代主义作为一种文化现象或文化思潮，在其历史（时间）序列上，当然产生于现代主义之后。然而，这个‘之后’意味着‘后延’‘后续’还是‘背离’‘反对’，却是值得考察的问题。在大多数后现代论者看来，后现代主义与现代主义之间的距离或悖反，要远大于现代主义与传统浪漫主义和现实主义。他们宁可牺牲标示现代主义伊始的早期界限的清晰度为代价，而更倾向于使现代主义、后现代主义界限分明。”[②]

杰姆逊（Jameson F.）将资本主义划分为三个阶段——现实主义、现代主义和后现代主义——以此来表明这一“社会政治制度中不同的特定阶段”，更为重要的是，它们分别体现了不同阶段的文化风格与逻辑。杰姆逊所谓的现

① （法）德里达. 论文字学［M］. 汪堂家，译. 上海：上海译文出版社，1999：12.
② 陈晓明. 后现代主义［M］. 开封：河南大学出版社，2003：23.

代主义，是与资本主义向垄断资本主义转变的同一时期出现的象征主义运动，即19世纪80年代。而且80年代出现的工业化、现代化正是资本主义社会前所未有的。因此，在19世纪80年代有了国家市场向世界市场的扩张，出现了垄断企业，出现了新的大规模的工业化，同时出现了新型的文化，也许也带来了一种新的人”。然而，第二次世界大战以后的世界发生了诸多变化，“一些人认为已经进入了一个新的历史阶段，意识形态的斗争消失了，斯大林主义不再是社会主义，世界进入冷战时期，同时社会生产力进一步发展。他们将这一阶段称为‘后工业社会’。这一社会以科学技术和信息为基础，不再有旧有意义上的阶级；也许马克思主义曾经一度正确，但现在我们已进入了新的历史阶段……在这一阶段不仅有了不同的技术，而且有了不同的政治环境……另外就是商业企业的形式改变了，出现了甚至比垄断资本主义更巨大的商业企业形式，即多国化的资本主义……后现代主义就是在这一阶段中出现的，正如垄断资本主义曾经带来了现代主义一样”。① 从杰姆逊的分类上，我们可以明显感觉到，他是将现代主义与后现代主义断裂为两种“话语”，分别属于不同的资本主义发展阶段，并且与特定的文化相联系。

学者王岳川认为，“后现代主义虽然表面上同现代主义相对立，甚至在某种程度上成为现代主义的反动，但实质上它同现代主义相似，是对晚期资本主义制度的抗争，是当代西方对‘焦虑’‘无言’的畸形表达。后现代主义采取了一种比现代主义更极端的形式，打破一切，进行价值重估，以消解一切‘深度’为由走向‘平面’，以自己的无价值的毁灭显示世界的荒诞和无价值”。② 同是从文化的角度展开的对现代主义与后现代主义的认识，王岳川教授与杰姆逊的观点则不完全契合。

笔者认为，用时间维度来划分现代主义与后现代主义无法给予我们合理的解释：单从时间维度划分，现代时期始于资本主义萌芽和启蒙运动的兴起，在一些国家社会政治经济刚刚向现代化发展之际，一些西方发达国家已经经历了几百年的现代化发展，向“后现代”发展了，因而在时间线上两者有着

---

① （美）杰姆逊.后现代主义与文化理论——杰姆逊教授讲演录［M］. 唐小兵，译.西安：陕西师范大学出版社，1987：126–129.

② 王岳川.后现代主义文化研究［M］. 北京：北京大学出版社，1992：21–23.

明显的交叉。后现代主义对于现代主义的批判并非仅限于时间维度，也无法单纯通过时间维度加以划分。作为一名启蒙运动最为重要的思想家，卢梭首先使用了“现代性”一词。然而，他并非坚定地支持这一“现代性”本身，而是与之相反地提出了“自然主义”的观点。也就是说，即使在“现代”刚刚开始之际，对于它的批判就已经开始了，并非只是到了第二次世界大战之后，特别是20世纪60年代以后，才开始了这场后现代主义对于现代主义的“反叛”运动。在这里，我们可以发现，现代主义与后现代主义除时间维度外，还存在一种空间维度上的关系。从空间维度出发，现代主义和后现代主义就不必然是前后相继存在的，而是可以同时并存的。

后现代主义对“不确定性”和“多元化”的追求源于现代主义普遍的怀疑中。“怀疑，即现代批判理性的普遍性的特征，充斥在日常生活和哲学意识当中，并形成当代社会世界的一种一般的存在性维度。现代性把极端的怀疑原则制度化，并且坚持所有知识都采取假说的形式：某种正确的主张，理论上总是有被修改的可能，而且其中某些部分也有被抛弃的可能。日益积累的专门知识体系（它构成重要的抽离化后果），表现出权威根源的多元化，因此，在体系内部，不同权威之间相互竞争，在内涵上千差万别。”[①]这表明，后现代主义对于现代主义追求“确定性”的怀疑，是现代主义就已经具有的“极端的怀疑原则”的一种表现，也是“新”权威与“旧”权威之间相互竞争的一种结局。这种比较使我们认识到，从思维方式的根源层面来看，后现代主义源于现代主义，二者并非一种断裂与对抗的关系。

更为重要的是，现代主义与后现代主义的思维方式围绕的核心问题是相同的，即都围绕认识与对象的关系这一问题。对于思维方式的考察，其实质是哲学认识论的一个反思性追问，即对思维的思维。人类数千年来的哲学发展史，一言以蔽之，就是认识与对象的关系问题。不论是对于人类世界，还是精神世界（主要指神或上帝）；也不论是人类社会，还是个体主观世界，人类总是或主动或被动地展开认识活动。但是在“认识与对象的关系”问题上

---

① （英）吉登斯.现代性与自我认同：现代晚期的自我与社会［M］.赵旭东，方文，译.北京：生活·读书·新知三联书店，1998：3.

却发生了一次重大变革，以致影响了整个哲学发展进程，也导致思维方式的变革，这就是康德引发的“哥白尼式的革命”。在“前康德”时期，对于上述问题的观点，主要是以对象为中心，认识围绕对象展开：不论是柏拉图对“理念”的认识，还是近代以来笛卡尔等人的论述，都以此展开，希冀通过认识活动，认知和把握对象的本质或规律。康德则重新假设了二者的关系，并展开了一场“哥白尼式革命”，他认为：

> 人们向来认为，我们的一切知识都必须依照对象；但是在这个假定下，想要通过概念先天地构成有关这些对象的东西以扩展我们的知识的一切尝试，都失败了。因此我们不妨试试，当我们假定对象必须依照我们的知识时，我们在形而上学的任务中是否会有更好的进展。这一假定也许将更好地与所要求的可能性，即对对象的先天知识的可能性一致，这种知识应当在对象被给予我们之前就对对象有所断定。这里的情况与哥白尼的最初观点是一样的，哥白尼在假定全部星体围绕观测者旋转时，对天体运动的解释已无法顺利进行下去了，于是他试着让观测者自己旋转，反倒让星体停留在静止之中，看看这样是否有可能取得更好的成绩。现在，在形而上学中，当涉及对象的直观时，我们也能够以类似方式试验一下。如果直观必须依照对象的性状，那么我就看不出，我们如何能先天地对对象有所认识；但如果对象（作为感官的客体）必须依照我们直观能力的性状，那么我倒是完全可以想象这种可能性。但由于要使直观成为知识我就不能老是停留在它们之上，而必须把它们作为表象与某个作为对象的东西相关联，并通过那些表象来规定这个对象，所以我可能要么假定，我用来作出这种规定的那些概念也是依照该对象的，这样一来，我如何能先天地对它知道些什么这样的问题就使我又陷入了同一个困境；要么，我就假定诸对象，或者这是一样的，诸对象（作为被给予的对象）在其中得到的经验，是依照这些概念的，这样我马上就看到了一条更为简易的出路，因为经验本身就是知性所要求的一种认识方式，知性的规则则必须是我还在对象被给予我之前因而先天地就在我心中作为前提

了，这个规则被表达在先天的概念中，所以一切经验对象都必然依照这些概念且必须与它们相一致。[①]

康德试图通过这种“哥白尼式的革命”，帮助人们重新审视认识与对象的关系这一问题，进而对之前的理性主义和形而上学进行彻底的批判，也即对“纯粹理性”的批判。康德的工作转变了人们的思维方式，促使由认识围绕对象向对象围绕认识展开，也即由对直观的、作为客体的对象性认识转向由活动着的主体出发认识对象的活动。从前一种方式来看，人的思维方式必须是一种对象性思维，个体的认识活动围绕对象，以认知和把握对象的本质和规律为唯一目的；从后一种方式来看，虽然人的主体性被极大地扩张了，认识活动不再仅围绕对象展开，但是，从根本上来说，其目的仍然是追问事物的本质或规律，只是康德反对的是超出了人经验范围的传统的形而上学。也就是说，康德引发的“哥白尼式革命”使我们重新认识到经验在解释认识与对象关系问题中的作用，这对于之后欧洲发生的一系列哲学变革有着极其重要的意义，一方面，马克思及其继承者在批判地吸收康德和黑格尔等哲学家的理论的基础上，发展出了实践的思维方式；另一方面，胡塞尔的现象学、海德格尔的存在论主义哲学、伽达默尔的诠释学等都是在批判康德哲学的基础之上建立起来的（正如我们所知，现象学、存在主义哲学等被视为后现代主义思潮的哲学根源）。不论是现代主义，还是后现代主义，它们围绕的核心问题都是认识与对象的关系问题。他们的区别在于，现代主义坚持认为认识应围绕对象展开，以认知和把握客体的本质和规律；而后现代主义则认为对象应围绕认识展开，从主体的“生活世界”入手解读作为文本的对象。因此，从思维方式的核心问题层面来看，现代主义与后现代主义具有同样的延续性。

从思维方式的根源和核心问题两个方面，我们可知，现代主义和后现代主义并非截然相反、相互对抗的；恰恰相反，它们是现代性的两个侧面。同时由于其核心问题的一致性，现代主义和后现代主义的思维方式从根本上说是相同的。

---

① （德）康德．纯粹理性批判［M］．邓晓芒，译．北京：人民出版社，2004：15-16.

## 四、对象性思维解析

正如前文所论述的，认识与对象的关系问题是现代主义思维方式和后现代主义思维方式共同的核心问题。之所以称其为核心问题，是因为思维方式的存在，必须依赖于“主体”对“客体”展开一种认识活动。通过回答“主体认识”与“客体对象”在这一认识活动过程中的关系，便体现出了思维方式的属性。“世界之所以是如此这般”：从现代主义的思维方式出发，是因为主体的认识活动围绕客体对象展开，去揭示和发现对象的本质或规律。也就是说，现代主义思维方式在确信客体对象存在本质或规律的前提下展开认识活动，实现自己的认识目的，由此回答了“世界之所以是如此这般”是因为它本就是如此这般，而主体认识到了它；从后现代主义思维方式出发，客体对象围绕主体认识活动而展开，客体对象不再被视为具有某种特定“本质”的存在，而是在与主体的交互作用中逐渐“去蔽”，使得客体对象逐渐清晰地展现在主体面前。由此，“世界之所以是如此这般”既与客体对象本身的属性相关，又与展开认识活动的主体相关。马克思在《1844 年经济学哲学手稿》中，使用“对象性”一词，以批判黑格尔思辨辩证法，指明了黑格尔思辨辩证法不过是对客体对象的“异化”，使之成为观念与逻辑的产物。

> 因而，对于已成为对象并且是异己对象的、人的本质力量的占有，首先不过是那种在意识中、在纯思维中、亦即在抽象中进行的占有，是对这些作为思想和思想运动的对象的占有……把对象世界返还与人的要求……这种（对人的本质力量的）占有或对这一过程的理解，在黑格尔那里表现成这样：感性、宗教、国家政权等等是精神的本质，因为只有精神才是人的真正的本质，而精神的真正的形式则是思维的精神，逻辑的、思辨的精神。自然界以及历史所创造的作为人的产物的自然界的人类性，就表现在它们是抽象精神的产物，并因而是精神的环节即思想物……正像本质、对象（在黑格尔那里）表现为思想物一样，主体也始终是意识或自我意识，或者更正确些说，对象仅仅表现为抽象的意识，而人仅仅表现为自我意识……正像抽象的意

识——对象就被看作是这样的意识——自己不过是为自身设定差别的自我意识的一个环节一样，这一运动的结果乃是自我意识和意识的同一，即绝对知识，或者说是抽象思维的那种已经不是走向外部、而是仅仅在自身内部进行的运动，也就是说，乃是纯思维的辩证法。[①]

马克思卓有成效地、极具超前意识地指明了整个哲学大厦得以建立的基础，即它的整个思维方式都是一种经过思维“异化”了的对象（既包括自然界，也包括人类自身）的结果。也就是说，现代主义和后现代主义都是这种“对象性”思维方式的结果。

## 第二节　对象性思维及其对课程研究的不适切性

### 一、对象性思维的特点

#### （一）本质性的思维方式

对象性思维方式是一种继承了西方本质主义和理性主义传统的思维方式，也就是说，对象性思维方式是一种旨在认知和把握世界普遍的、一般的和绝对化的“本质”或“规律”的思维方式，或者更准确地说，是认知和把握世界“绝对真理”的思维方式。

在现代主义阶段，对象性思维表现为追寻绝对化“真理”。现代主义阶段的对象性思维是建立在对古希腊哲学（主要是前述的古希腊哲学中所包含的科学精神）和对“经验”的重视认识的基础之上，以探求事物包含的绝对化“真理”为认识的终极目的的思维方式。洛克所论述的“符合论”真理观正体现了现代主义阶段对象性思维如何指导人类认知和把握真理。

在《人类理解论》一书中，洛克明确指出了“思维的对象仅是观念”的

① 马克思.1844年经济学哲学手稿［M］. 中共中央马克思恩格斯列宁斯大林著作编译局，编译.北京：人民出版社，2000：99-101.

观点，他认为：

> 一切观念都是由感觉或反省来的——我们可以假定人心如白纸似的，没有一切标记，没有一切观念，那么它如何会又有了那些观念呢……它们都是从“经验”来的，我们的一切知识都是建立在经验上的，而且最后是导源于经验的。我们因为能观察所知觉到的外面的可感物，能观察所知觉、所反省到的内面的心理活动，所以我们的理解才能得到思想的一切材料。这便是知识的两个来源；我们所已有的，或自然要有的各种观念，都是发源于此的。①

这段话不仅表明对于事物的认识都是“观念”的，或者是“我们所已有的”，或者是“自然要有的”；而且，观念只有与真实存在的事物相“符合”，这种观念才能被视为是真实的、正确的。也就是说，人的知识要以人的观念与外在事物是否“符合”为评判标准。同时，它还反映了一种心物二分的观念。这些观念都对现代主义阶段的对象性思维有着重要影响。

在后现代主义阶段，对象性思维表现为追寻“相对的”绝对化“真理”。人类进入20世纪，特别是第二次世界大战之后，科学知识和新兴技术的发展，推翻了前一时期以来建立的以经典物理学等自然科学为基础的绝对化“真理”模式，取而代之的是以爱因斯坦的相对论、系统科学、复杂性思维为基础的新模式。这种模式认识到了前一阶段由于本质主义所导致的、对于事物复杂属性的蓄意简化，仅仅认识到了事物复杂属性中同质性的一面，致使对事物“系统”的忽视的弊端。所以，这一阶段的对象性思维方式表现出的“相对性”正是基于对本质主义的批判。另外，科学（或者说科学主义）对于整个世界的统治，就像神学宗教在中世纪对欧洲的统治一样，促使人类坚信它所揭示的真理的绝对性和不可质疑性，这种绝对性和不可质疑性是建立在科学所声称的、它得以建立在观察和实验等直接经验的基础之上的认识论和方法论。进而，它禁锢了人类继续“进步”的思想，成为一种新的“宗教”，控制

① （英）洛克著．人类理解论［M］．沈阳：辽宁人民出版社，2017：70.

着人类社会和每一个个体，由此造成了对个体，或者说人性的忽视。随着科学主义的进一步扩张，人文主义精神再一次反击，与科学主义对抗，引发了一场科学主义与人文主义在20世纪的对抗赛。由于人文主义的对抗，科学主义忽视个体或人性的态度得到了缓解，被观察和实验的对象不再被视为与植物或动物相似的存在物，而是有了特定的“生活世界”的实实在在的个体；而人文主义精神也受到科学主义的影响，至少在方法论上走向了定量研究与质性研究相结合的道路。但是，不论是由绝对性走向相对性，还是由科学主义的“一言堂”到科学主义与人文主义的对抗与融合，后现代主义阶段的对象性思维认识的终极目的并没有改变，即仍然以认识对象包含的“真理”为第一要务。

### （二）割裂性的思维方式

任何一个事物的构成都是一种复杂的系统。然而，从本质主义的角度出发，对象性思维割裂地认识对象，将这一复杂系统中的某种属性无限放大并以此来代表事物，作为它的本质；而事物其他的属性则被放在从属的、次要的地位上，它们产生于本质，又表现本质。

同时，从不同的前提假设、认识方法出发，对于一个事物本质的认识是不甚相同的，甚至是截然相反的。这就造成了对一个事物的认识趋于多样化。但是，无论如何多样化，从共时性的角度来看，运用对象性思维认识某一对象，必须保证事物的本质及其包含的各种属性之间的同质性关系。这正是因为通过对象性思维来认识事物，必然以发现或者“去蔽”事物的本质为认识的终极目标，而本质不会停留在表面直接让我们认识到，而是需要我们通过剥去事物的层层表象，最终认知和把握这一本质。正如前文所述，从属的、次要的属性既产生于本质，又表现本质，如果它们与本质是非同质性的，那么这一思维方式的整个基础就被抽掉了，对象性思维也就从根本上无从展开了。

但是，作为一个系统，事物无法实现对象性思维的“希望”。从根本上说，事物同质性与异质性的划分本身就存在严重的问题。我们举一个例子来说明这一问题：对于12~16岁的学生而言，我们通常认为他们的主要也是唯一的任务是学习——通过学习书本上的间接经验认识世界——并且要取得好成绩。假设一名初中生小明，他是一名聪明刻苦的孩子，在学习方面很认真，成绩也很好，那么，他就符合我们对于学生的本质的认识，也就是说，小明是与学生的本质相同质的。然而，处在青春期的小明，对于自己身体的变化以及异性同学身体的变化非常感兴趣，但是由于学校教育中对这一内容的忽视，导致小明通过互联网上的一些非法网站了解相关信息。这时，我们对小明的评价就是他不是一个好学生，因为这时他与学生的本质是异质性的。同样是小明这个人，但是我们对于他的认识却出现了截然相反的结论：他认真学习取得好成绩就是好学生，他通过非法网站了解生理信息就不是好学生。问题的关键在于：我们割裂了作为一个完整的个体的小明，他不仅是一名在校学生，他同样是一个处在青春期的个体；同时，他也许还是一名单亲家庭的孩子，他也许有着严重的心理障碍……但是，正是由于我们对这一年龄段孩子的本质的认知和把握，造成了对个体（或者事物）复杂属性的割裂，符合我们对于本质规定的就是同质性的、合理的、可以得到保留的；与此相反就是异质性的、不合理的、不应该得到保留的。最终，一个复杂的系统被我们割裂成简单的存在，也就导致了我们认识活动的失误。

### （三）必然性的思维方式

正如前文所述，对象性思维是一种观念的思维，即人通过对象性思维认识事物的过程，包括对自身的认识，都是一种观念意义上的“存在”，这在人文社会学科中表现得尤为明显。不论是古希腊时期柏拉图的“理念”，近代黑格尔哲学中的“绝对精神”，还是后现代主义各种属性的“去蔽”，都不可避免地夹杂着这种“观念”的运作：“人类知识按其本性而言就是符号化的知识。正是这种特性把人类知识的力量及其界限同时表现了出来。而对符号思维来说，在现实与可能、实际事物与理想事物之间作出鲜明的区别，乃是必不可少的。一个符号并不是作为物理世界一部分的那种现实存在，而是具有一个‘意义’。”[①]卡西尔的话指明了，以观念为表现形式的人类对象性思维带有强烈的主体性，即人的主体性活动对于认识活动来说，是一个赋予对象

① （德）卡西尔.人论［M］.甘阳，译.上海：上海译文出版社，2003：88-89.

"意义"的过程。也就是说，对象性思维在运作过程中，将一种或然性的属性变成了事物的必然性属性。之所以能够实现这一变化，是因为对象性思维遵循了观念的"游戏规则"，即按照形式逻辑的推理规则，按部就班地获得了它所希望事物所具有的"本质"或"属性"。

"逻辑"（Logos）一词源于希腊语，作为人类认识活动的最高成果的某种理论，其功能就是"以某种严格的逻辑推导方式，对经验以及相关领域的经验事实作出解释"。[①] 严格地说，呈现对某一事物的认识过程，必须遵循这种逻辑规则，例如，逻辑基本规律中的排中律要求，"在同一思维过程中，互相矛盾的思想不能同时为假，必有一真……排中律的'排中'，就是要排除介于两个矛盾思想之间的中间状态"。[②] 符合排中律，即要么某种对象是A，要么某种对象不是A，否则，我们就无法完成对这一对象的认识。从这一角度来看，理论符合逻辑规则是完全必要的、是合理的，并不存在任何不足。

然而，我们需要注意的是，合乎逻辑规则仅仅关注的是形式上由大前提、小前提是否能够逻辑一致的推出结论，至于这种观念的运作是否真的与事实相符，则完全不在考虑范围之内。这是因为，认识过程中涉及的观念，也即大前提和小前提是认识主体的一种自为行为，例如前面我们设定12~16岁的个体应该在学校中努力学习并取得好成绩一样，那么，通过遵守形式逻辑规则，小明是这一年龄群体中的一名成员，所以，他也应该在学校中努力学习并取得好成绩。在这个逻辑推理的过程中，小明还可以成为任何一个个体，也就是说，小明是一个模糊的指称代词，并不具有实际意义；同时，作为这样一个模糊的指称代词，"小明"自身所具有的其他属性都被掩盖了，"小明"也变成了一个观念，丧失了存在的意义。

## 二、对象性思维对课程研究的不适切性

正如前文所述，过往课程思维方式包括开发时期的课程思维方式和理解时期的课程思维方式，它们分别代表了现代主义的思维方式和后现代主义的

---

① 郭元祥．教育逻辑学［M］．北京：人民教育出版社，2002：7-8.

② 曲玉波，等．逻辑学导论［M］．大连：东北财经大学出版社，2003：322.

思维方式。通过我们对二者的解析可以发现，过往的课程思维方式正是这种对象性思维在课程领域中的反映。一方面，开发时期的课程思维方式以认识“课程”的普遍的、一般的和绝对的“本质”或“规律”为其主要目的，希望通过对这一“本质”或“规律”的认知和把握编制出对实践具有普遍意义的课程来；另一方面，理解时期的课程思维方式则否认课程具有这种“本质”，而是认为对于课程的认识要基于它与主体的交互作用，注重课程作为客体引发的主体认识的“理解”。

然而，人类思维活动必然存在对象，不论这一对象是真实存在，还是虚构假设，都必须以某种对象为对象。否定对象在思维活动中的地位，等于否定思维的存在。本书所指摘的课程领域的对象性思维，正如马克思在《1844年经济学哲学手稿》中对黑格尔思辨辩证法批判时所指出的，是将客体对象“异化”为观念与逻辑的产物的思维方式；同时，这种思维方式还割裂了事物，使其成为忽视了异质性属性而仅仅保留了同质性属性的存在，忽视了事物的系统性体现在一种“非加和性”上。

课程作为一种社会现象，是由多元的复杂性因素组成的，正如“概念重建”运动为我们展示的，课程中既包含个体因素，也包含社会因素；既包含种族因素，也包含性别因素等，当然，程序性、技术性因素也应该包含在内。这些复杂的因素并非以“观念”的形式展现在世人面前，而是以实实在在的个体形式展现在世人面前。对象性思维在以下几个方面影响和阻碍了课程领域的发展。

其一，对象性思维异化了课程构成因素的个体实在性，将“课程”异化为观念的活动。作为整个课程现象的核心——学生，他们是以个体的形式参与到课程中来的，而非对象性思维方式所展现的一个“学生”的概念或观念。当学生作为个体参与课程的时候，课程与这一学生个体之间发生的作用也是实实在在的，正如自传 / 传记的课程文本所展示给我们的那样。[①] 与此相反，作为对象性思维下的一种概念或观念的“学生”，它丧失了作为实在个体的某

① 正如马克思的科学辩证法是对黑格尔思辨辩证法的“否定之否定”一样，本书对过往课程思维方式的批判以及重建，必然围绕过往课程思维方式的“否定之否定”展开，也就是说，过往课程思维方式中已然包含本书所预备重建的课程思维方式的“影子”。

学生的复杂性质，成了一个“单纯”的“人”，它的“单纯”来源于人对于这一观念的思维操作，即对它赋予某种“本质”，从“两腿直立行走的动物”到“社会性动物”，再到“会制作工具的动物”，数千年来不同的人对人的本质进行了纷繁复杂的阐释，有一点可以肯定的是，这些说法都没有错，他们之间的相互反驳、对抗正源于对象性思维这种独特的思维方式——它对事物的认知和把握必须是本质的、割裂的和必然的，从而导致了对于作为对象的人的认识，异化为了“人”的观念而非人本身。

其二，对象性思维否认了课程的多元性，简化了课程的构成因素。课程的构成因素众多，虽然在构成一个系统——课程系统——之后，因素与因素之间的界限似乎被消除，但是矛盾却是一直存在的。例如，课程编制的价值中立性与课程的政治性之间的矛盾。在第一章我们详细论述过，博比特、泰勒等人希望通过“科学化”之路，促使课程编制过程可以达到一种普遍性意义，他们运用各种定量或质性方式确定课程目标、组织课程经验、实施、评价等，以保证整个过程的有效性，其中就隐含着科学主义所固有的价值中立原则的前提；然而，正如吉鲁等人揭示的那样，课程并非价值中立的而是具有极强的政治取向的社会现象，课程从目标到经验，再到实施与评价，这一系列过程中都或显性或隐性的包含着政治对于课程的干预或统治，在其中活动的人就会受到政治性的影响，成为政治的“俘虏”。这两种学说之间相互对抗、各执一词。其实，不论是课程编制的价值中立性，还是课程的政治性，甚至包括其他的各种属性，都是同时包含在课程之中的。然而，对象性思维割裂地看待这些因素，着眼于与“本质”相符合的同质性因素的重要性，而忽视了异质性因素，从而否认了课程的多元性。

其三，对象性思维回避了课程的有价性，否定了个体的需求。人的行为总是有一定的目的，不同的目的表明或隐含着不同的价值取向。然而，在对象性思维中，人作为一种观念的存在，只有本质才是他唯一的真，其他一切属性都是人所不必然存在或需要的属性，所以，基于这种认识所得到的人，他的一切行为都要按照被赋予的本质行事，至于他是否有自己的需求则不在考虑之内。这是一种对实实在在的个体的否定，从而也否定了作为个体的人作出某种行为时的价值取向。我们还是以小明的例子来说明：小明认真学习并且取得好成绩，有可能是因为小明希望得到父母、老师等长辈的表扬和奖励而好好学习；有可能是因为小明来自单亲家庭，他希望通过好好学习，出人头地，好照顾重病的母亲；也有可能是因为他立志报效祖国，“为中华之崛起而读书”……也就是说，不同的个体之间以及同一个体在不同时期，虽然表现出来的行为是相同的，但是，促使他产生这样的行为的动机或驱动力是不同的，从而决定了他最终会通过这一行为走向何处。例如，希望得到表扬和奖励的小明可能因为欲求不满而放弃学习走向歧途，而父母、教师对此则不可理解，不知道为什么一个好孩子、好学生会突然变成这样。对象性思维指导下的课程领域就存在这样的问题，以至于课程理论、课程编制在忽视个体的需求的基础上，声称自己“以学生为本”而在无法取得效果时不明所以。这正是因为对象性思维否定了课程的有价性导致的。

所以，课程思维方式应该是一种重视个体实在性、尊重个体同质性与异质性统一的、视其为一种有价性的思维方式，而不能是本书所指摘的对象性思维。

## 第三节 “课程”的本性及应然课程思维方式判定

本节主要回答以下两个问题：第一，课程是什么？对课程的界定是课程论的一项根本任务，也被每一名课程理论专家详细论述过。本书在较为系统地梳理过往对“课程”本性界定的阐释的基础之上，提出了笔者的认识，即课程是一种人的实践性活动。第二，课程思维方式应该是怎样的？在明确了课程是什么之后，本节后半部分转向阐明与笔者所界定的课程性质相对应的课程思维方式应该是怎样的这一问题。对于这一问题的回答，既是对前文已经指明的当前课程思维方式——对象性思维——的比照，也为后面第四、第五章提出取代对象性思维的新的课程思维方式奠定了基础。

### 一、“课程”本性变迁

对于“课程是什么”这一问题，至今在课程论领域仍然没有一个标准的或者较受赞同的界定。一般来说，对于“课程”性质的界定主要包括两种方式，一种是课程研究者或实践者进行操作性规定；另一种主要是课程研究者根据自己的研究，给予“课程”一个在某一范围内“绝对”正确的规定。中外学者总结了过往对于“课程”本性界定的种种说法。

第一，《简明国际教育百科全书·课程》[①]中的总结。在《简明国际教育百科全书·课程》中，总结了9种代表性规定：①“在学校建立一系列具有潜力的经验，目的是训练儿童和青年以群体方式思考和行动。这类经验被称为课程”；②“学习者在学校的指导下所学得的全部经验”；③“学校传授给学生的、意在使他们取得毕业、获得证书或进入职业领域的资格的教学内容和具体教材的总计划”；④“我们坚持课程是一种对教师、学生、学科和环境等教材组成部分的范围的方法论的探究”；⑤“课程是学校的生活和计划——一种指导生活的事业，是构成一代又一代人生活的生气勃勃的活动流”；⑥“课程是一种学习计划”；⑦“通过有组织地重建知识和经验而得到系统阐述的有计划、有指导的学习经验和预期的学习结果，在学校的帮助下，推动学习者个人的社会能力不断地、有目的地向前发展”；⑧“课程必须基本上由5种大范围的学科学习组成：a. 掌握母语，系统地学习语法、文学和写作；b. 数学；c. 科学；d. 历史；e. 外国语”；⑨“课程被看作是有关人类经验——而不是结论的可能思维模式的不断扩大的范畴。但这种可以从中得出结论的模式，在那些结论和所谓真理的背景中是站得住脚和有依据的”。

第二，帕克（Park F.W.）等人的总结。《课程规划——当代之取向》[②]列举了以下6种：①“‘课程’一词源于拉丁文‘跑道’（currere），意思是跑的过程，因此，课程是指学习的过程”；②“课程是学科，是学生学习的知识和材料”；③“课程是有计划的学习经验”；④“课程是有目的的学习结果，教学的‘结果’区别于教学的‘方法’”；⑤“课程是指学生在学校或在非学校教育活动中获得的所有经验”；⑥“课程是指计划和非计划好的各种经验，这些经验能够提升（有时可加速）教育和学生的发展”。

第三，我国学者对于“课程”性质规定的总结。我国教育界由于长期受

① （日）江山野．简明国际教育百科全书·课程［M］．北京：教育科学出版社，1991：65.
② （美）帕克，等．课程规划——当代之取向［M］．谢登斌，等译．杭州：浙江教育出版社，2004：4.

苏联教育理论体系的影响，直到20世纪80年代才开始零星出现“课程”一词，对于“课程”性质的认识也因此较受国外已有研究的影响。我国早期的课程专家，如陈侠认为，“课程可以理解为为了实现各级学校的教育目标而规定的教学科目及其目的、内容、范围、分量和进程的总和”。① 郝德永则认为课程“是指在学校教育环境中，旨在使学生获得的、促进其迁移的、进而促使学生全面发展的、具有教育性的经验的计划”。② 施良方则总结了“课程”性质界定的六种类型：③“课程即教学科目”“课程即有计划的教学活动”“课程即预期的学习结果”“课程即学习经验”“课程即社会文化的再生产”“课程即社会改造”。

此外，还有由“课程”本性延伸出的相关性质，比如显性课程与隐性课程、官方课程、校外课程等，都反映了“课程”本性的多元化状态。正如派纳所指出的，虽然对于课程性质的界定如此众多，“我们并不将之视为一个可怕的问题。一个复杂的领域将会以复杂的、有时甚至相反的方式运用其核心概念”。④

对于以上的界定，我们还可以大致从广义与狭义上进行区分。广义的课程是指为了实现学校培养目标而规定的所有学科、经验和活动的总和，狭义的课程则是指一门学科或学科内容。不论是广义的课程，还是狭义的课程，都反映了对于“课程”本性的认识的一个重要特点，即对于“课程”本性的认识都是具有层次性的。这种层次性体现了“课程”本性的多元性，反映了某一特定历史时期、社会条件的特定的需要。但是，没有任何一种界定能够使多数学者信服，这主要是因为没有将“课程”置于整个历史发展的过程中、没有将“课程”从无到有的过程视为一个整体来看待，因此没有从根本上抓住“课程”性质的本质内涵。下面我们就将课程置于历史的和整体的视角中，认识“课程”的本质。

---

① 陈侠．课程论［M］．北京：人民教育出版社，1989：13.

② 郝德永．关于课程本质内涵的探讨［J］．课程·教材·教法，1997（8）：5–11.

③ 施良方．课程理论：课程的基础、原理与问题［M］．北京：教育科学出版社，1996：3–7.

④（美）派纳，等．理解课程：历史与当代课程话语研究导论［M］．张华，等译．北京：教育科学出版社，2003：25.

## 二、课程：一种人的实践性活动

“动物仅仅利用外部自然界，简单地用自己的存在在自然界中引起改变；而人则通过他所作出的改变来使自然界为自己的目的服务，来支配自然界。这便是人同其他动物的最后的本质的区别，而造成这一区别的也是劳动。”[①]劳动，也即人的生产活动，是实践最突出的表现形式，因为它表现了人类既能像动物一样顺应自然，还能够利用自然、改造自然。随着人类社会的发展，这种实践活动也就扩展为对社会、对他人的利用和改造了。可以说，实践是人类特有的存在方式。

课程不是从来就有的，它的出现与人的实践活动有着密切的关系。教育[②]作为社会系统的重要组成部分，是随着人类的产生而产生的。在原始社会早期，人类在采集、渔猎等生产活动中积累了生存经验，为保障族群的延续，年长者通过口耳相传的方式向新生代传授工具制作、动植物辨识等劳动技能，这构成了人类最初的教育形态。随着劳动分工的出现，制陶、纺织等专业化生产技术促使教育内容突破简单模仿向系统化发展。新石器时代晚期，农业革命推动定居生活形成，剩余产品的出现使专职教育者（如祭司、工匠）得以产生，教育开始具有社会分层的属性。可以说，这一时期的课程就是一种实践。而随着人类社会生产力的提高和社会的发展，独立于社会生产实践的学校教育产生，从而也就产生了早期的分科课程，如孔子的“六艺”和西方的“三艺”（中世纪后发展为“七艺”）。古代时期的“课程”主要与当时社会政治、经济条件相适应，以中国古代为例，学校课程以“四书五经”为代表的儒家经典为主，它体现了当时我国对于培养具有“明人伦”的“君子”或“圣人”的教育目标，这种“君子”或“圣人”对于治理国家也起着重要的作用。近代以来，“课程”则表现为为了适应大机器、大工厂生产为代表的资本主义生产方式的需要，以“科学”为主要内容的分科课程，主要以数学、自

① 恩格斯．自然辩证法［M］．于光远，等译编．北京：人民出版社，1984：304.

② 人类早期的教育、教学和课程是一种混沌的关系，即三者之间并没有截然的区分，“教育”本身就同时含有教学和课程的意义。只是随着教育实践和研究的不断深入，才使得教学和课程逐渐从教育中分离出来，成为独立的范畴，以便人类进一步认识教育现象。因此，此处的“教育”就可以指代“课程”。

然科学为主。马克思主义唯物史观揭示了这一过程的本质：劳动创造了人本身，也创造了教育这一特殊社会活动。生产实践不仅为教育提供物质基础，更直接决定了教育的内容与形式。古代两河流域的泥板书院传授楔形文字和测量术，与中国西周“六艺”教育中的射御之术，都反映了特定生产力水平下劳动技能教育的核心地位。工业革命后，机器大生产对标准化知识的需求则催生了现代学校制度。当代教育虽呈现多元化发展，但职业培训、STEM 教育等仍与生产实践保持紧密互动。这种动态关系表明，教育始终承担着将潜在生产力转化为现实生产力的中介功能，其本质是劳动经验代际传递的社会化机制。

课程的形式取决于实践。课程从直接反映实践，到深受社会政治、经济、文化等的影响，表现出与一定的社会政治、经济、文化需要相适应的特定形式，都与人类的实践活动有着密切的关系。从原始社会的生存技能传授，到古代社会美索不达米亚的泥板书院将土地丈量、历法计算等实用知识系统化为楔形文字教材，中国古代“六艺”中的射御之术则对应着车战时代的军事需求，再到现代集体教育制为培养产业工人设计的旧“三中心”课程体系和当代人工智能时代的跨学科课程体系，教育内容的组织方式本质上都是特定历史阶段人类实践需求的映射。这种关系不仅体现在课程内容对生产技术的直接复制，更深层地表现为课程结构、实施方式与社会政治经济文化的动态耦合。1918 年博比特《课程》的出版，将课程开发从经验层面提升为科学过程。这种转变源于工业化社会对效率的极致追求：泰勒的“目标模式”借鉴了泰罗制管理思想，将课程分解为可量化的行为目标；杜威的“经验课程”则是对实用主义哲学的回应。课程论的出现使教育设计从自发走向自觉，但理论建构本身仍受制于社会实践条件。

课程的内容来源于实践。课程不是从来就有的，不仅意味着课程这一现象不是从来就有的，更意味着课程的内容本身不是从来就有的。也就是说，所谓课程必须依托于人类已有的经验、知识和文化，不论是人类早期的以生产劳动实践作为课程的内容，还是古代、近现代的学校课程，都反映了与其时代和社会相适应的人类已有的经验、知识和文化，例如，1794 年巴黎综合理工学院创立的世界首个工程学课程，直接映射着机器大生产对技术人才的需求；英国《1870年教育法》强制推行的读写算课程，则是工厂管理制度向教育领域的渗透。这些经验、知识和文化绝非从来就有，而是从人的生产劳动实践、社会实践以及科学实验等各种具体的实践活动中产生的，再经由特定的群体或机构根据一定社会和时代的需求，正如杜威的“做中学”理论所开创的经验重构的新范式，并在芝加哥实验学校的课程设计中强调通过烹饪、木工等实践活动，引导儿童在问题解决中建构知识体系所做的，就是试图将人类已有的经验、知识和文化有选择地组织起来，从而形成课程内容。因此说，课程的内容来源于实践。

课程活动本身就是一种实践。课程现象（人类早期的教育现象）从无到有，再到成为一门学科和系统知识；一个国家、地区或学校的课程（一般性的课程规划、课程标准和一门具体的学科课程）的形成，都反映了人类认识课程、影响课程、改造课程的实践活动。课程活动作为人类特有的文化实践，本质上是以知识为媒介的主体性创造活动。从原始部落的生存技能传授到现代学校的跨学科项目制学习，课程始终是人类为实现自我再生产而建构的实践体系。这种实践不仅包含知识的传递与重构，更深刻体现出人类对自身存在方式的反思性干预。课程活动的历史嬗变，恰恰是文明演进中人类实践理性发展的缩影。现象学教育学家范梅南的“教学机智”理论给予我们启示：课程实践的本质不在于知识复制，而在于通过“教育瞬间”唤醒主体意识。正如在当前很多幼儿园设置的种植课程一样，通过引导幼儿按照二十四节气参与耕作劳动，理解中国古代的农学思想——这种具身化实践使知识回归生命体验。这预示着未来课程实践的可能方向：在技术理性与人文精神的张力中，重建作为“生命对话”的课程实践。

因此，我们最终可以判定，课程是一种人的实践性活动，它是人类利用自己所体验到的经验、认识到的知识和创造出的文化改造自身，并以此改造自然和社会的实践性活动。

## 三、应然课程思维方式判定

思维方式本质上是人类活动方式在大脑中的内化与积淀，并通过概念或形象作为基本元素构建而成的有机体系。我们从前文的讨论中可知，课程是一种人的实践性活动，它是人类利用自己所体验到的经验、认识到的知识和创造出的文化改造自身，并以此改造自然和社会的实践性活动。因此，应然的课程思维方式应该与这种人的实践性活动相匹配，或者说，这种应然课程思维方式本身决定于这种人的实践性活动。

具体来说，从历史层面来看，课程思维方式应然的是一种实践性的思维方式。课程现象（人类早期的教育现象）从无到有，再到成为一门学科和系统知识，与人的实践性活动是密不可分的。正是在人的生产劳动实践过程中，人类认识到了教育的重要性，也才开始了教育活动。随着人类实践的发展，古代社会独立的学校教育出现，从而产生了独立的“课程”现象；同样是随着人类实践的发展，20世纪20年代以研究课程现象为主的课程论出现了。“课程”的每一步发展都深受实践的影响，同时，其自身的发展也是人类的一种实践性活动。因此，从历史层面来看，课程领域的应然课程思维方式是实践性的思维方式。

从整体的层面来看，课程思维方式应然地是一种实践性的思维方式。当前课程领域主要划分为两大分支，一个分支是围绕研究“课程”知识或“真理”为主的课程理论，另一个分支则是围绕开发具有实践价值的课程以及课程实施为主的课程实践；其中，第一个分支主要是为第二个分支服务的。由于课程是人的一种实践性活动，也就决定了课程领域的两大分支都应该受实践性的思维方式的指导。第一个分支主要通过实践性思维方式的指导，以揭示真理实践中的课程为何如此这般以及应该是怎样的等问题；第二个分支则主要通过实践性思维方式的指导，设计出能够真正在实践中实施的课程来。二者都受实践性思维方式的指导，其发挥的作用和最终达到的目的（和效果）是不一样的。但整体上来说，课程领域的应然课程思维方式是实践性的思维方式。

第三章

Chapter 3

# 探寻一种适切的实践思维方式

本书所指摘的对象性思维将对象停留在观念的层面。与此相对，人类除了这种思维的活动，还有一种实践的活动。在实践中，人类也存在相应的思维方式。历史上，亚里士多德是研究这一“实践思维”或“实践智慧”的第一人，但是直到马克思才又将“实践”作为一个核心问题系统论述；进入后现代时期，海德格尔、伽达默尔等人也谈论“实践”。所以，梳理过往的实践思维，能够帮助我们获得建构课程思维方式的理论基础。进而，立足当下社会实际，建构适切的课程思维方式。

## 第一节　实践思维的过往梳理

### 一、亚里士多德的实践哲学

亚里士多德是古希腊著名的哲学家，师从柏拉图。一方面，他继承了柏拉图的理念论，对追求世界之永恒存在的真理十分热衷；另一方面，正如他所说“吾爱吾师，吾更爱真理”，亚里士多德突破了柏拉图理论体系中的诸多弊端和不足，发展了自己的学说。关于实践的认识和阐述正体现了他对柏拉图的既继承又超越的特质。

在《形而上学》篇中，亚里士多德将人类的全部思想活动划分为三大类：[①]思辨的、实践的和创制的。“如若存在着某种永恒、不动和可分离的东西，很显然认识它们的应该是思辨科学……一切原因都必然是永恒的，这些原因尤其是永恒的，因为它们是那些可见的神圣事物的原因……最崇高的知识所研究的应该是那类最崇高的主题”；“创制的本原或者是心灵或理智，或者是技术，或者是某种潜能，它们都在创制者之中”；“实践的本原即意图则在实践者中，因为意图的对象和作为之结果是同一的”，“……实践知识以行动为目的。尽管实践着的人也考虑事物是个什么样子，但他们不在永恒方面进行思辨，只关心此时”。也就是说，“只有那种目的寓于其中的活动才是实践”。三者之中，思辨的（或者称理论的）活动处于三者之中最高地位，因为它以探寻宇宙的普遍真理为己任，以其自身为目的；实践的活动虽然也以其自身为目的，但是它并不以探寻普遍真理为己任，而是更多地以解决具体问题为己任；创制的活动处在最低水平，因为它不以自身为目的，通过创制的活动，人们可以获得物品，也就是说，创制的活动本身只是达到目的的手段，所以它才处于亚里士多德三分法最底层。亚里士多德的伟大之处，就在于他将实践的活动和创制的活动区别出来，把它们视为既相互联系，同时又完全不相同的活动，他开了对实践领域研究的先河，这就为后人对实践继续深入研究打下了基础。

将实践的活动与理论的活动相分离，与我们的常识基本相符合，但是，将实践的活动与创制的活动相分离，则与我们的常识并不完全符合。这是因为，亚里士多德赋予了实践更多的伦理学内涵，更为准确地说，使人获得至善或者幸福。

虽然亚里士多德的实践被限定在伦理学的范畴，且并不在亚里士多德整个理论体系中占有优势，但是，他对于实践的研究中仍然有一点对本书的研究具有极大的价值，这就是他对实践中的个体的关注：

在这些难题之后，还必须讨论那些本原到底是普遍的呢，还是如

① （古希腊）亚里士多德．亚里士多德全集（第7卷）［M］．苗力田，主编．北京：中国人民大学出版社，1993：60，145，210.

> 我们所说，是个别的。如若它们是普遍的，那么实体就不会存在，因为没有一种共同的东西能表示这个，而只能表示这类，而实体是这个。假如把共同的称谓设定为一，设定为这个，苏格拉底就会是好几种，既是他自己又是动物，要是每一个这样的称谓表示一个这个和一的话。如若本原是普遍便会得出这样的结论来。然而，如若不是普遍的，而是就个别而言的东西，那么就将没有科学，一切事物的科学都是普遍的，若想有关于本原的科学，那么在那些本原之先还要有其他的本原作为普遍的称谓。①

在这里，亚里士多德讨论了“普遍”与“个别”或“这个”与“这类”的问题。在《形而上学》篇中，亚里士多德集中讨论了本体的问题，本书刚刚引用的这段文字，正说明了亚里士多德如何认识本体——本体只能是“个别”或者“这个”，否则“苏格拉底就会是好几种，既是他自己又是动物”。同时，亚里士多德也认识到，虽然本体的规定是“个别”，但是仅仅盯着这个个别，就将失去科学——亚里士多德最终追求的还是对对象的普遍之理进行合乎逻辑的认识，这与亚里士多德作为继承了希腊哲学传统的哲学家身份是密切相关的。实践的活动比思辨的或理论的活动层次低、可研究性差，就在于实践不具备神性而只能涉及个别；也正因如此，对于生存在这样一个可变世界的人来说，实践的价值反而更加巨大。

亚里士多德的三分法为“实践”进入人们的研究视野打下了基础，随后的众多哲学家都是在对这三者的关系的重新解读方面展开了自己的研究。还有一点十分值得关注，就是亚里士多德对实践的活动的理解，由于与创制的活动相分离，以及亚里士多德对于至善或幸福的终极追求，使得实践具有了明显的伦理学性质，进而影响了后世西方哲学的发展方向。

① （古希腊）亚里士多德．亚里士多德全集（第7卷）［M］．苗力田，主编．北京：中国人民大学出版社，1993：83.

## 二、马克思的实践哲学

被恩格斯称为“包含着新世界观的天才萌芽的第一个文件”[①]的《关于费尔巴哈的提纲》，通常被视为马克思主义超越旧哲学而转向实践哲学的最重要的文献。在这篇未能最终完稿的提纲中，马克思将自己对“实践”的关怀展露无遗，为其整个理论打下了坚实的基础。

从思想渊源来看，马克思的实践哲学与亚里士多德的实践哲学有着密切的联系。亚里士多德将人的活动分为三类，即理论的、实践的和创制的。他认为理论的活动寻求宇宙之普遍真理，所以最具价值；实践的地位仅次于理论的，这是因为实践的活动并不以追求普遍真理为终极目的，而“只能因时因地制宜”；[②]创制的活动则由于只是以自身为手段而主要目的在于生产物品，所以地位最低。马克思批判地吸收了这一分类法，其最大的特点是将实践的概念本体化，使它不仅仅具有伦理学内涵；同时，马克思大大地提升了“创制的活动”在三者中的地位，特别是在创制—实践的关系中，他认为创制的活动——物质生活资料的生产——是人的所有实践的根源，它既创造了人类社会，同时也创造了人自身。也就是说，马克思的实践，从概念上既包括亚里士多德所谓的实践，也包括创制，更为重要的是，创制包含着实践，并最终与理论相对应。

《关于费尔巴哈的提纲》开宗明义：“从前的一切唯物主义——包括费尔巴哈的唯物主义——的主要缺点是：对事物、现实、感性，只是从客体的或者直观的形式去理解，而不是把它们当作人的感性活动，当作实践去理解，不是从主观方面去理解。”马克思提到了“感性活动”“实践”“主观方面”等概念，感性活动和实践正是指以物质生活资料的生产为基础的人的实践活动，马克思在后文中解释得更加明确，他认为“社会生活在本质上是实践的。凡是把理论引向神秘主义的神秘东西，都能在人的实践中以及对这个实践的理解中得到合理的解决”。在将创制的活动和实践的活动融合在一起之后，马克

① 恩格斯.路德维希·费尔巴哈和德国古典哲学的终结［M］. 中共中央马克思恩格斯列宁斯大林著作编译局，译. 北京：人民出版社，1997：4.

② （古希腊）亚里士多德. 尼各马可伦理学［M］. 廖申白，译. 北京：商务印书馆，2003：37.

思便将这一新的实践与理论置于对立的关系上——“人的思维是否具有客观的真理性，这并不是一个理论的问题，而是一个实践的问题。人应该在实践中证明自己思维的真理性，即自己思维的现实性和力量，亦即自己思维的此岸性”。在此，马克思创造性地解决了数千年来西方哲学所一直追问的思维与存在的关系问题，将它全部归结为以实践来获得真理。进而，他提出了可以视为新的实践哲学的宣言——“哲学家们只是用不同的方式解释世界，而问题在于改变世界”，最终完成了对实践哲学的建构。

一方面，马克思的实践哲学是一种本体论。马克思的实践哲学是在批判传统哲学的基础之上，在反对旧的唯物主义和唯心主义“只是从客体的或者直观的形式去理解”世界，或者说只是延续了自柏拉图以来的运用抽象的观念来解释世界的本质的做法的基础之上提出来的。传统哲学将物质与精神、思维与存在等两两对立，从割裂中寻求统一的本质，进而导致了一种本体的产生。马克思的实践哲学改变了这一切，他将实践置于逻辑和观念之前，以实践为中介联结传统哲学割裂的各组二元对立关系。同时，马克思将物质资料生产作为整个实践活动的普遍属性，体现了与传统哲学的抽象本质所不同的现实本质，这种现实本质正是一种价值本体——“用实践去说明世界应当如何或人应当把什么当作终极价值”。[①] 这样既解决了传统哲学的根本问题，又对世界给予了一种普遍解释。另一方面，马克思的实践哲学是一种以人为本的哲学。马克思明确指出实践是“有生命的个人的存在”。这确保了实践的主体必须，也必然是人。进而马克思继承和发展了亚里士多德对实践规定的“以自身为目的”的说法，把人之为人，以及实践（即物质资料生产）之为人的普遍属性恒定下来，彰显了人的实践的价值性。同时，由于马克思实践哲学提高了物质生活资料的生产在整个实践中的地位，与人类进入现代世界之后，大规模改造自然和社会以及人类自身，在物质生活领域取得巨大变化的现实相适应，不仅拓宽了亚里士多德、康德等人伦理学内涵极重的实践，而且，使之与个体的社会生活关系更加紧密。

---

① 徐长福．马克思的实践首先是一个价值本体概念［J］．哲学动态，2003（6）：10–12.

## 三、后现代主义的实践观

后现代主义以“反对”现代主义的姿态于20世纪60年代出现在世人面前，如果以亚里士多德区分的理论的、实践的和创制的三种活动的分法来说，后现代主义的主要观点可以总结为：对理论是反抗的，对实践（包括“创制”）是解构的，以至于后现代主义普遍怀疑“理论—实践”关系的传统假说。后现代主义对理论的反抗主要基于对“客观知识是可能的”这一观点的怀疑。这一观点是自柏拉图、亚里士多德直至当代众多学者所坚信的，他们运用本质主义和科学主义的思维方式，赋予了世界一个本质，进而推论性地得出世界是如何以及怎样的理论。后现代主义反对这种观点，认为想要认识世界的真实，“并不能够与对它的理解相分离，并且，不同理解之间的冲突也是无法裁决的”。后现代主义对实践的解构，也源于对终极解释的否定，而希冀通过多元的文本来取代，“……‘文本’一词取代了‘著作’（或法语中的‘作品’）……在后现代世界中，不再有作者，也不再有著作，有的只是各种‘文本’，这自然也意味着扮演重要角色的不再是创作‘文本’的人，而是阅读‘文本’的人”。[①] 由此，在后现代主义的视野之中，不论是“理论”还是“实践”，都更加突出了主体的理解性，但是，笔者认为这并不能视为后现代主义的一种创新——从亚里士多德的实践哲学角度来分析，后现代主义这种主张个体在实践中的理解和在实践中理解的个体是延续了亚里士多德“世界的本原只能是个体”的观点，只是更加极端化。因此，正如博德里拉（Baudrillard J.）所指出的，后现代主义所宣称的世界“就是不再有其他可能的定义……所有能够做的事情都已被做过了。这些可能性已达到了极限。世界已经毁掉了自身。它解构了它所有的一切，剩下的全都是一些支离破碎的东西。人们所能做的只是玩弄这些碎片。玩弄碎片，这就是后现代”。[②]

尽管如此，后现代主义也并非只擅于“打碎一个旧世界”，克里福德·柯布认为，后现代主义包括两大流派，一个流派是解构的后现代主义，“它批判

---

① 瑞泽尔．后现代社会理论［M］．谢立中，译．北京：华夏出版社，2003.

② （美）贝斯特，（美）凯尔纳．后现代理论：批判性的质疑［M］．张志斌，译．北京：中央编译出版社，1999：165.

地看待一切普遍原则或‘主流叙述’。它认为真理被分解成许多竞争的‘谈话’。各种观点不存在孰优孰劣……他们贬低那些具有经验和专门知识的某领域权威发言人的身份。这类后现代主义的极端相对主义也抑制了对实践问题的探索”；另一个流派则是建构的后现代主义，“虽然它像解构的后现代主义一样，对现代思想核心中的许多假定持批判态度，但它也提供了有助于解决实际问题的建设性的观点”，建构的后现代主义对于实践的意义主要“涉及含义的各种问题，对个人和社会都是重要的”，以及“涉及经济社会活动的综合管理，管理则以精确预测社会现象的能力为基础”。[①] 柯布的观点代表着建构的后现代主义对于整合各种“碎片”的目标。但是，由于后现代主义从根本上是否定理论与实践的逻辑一致性的，因而这种整合的可能性也就蕴藏在对这一根本性前提的超越上。

因而，随着后现代主义的继续发展，这种向着整合方向发展的趋势也在慢慢延展。其中，唐娜·哈拉维的赛博格宣言、具身实践与情感转向，共同构成后现代主义破解碎片化的“三位一体”方案。20 世纪 80 年代中后期，唐娜·哈拉维在《赛博格宣言》中提出的“赛博格”概念，本质上是后现代主义破解二元对立与本质主义困境的激进方案。她将赛博格定义为“控制论有机体”，既是机器与生物体的杂合，也是现实与虚构的缝合。这种杂合性实践的意义在于，通过技术介入打破本质主义身份牢笼，为边缘群体开辟新的政治行动空间。梅洛－庞蒂的现象学揭示，认知并非大脑的抽象运算，而是身体与环境互动的结果，推动实践哲学从“意识优先”转向“身体优先”，“具身”及具身实践（Embodied Practice）逐渐兴起并受到关注。从根源上讲，具身实践的核心价值在于，通过身体经验的不可还原性，抵抗抽象理性对生命世界的绝对占有。后现代主义的情感转向（Affective Turn），旨在修复工具理性导致的意义疏离，例如，瑞典幼儿园推行的情绪课程，要求儿童通过拥抱玩偶学习冲突调解，将情感能力纳入公民教育框架，就是其中的典型。情感转向的革新性在于，通过非理性经验的共享，构建超越身份标签的临时共同

① 王治河.后现代主义的实践意义——克里福德·柯布访谈录［J］. 马克思主义与现实，2005（2）：97–102.

体。从上述三种转向中可以看出，它们拒绝回归启蒙理性的虚假统一，也不沉溺于解构后的虚无，而是通过承认差异的不可消弭性，在流动中创造新的联结形式。这种实践哲学既是对晚期资本主义异化的抵抗，也为数字时代的集体行动提供了可能性地图。

## 第二节　工程思维的适切判定

本书致力于构建新型课程思维范式，突破对象性思维对课程领域的认知局限，进而为我国幼儿园课程的时代转型提供实践路向。前文的种种梳理表明，课程的本质属性内蕴着实践品性，这种根本特性要求其思维方式必须与实践活动形成本体论意义上的同构关系，这就决定了这种有待昌明的新的课程思维必然是一种实践取向的思维。

### 一、过往实践思维的启示

通过对过往实践思维的梳理，我们可以从中获得诸多建构课程思维方式的启示。

首先，实践的思维应该是一种个体性的思维方式。通过前面的梳理不难发现，从亚里士多德提出实践作为研究对象，到马克思的实践哲学以及最近半个多世纪以来的后现代主义运动，个体性始终是实践过程中被恒定下来的原则。亚里士多德规定了世界之本原即个别，但是由于个别之属性无法穷尽，也即亚里士多德所谓“一切事物的科学都是普遍的”，所以，人的认识只能是普遍的而不能是个别的，这与他追求世界本质的初衷密不可分。同时，他也为我们指明了，实践是个别的实践才是实践之为实践的核心，特别地，是因为他的实践包含伦理学内涵，因此，“德性不仅产生、养成与毁灭于同样的活动，而且实现于同样的活动”，正反映了这一核心。

马克思的实践哲学更加凸显了个体的重要性。他明确了个人作为实践主体的地位，特别是在马克思将物质生活资料生产——亚里士多德所谓的创制的活动——融入实践，指明了这种物质生活资料的生产对于再生产物质资料以及各种社会关系的作用后，不仅使得这种实践超越了亚里士多德实践所具有的伦理学内涵，使之具有了社会性和历史性；更为重要的是，马克思的实践与个体的现实生活建立了更加紧密的关系，这种个体是实实在在的个体，是一种具有了历史性的个体，因此，也是承担起了历史和革命的重任的个体。

后现代主义则将这种个体性推向了极致。后现代主义反对普遍性推论，以文本或话语来取代理论，这种文本或话语正体现了后现代主义所推崇的个体性。正如前文所述，后现代主义之所以会将实践打成碎片，是因为他们认为“作者死了”——一旦文本被置于读者的视野，那么每一个读者都会对文本有自己的理解，这种理解并不完全与作者的本意相同。后现代主义的这种观点与他们怀疑现代主义所遵循的“客观知识是可能的”这一原则密切相关。后现代主义为我们展示了一个由多元的文本组成的实践，只是借鉴的手段较为消极——解构的方法——以至于造成了实践的一地碎片。

因此，本书所规定的实践思维，是一种对实实在在的个体的强调，这是不论亚里士多德还是马克思，抑或是后现代主义都强调的。但是，本书并非在伦理学和本体论以及解构的层面上来规定个体的，而是一个完完整整的个体。这种实实在在、完完整整的个体可以被称为格式塔式的人——一个与其他个体相独立存在的，具有自己的感知觉、意识、思维、情感、态度、价值观念的个体，这种“格式塔”是个体不断生成着、变化着的各种属性的集合，同时，又是历史的、不可割裂的各种属性的集合。不论他过什么样的生活、从事什么样的职业，他都是以他自己整个的“格式塔”进入这种生活、这一职业的，也就是说，是以个体的整个属性的集合进入这种生活、这一职业的，因此，不论这个个体在生活和工作中表现出什么样的行为和思想，都是以“格式塔”的形式展开的，如果割裂地看待个体，就会对他的表现不一产生质疑。

其次，实践的思维应该是一种关涉价值的思维方式。亚里士多德的实践理论，特别是他在《尼各马可伦理学》中对于实践的逻各斯（Practical Logos）的论述，体现了实践的思维是一种具有价值性的思维方式。他的实践的价值性，体现在了实践与德行的密切关系：“一个人的实践活动怎样，他的品质也就怎样。”[①]亚里士多德赋予了实践以伦理学内涵，这是由于他将创制的活动与实践的活动相分离，实践的活动只以自身为目的推论性得出的结论。

马克思继承和发展了亚里士多德的三分法，将实践的活动与创制的活动整合在一起，消除了亚里士多德语境中实践的伦理学价值性，以人的自觉的生产性取而代之。马克思超越亚里士多德以及他之前的所有讨论实践的哲学家（包括康德、黑格尔等）之处在于，他不仅认识到了劳动——物质生活资料的生产——是一种手段性、工具性的人类活动，同时，他还认识到了这种人类活动在改造自然和改造自身中发挥的巨大作用，因此，他提出了著名的“劳动创造了人本身”的论断，进而，在《1844年经济学哲学手稿》中，马克思指出，“财富的本质不是某种特定的劳动，不是与某种特殊要素结合在一起的某种特殊的劳动表现，而是一般的劳动”，[②]这展示出了劳动（即实践）的普遍性。最终，劳动的手段性、工具性，也就是劳动的“异化”被劳动的普遍性所取代。以物质生活资料的生产为代表的实践作为人存在的本质的价值也就体现了出来。

后现代主义的实践观更加体现了实践思维的价值取向，这从各种文本的相互对立地存在着的现状就可见一斑。所谓后现代主义实践的价值性，是在肯定解构的研究方式基础之上，提升个体性的地位体现出来的。个体性地位的提升，产生的最为重要的影响是对客观的、普遍性的知识的否定，以及倡导知识的主观建构。由于生活世界的不同，个体在建构知识（也许只能算是经验的建构，而并非知识）的过程中，表现出了类似于对文本的不同解释的现象——正如一千个人眼中有一千个哈姆雷特一样——这就造成了实践既呈现了多样化的景象，又成了一地碎片。这种矛盾也正是后现代主义所反对的统一性的普遍知识造成的必然后果。

基于我们对于实践中的个体的规定——格式塔式的人——他们在实践过程中，必然会表现出后现代主义所倡导的文本解读或者主观知识建构，但更为重要的是，每一个“格式塔”式个体的“生活世界”都既是一种历时性的

① （古希腊）亚里士多德．尼各马可伦理学［M］．廖申白，译．北京：商务印书馆，2003：37.

② 马克思.1844年经济学哲学手稿［M］．中共中央马克思恩格斯列宁斯大林著作编译局，编译.北京：人民出版社，2000：69.

影响因素，又是一种共时性的影响因素，他们在实践中的价值诉求并非哪一种影响因素所能决定的。后现代主义过分强调了历时性影响因素对每一个个体的影响，但没有看到个体与个体之间的共时性影响因素。这种共时性影响因素，正如马克思所指出的，存在着这样一种“劳动一般”，影响着个体的存在方式。因此，实践的思维是一种价值关涉的思维方式，正是基于个体的历时性与共时性影响因素共同发挥作用导致的。

最后，实践的思维应该是一种追求统一的思维方式。本书所指的实践思维的统一是从以下两个方面来说的：

一方面，“实践思维”应该反对本体论的同质性取向，这主要是针对亚里士多德以来，包括马克思实践哲学在内的哲学理论而言的。亚里士多德之所以将人类的思想活动分为理论的、实践的和创制的活动，是因为他所追求的是世间的普遍原理，虽然他也认识到了世界的本体是个别，但是他同时也认为个别的是难以认识的，这是因为从“个别”难以得到普遍原理，或者说，每一个“个别”都是一个普遍原理，这与亚里士多德所继承的柏拉图的“理念论”是截然相反的，也是亚里士多德所不能接受的。马克思主义哲学的合理性见诸这样一个前提假设，即人的本质就是劳动，就是以物质生活资料的生产为代表的实践，虽然马克思极力反对唯心主义以及之前的非科学的唯物主义对于世界的终极解释归结为某种精神或者物质，但是，马克思的实践哲学归根到底仍然是一种“解释世界”的理论体系，他只是运用“实践”这一本质来代替之前的哲学家对于世界本质的规定，而并非“改变世界”。更为重要的是，马克思以“实践”作为本质对于世界的解释，不仅仅是一个“是”的问题，更是一个“应是”的问题。从亚里士多德和马克思对于实践的规定以及对“实践”加以研究的目的来看，他们对“实践”的认识是一种同质性的取向，所谓“同质性”，就是指以观念和逻辑的方式对一个事物进行解释，由于观念的人为性以及逻辑规则的自洽性等因素的影响，每一套逻辑的观念组合从性质上只能由具备内在因果联系的属性组成，而对于与之矛盾的属性则被“忽略”掉——这是本质主义最为精妙的做法——以保证自己所阐述的这套理论的“单纯性”。如果这套做法仅仅停留在理论研讨和阐述上是没问题的，然而，正如亚里士多德等人反复强调的，实践是一个变化着的、不确定的、粗略的活动，并非完全能够按照观念和逻辑规则加以约束。因此，我们对实践思维进行“统一”的规定不是在本体论的层面上提出的。

另一方面，“实践思维”应该反对后现代主义只解构不建构的取向。虽然后现代主义也反对现代主义的“理论”——正如上文所反对的一样——但是，后现代主义将实践解构为支离破碎的碎片，这种做法，本身既无法完全摆脱上面那种按照观念和逻辑生产的一套解释，更为重要的是，他们完全把实践给破坏了，这种破坏集中表现为，虽然后现代主义帮助我们看到了实践的多样性和异质性（也即属性与属性之间不必然地具有因果联系），但是，他们并没有告诉我们应该如何再将这些异质性的属性重新建构在一起，因为世界虽然是由同质性和异质性的因素共同组成的，但世界呈现在我们面前的却是一个整体。所以，我们对实践思维进行统一的规定也不是在这个层面上提出的。

因此，本书所规定的实践思维的统一，是指在认识到亚里士多德、马克思等人所揭示的实践的同质性，与后现代主义所揭示的异质性都是非错的，并且同时组成了一个作为整体的世界的基础上，对实践进行认识、规划和操作的思维方式。

以上就是本书通过对过往实践哲学的梳理，获得的对实践思维的一般性规定。在此基础上，本书需要进一步具体和深化这种实践思维，以适应课程领域的需要。

## 二、工程思维——课程思维方式的理论建构

### （一）工程、工程哲学与课程工程

工程，是社会生活中最常见、最基础的实践活动。工程活动有极其悠久、漫长的历史，可以说自人类社会形成以来，工程活动就一直存在，并且不断发展和演化。从大禹治水的疏浚智慧到三峡工程的系统治理，从普罗米修斯盗火的文明启蒙到国际热核聚变实验堆的能源探索，工程活动始终贯穿人类文明进程的各个阶段。从贯穿人类历史的工程现象发展来看，这种从神话时代的单体技术创造，到农业文明的系统工程建设，直至现代社会的复杂工程网络，揭示出工程活动既是技术能力的升级史，更是人类社会组织形态、知

识体系与价值伦理的演化史。每个时代的工程实践都在突破既有认知边界的过程中，重构着人与自然、技术、社会的三维关系。

我国“工程一词至晚出现在1060年北宋欧阳修的《新唐书·魏知古传》中：‘会造金仙、玉真观，虽盛夏，工程严促。’”“中国传统工程的内容主要是土木构筑如官室、庙宇、运河、城墙、桥梁、房屋的建造等，强调施工过程，后来也指其结果”。现代意义的工程，或者说与西方“engineering”一词相对应的工程一词的出现，则是“洋务运动时期，英国人傅兰雅及其合作者译述了几本题名‘工程’的书籍”。[①] 在西方，“工程作为一个独立概念首次出现在中世纪”，[②] 与军事有密切的渊源，然而“最早的且使用最为广泛的工程定义出现在1828年Thomas Tredgold写给英国民用工程师学会的信中，他把工程定义为‘驾驭自然界的力量之源、以供给人类使用与便利之术’”，这一定义较为符合人类在整个古代和近代时期工程活动的现实，“但19世纪中叶以后，这一对工程本质的传统理解开始受到质疑……正是在这一争论过程中工程哲学思想初见端倪”。[③] 随着技术哲学的发展和走向逐渐成熟，工程哲学也逐渐摆脱了技术哲学的约束，在20世纪八九十年代初具学科规模，特别是进入21世纪后，工程哲学在世界范围的发展都有一个明显加强的趋势。

工程是一种纯粹的“改造世界”的人类活动——在亚里士多德的体系中属于创制的活动，在马克思的哲学中是人自身生产劳动性的表现，在后现代主义视野里则是多元的文本。由于这些哲人的思想活动，工程作为哲学的反思对象并非创新，但是，作为一种哲学视角下的研究对象，“由于古希腊固有的形而上学传统却又使这一思想变得晦暗不明，或者说被‘遮蔽’起来，需要我们进一步将其‘发掘’出来”。[④]所以，直到19世纪自然科学的长足进步，以及新兴的工业革命的开始，人类通过一个又一个的工程，推动着人类社会以及大自然发生了翻天覆地的变化，工程才又一次重新进入各种研究的视野，

① 杨盛标，许康．工程范畴演变考略［J］．自然辩证法研究，2002（1）：38-40.

② 张铃，陈凡．西方“工程”概念的历史演变［J］．自然辩证法研究，2005（5）：48-52.

③ 陈凡，张铃．当代西方工程哲学述评［J］．科学技术与辩证法，2006（4）：62-87.

④ 张铃，陈凡．现代工程哲学的古希腊之源探析［J］．河南师范大学学报（哲学社会科学版），2007（2）：41-44.

并展现了不同的图景（见表 3–1）。

表 3–1　不同学科视角下的工程图景一览

| 学科视角 | 核心观点 |
| --- | --- |
| 经济观点 | 投资是工程活动的基本要素，物质性的工程活动是经济运行的具体承载实体 |
| 产业观点 | 工程是产业的组成单元，相关的、相同类型的工程实体是产业的细胞。工程往往具有产业特征 |
| 技术观点 | 工程是技术的集成体，技术知识、技术方法、技术手段、技术设备是工程活动的必不可少的前提和基础。相关的而且不同性质、不同功能的技术群，在结合资本等要素后，通过工程系统集成在一起而转化为具体的现实生产力 |
| 科学观点 | 工程（包括技术）是功效、价值取向的；科学与工程的相关性、相互渗透、相互促进、相互作用性是日益加强的 |
| 资源观点 | 特定的资源条件是工程活动的必不可少的前提和基础 |

注：殷瑞钰，李伯聪 . 关于工程本体论的认识［J］. 自然辩证法研究，2013（7）：43–48.

对于研究工程现象而言，上述各个学科视角下的工程图景增进了我们对工程现象的认识，是重要的和必要的。可是，如果对于工程现象的认识仅仅停留在这些要素观上，对于工程现象的认识就难免表面化、现象化，因而“人们更需要有能够超越上面谈到的种种具体观点的能力，必须能够认识和把握工程的‘根本’”。[①] 而这恰恰是工程哲学出现和存在的意义。

工程哲学是工程学和哲学的交叉学科，是对工程世界——由一个一个具体的工程构成的——的反思性追问，由“工程究竟是什么”“工程活动中人的作用是什么”“工程中的思维具有什么性质与特点”等问题组成，“可以说，工程哲学是一种改变世界、塑造未来的哲学，是关于人类改变世界以求得和谐地、长久地安身立命的哲学思考，它将人类的工程活动作为直接的研究对象，从哲学的高度探讨其本性、过程及后果，其灵魂是理论联系实践，促进天、地、人的和谐”。[②]

① 殷瑞钰，李伯聪 . 关于工程本体论的认识［J］. 自然辩证法研究，2013（7）：43–48.
② 殷瑞钰，等 . 工程哲学［M］. 北京：高等教育出版社，2007：25.

工程哲学作为哲学研究，特别是科学哲学的新兴领域，其产生与发展深刻反映了人类对技术实践与工程活动的系统性反思。从归属于技术哲学到学科独立，工程哲学历经了从边缘到主流的认知跃迁，并在全球范围内形成了多元化的理论体系。20 世纪，科学哲学的发展经历了从技术哲学向工程哲学的深刻转向。技术哲学早期聚焦于技术本质的批判性考察，如海德格尔将技术视为“解蔽方式”，杜威揭示技术对自然操纵的异化风险。然而，随着人工智能、大数据等复杂工程系统的崛起，传统技术哲学难以涵盖工程活动的多维特性。江怡指出，生成式预训练模型（GPT）的工程性质标志着技术手段向工程设计的历史性跨越，迫使哲学研究突破单一的技术批判，转向对工程实践的系统性反思。[①] 这一转型不仅是研究对象的扩展，更是哲学范式的根本转换——从解释世界转向改变世界，呼应了马克思“哲学家们只是用不同的方式解释世界，而问题在于改变世界”的实践哲学精神。21 世纪初，工程哲学在中西方同步兴起，呈现出“不约而同”的学科建制轨迹。2002 年，李伯聪出版《工程哲学引论》，提出“我造物故我在”的哲学宣言，早于欧美同类著作；2004 年，中国工程院召开首次全国工程哲学会议，早于欧美学术组织的同类活动。中国学者在马克思主义指导下，通过工程界与哲学界的跨界合作，构建了以“五论”为核心的原创理论体系，即科学—技术—工程三元论、工程本体论、工程方法论、工程知识论和工程演化论，这一体系不仅突破了西方技术哲学的批判传统，更将工程实践提升至哲学研究的核心范畴。

当代工程哲学的发展呈现出三大新趋势。一是实践哲学的深化。工程本体论从“生产力论”拓展至“生命共同体”维度，如生态工程、太空工程引发对人与自然关系的再思考。殷瑞钰强调，工程活动不仅是物质生产，更是“感性地摆在我们面前的人的心理学”，需纳入伦理与生态价值的整体考量。二是人工智能与工程哲学的互动。GPT 等大模型技术的工程性质重塑了知识生产逻辑。李伯聪指出，工程知识论需回应“人工神经网络如何重构认知本体”等问题，同时警惕算法霸权对工程伦理的挑战。三是全球视野与中国学

① 江怡. 从技术哲学到工程哲学：一种哲学研究范式的转型［J］. 浙江学刊，2023（5）：65–72.

派的影响。工程哲学中国学派通过《工程哲学》《工程演化论》等系列著作，将“五论”框架推向国际学界。2012 年，*Engineering Studies* 入选 SCI/SSCI，标志着工程哲学成为跨学科研究的新范式。中国工程院推出的“工程创新主战场”理论，为发展中国家技术自主提供了哲学支撑。①②

已有研究表明，工程哲学本身更具实践的特性。首先，它所关涉的问题绝对不仅仅是理论问题，而是一个指向实践领域的实践问题。因此，工程哲学本身就是着眼于实践的。工程是必须实实在在地建构出来的存在，人们从事工程这项活动本身也是实实在在的实践，如果工程哲学只是一门纯粹理性的学科，那么它对于从事工程活动的人们则毫无价值可言。同时，工程是一个一个建构出来的——其结果也只能表现为某个建筑、某个形象等，这符合实践哲学对于个别或者个体性的本体把握。工程世界是一个客观的世界，同时，它又是一个主观的世界。虽然工程是实实在在存在着的，但它是由人来建构，并且服膺于人的某种价值取向的，或实用或审美。总之，任何一个工程都为着某种价值而存在，也为着某种价值而消失。因此，可以说，工程是主观与客观的统一，这样就消解了旧哲学中思维与存在、物质与精神等的二元对立，甚至可以说，工程哲学对于工程的反思，是一种真正的马克思实践哲学的体现，是解决了马克思实践哲学本体化倾向的一种实践哲学。因此，本书将工程哲学引入课程领域，作为建构新的课程思维方式的理论基点。这一基点包括两个层面：课程领域是一个实践领域；课程是一项工程。

对于“课程领域是一个实践领域”这一观点，似乎是毋庸置疑的论断。虽然课程领域被划分为基本理论和实践两部分。但是，课程基本理论的研究目的并非解释世界，即阐述什么是课程、课程的要素有哪些、这些要素应该如何组合以及如何发挥作用等问题并非其最重要的目的——正如工程活动中也涉及数学、物理学、统计学、地质学甚至美学等理论学科的知识——但是，这些解释是为了辅助和指导我们的课程实践做的必要准备。同时，作为由课程基本理论向课程实践中间的过渡阶段——正如为了建造某一工程所进行的

① 李伯聪．工程哲学：回顾与展望［J］．哲学动态，2021（1）：37–39.

② 殷瑞钰，李伯聪．工程哲学的兴起与中国学派的开创［J］．人民论坛·学术前沿，2023（9）：6–15，81.

工程蓝图规划活动一样——课程规划，也不是一个解释世界的活动，之所以专门提出这一问题，是因为研究课程基本理论的专家们总是将自己从事的理论活动——观念和逻辑的组合——与课程规划视为一而二、二而一的活动，比较公认的观点是完整的课程理论应当包括两部分：一是关于课程基本理论问题的探讨，是人们对课程的最根本的认识，通常由一些思辨性较强的命题，以及相应比较概括化和抽象化的理论性观点及其说明论证构成；二是关于课程设计或编制方面的探讨，这通常是由一些操作性很强的要求、步骤、原则、方法等的说明和规定构成。①也就是说，过往的课程专家及其理论都是将“改造世界”的活动作为“解释世界”的活动来对待，从而将实践活动作为一种观念和逻辑的组合进行阐释，从而造成了一种僭越，其结果只能是理论无法兑现它的承诺、实践怀疑“理论指导实践”的观点。因此，本书明确规定课程领域是一个实践领域。

至于“课程是一项工程”的观点也是由来已久。据本书考据，“课程工程”一词最早是由美国课程专家乔治·比彻姆使用的。在《课程理论》一书（该书从 1961 年出版后共有四个版本，汉译本是由其第四版翻译的）中，比彻姆认为课程工程是与课程系统密切相关的，“包含各类学校使课程系统发挥作用的一切必要的过程”。其中，课程系统“是有关课程的各种职能的决策和实行的体系。它被看作学校整个工作的一部分。正如所指出的，这个系统有三个主要的职能：①制作课程；②实施这些课程；③评价课程及课程系统的效果。”课程工程的职能有两项：一项职能是规划，即课程编制成员在初步建立课程横向和纵向的联系之后，为学校规划整个课程。第二项职能是落实，即保证规划好的课程付诸实施。课程工程是作为课程领域的一个组成部分出现的，比彻姆认为，“作为学科领域的课程有六个组成部分，并以此作为讨论有关课程理论研究和著作的框架。这六个组成部分是各种基本的影响因素、教材、课程设计、课程工程、评价与研究以及理论建设”。②也就是说，此时的“课程工程”是课程理论的一个下位概念。

---

① 从立新 . 课程论问题［M］. 北京：教育科学出版社，2010：10.

② （美）乔治·A. 比彻姆 . 课程理论［M］. 黄皖明，译 . 北京：人民教育出版社，1989：68，129.

《中国文化大百科全书·教育卷》对课程工程的定义如下："维护和改进课程系统的一切过程和活动。包括组织专门机构研究教育目标，制定课程编订方案，起草和审议课程标准，编审教材，在学校中使用教材，评价课程实施结果并研究修订等。这些活动构成学校教育中一项系统工程，从而使学校课程保持动态。凡参与课程编订、实施、评价和修订的人员，如教育行政干部、课程研究人员、教材编辑和审定人员、校长和教师等，都是课程系统中的工程师。"同时，这一词条还与"课程系统"词条相联系，课程系统是指"有关课程各项职能的决策和执行系统。职能有三：①编订课程；②实施课程；③评价课程。只有安排机构研究和履行这些职能时，才存在这个系统。用系统分析的语言来说，课程系统包括三个基本部分：其一，输入。输入课程的决策和执行依据的大量资料，如教育的基本原理、学校所在地区的特点、课程工作人员的素养、有关课程工作的经验、从有关科学或学科选取的教材、当时当地社会和文化的价值标准等。其二，保持系统运行的活动。如遴选课程工作人员、确定课程目标、选择课程编订的程序、确定课程实施的步骤、规定课程评价和修订的程序等。其三，输出。如产生的课程文件，课程工作者增长的知识、经验及其态度的改变等。这个系统产生的课程文件，要通过教学系统付诸实施，还要通过评价系统对实施结果进行评价，并根据评价的结果修订。修订后的课程再经过实施、评价和修订。如此往复进行，可不断提高课程的质量"。[①]

进入 21 世纪后，我国启动的新一轮基础教育课程改革本质上构成了一项具有划时代意义的社会工程实践。这场覆盖全国的教育改革，绝非简单的教学方案调整，而是以马克思主义实践哲学为根基，运用社会科学理论与教育技术手段，系统重构教育生态、重塑社会关系的社会改造活动。[②]作为典型的社会工程，其运作逻辑呈现多重维度。其一，目标指向的社会建构性。课程改革通过重构课程标准、教材体系与评价机制，实质是对未来公民素养的规

① 高占祥，等.中国文化大百科全书·教育卷［M］. 长春：长春出版社，1994：307，310–311.

② 所谓社会工程，就是社会主体以社会科学为理论基础，以社会技术为操作中介，改造社会世界、调整社会关系、协调社会运行的实践活动过程。参见田鹏颖.社会工程哲学［M］. 北京：人民出版社，2008：前言。

范性设计。其二，主体协同的复杂网络性。政府主导的政策供给、学校的课程实施、教师的实践转化、家长的教育参与构成多元主体协同网络，体现了社会工程特有的主体间性特征。其三，技术中介的系统集成性。大数据驱动的学业质量监测、人工智能支持的个性化学习系统、基于循证研究的教学改进模型，共同构成教育技术的中介网络，实现社会需求向教育实践的符号化转译。其四，实践过程的动态调适性。通过“试点—反馈—推广”机制持续优化课程方案，如综合实践活动课程从2001年实验区试行到2022年成为独立课程形态，印证了社会工程“设计—实施—反思”的螺旋演进规律。这种工程化特征使课程领域超越单纯的教育学范畴，成为连接知识生产、文化传承与社会再生产的枢纽。正如田鹏颖所指出的，社会工程是“通过制度创新实现社会关系再生产”的实践智慧。课程改革通过重构教育内容与教学的关系，在微观层面调整代际知识传递方式，在宏观层面影响社会阶层流动路径。因此，将课程领域视为社会工程，不仅揭示其改造教育现实的实践本质，更凸显其在社会系统演进中的战略性功能。

### （二）工程思维

所谓工程思维，顾名思义，就是人们在进行工程活动过程中所运用的思维方式。工程进入哲学视野形成工程哲学之后，工程活动过程中人类的思维如何得以运用、运用的性质和特点如何，自然而然成为不可回避的关键性问题，毕竟工程活动服务于人的某种价值需求、由人来建造并且分享结果的价值（或使用，或欣赏）。因此，对这一活动过程中人的思维活动就必须加以研究。

目前，对于工程思维的研究较之工程哲学的其他研究主题，尚处于起步和发展阶段，国内对此进行的专门著述也相对较少。究其原因，主要是现有研究对工程思维的几种误解：首先，怀疑工程思维存在与否。工程活动是现代社会最为常见的、基础性的实践活动，因此，在工程中人的思维活动也最为常见。然而，这正是人们容易忽视这种独特的思维方式的原因。由于对科学的思维方式的推崇，导致人们在运用这种思维方式的时候，只是认为这就是一种科学的思维方式，而并未意识到，在工程活动中人们运用的思维方式是一种与科学的思维方式截然不同的、另外的一种思维方式。这种“日用而不知”、与科学的思维方式的混淆，导致了学界忽视甚至否认“工程思维”的存在。其次，否认“工程思维”是理性思维。对于理性的追求，始于古希腊哲学，并在柏拉图、亚里士多德等哲学家那里发挥到了极致。亚里士多德作为引介“实践”问题的开端者，从他对于三种活动的高低层次分类来看，实践的活动和创制的活动都是比理论的活动层次低的活动，尤其是创制的活动，它不以自身为目的而只以自身为手段，来达到某种目的，它与获得世界之普遍原理的目的相去甚远，所以亚里士多德否认创制的活动中具有理性思维的成分。亚里士多德对于理论的活动的推崇以及对理性精神的宣扬，促使欧洲理性主义的传统保持至今，其实质就是对普遍真理的追求和把握。而由于人类工程活动的情境性（也即实践的个别性），无法进行这种观念和逻辑的、同质性的推论过程，因此，否认工程思维是一种理性思维。最后，否认“工程思维”的可靠性。任何一项工程都具有一定风险性。甚至面临失败的结果。从客观因素来说，地质、气候等因素的不可控性可能带来风险；从主观因素来说，工程决策者、工程设计者等认识中的缺陷和盲区，也会带来潜在的风险。由此，造成了人在从事工程活动时的思维活动是一种灵活性很强的思维方式。所以，研究者对于“工程思维”是否能够给出精准的解释产生了质疑。同时，又由于前两种误解，最终导致了否认“工程思维”的可靠性。

其实，以上对工程思维的误解正是它不同于先前的思维方式的独特之处，因为它所服膺的是实践，这种实践并非哲学家或其他理论专家从事观念和逻辑的活动时所具有的思维，而是为了建筑实实在在的某项工程而展开的人类思维活动。对此，李伯聪认为，“工程思维的‘对象’在工程思维进行之前是不存在的……从思维结果与现实的关系方面看问题，工程思维方式的实质是‘创造’性关系，工程思维的目的就是要把‘设计思维’的‘想象结果’（例如‘钱塘江大桥图纸’）通过工程实践活动而‘建造’为现实世界中的‘人工物品’……从思维活动与现实的关系方面看问题，工程思维方式的实质是‘设计性’和‘建行性’关系。‘设计性’是指‘在进行设计时设计的对象在外部现实世界中并不存在’，‘建造性’是指设计的结果要通过‘工程建造过程’

而最终成为‘现实的人工物品’”。[1]

徐长福从工程的角度出发，将世界还原为实体和虚体两部分，作为构成思维方式的形上基础，进而形成两种可能性思维方式，即实体思维和虚体思维。随后，现实的工程因素将两种可能性思维方式变成了现实性思维方式，也即理论思维和工程思维。同时，徐长福指出，古往今来，许多理论与实践出现不相符的矛盾，主要是这两种思维方式的“僭越”造成的。工程思维，徐长福将其规定为“专业层次的筹划型实体思维”，这表明了“工程思维的本真价值目的是筹划理想性实体来满足价值主体的需要，而筹划之为筹划就在于设计出应然且能够实现的对象，就此而言，工程思维在程序内容上也是价值化的”。作为理论思维与实践之间的一座桥梁，工程思维既解放了理论思维，可以使它完全追求真理；同时，还为实践提供了切实可行的计划、方案。也就是说，工程思维是真正服膺于实践的一种思维方式。[2]徐长福开创性地建构了研究工程思维的基本理论，并且较为系统地展示了其与理论思维的异同、关系等极具价值的学术成果。

赵美岚也认为工程思维是一种“价值化的实体思维”，“即设计、筹划以满足人的需要为目的的实体思维”，“是一种主体思维意义上的实体思维”。同时，他更为详细地说明了工程思维的特征：可实现性（现实性）——“工程思维越能将客体对象变得跟主体的价值需要相符合，就越能实现自己筹划实体的价值目的。因此，工程思维的现实性便成为工程思维的关键所在，否则这种筹划只能成为流于形式的一纸空文”；创造性——“工程思维的首要本质便是其创造性，工程活动的本质特征是创造一个世界上原本就不曾存在的人工实体。工程思维从一开始就为未来的存在进行创建性的构思”；复杂性——“工程是由各种因素组成的系统，而且该系统又有许多不确定因素和限制因素，所以，工程方案的设计不是依据唯一的线性函数，而是有着多个解的非线性函数，这就存在多个方案的选择和决策问题……工程思维必然具有

---

① 李伯聪．工程思维的性质和认识史及其对工程教育改革的启示——工程教育哲学笔记之三［J］．高等工程教育研究，2018（4）：45-54.

② 徐长福．理论思维与工程思维：两种思维方式的僭越与划界［M］．上海：上海人民出版社，2002.

复杂性”。[①]

王振州则从工程思维与实践理性的关系层面对工程思维进行了研究。他认为工程建构是实践过程，所以工程思维本质上是实践性的。工程思维的实践性本质通过其反本质主义的整体性来体现。而所谓实践理性，主要指人类对自身与世界的关系“应如何”和人“应当怎么做”问题的观念掌握与解答。它不同于一般理性的关键在于实践理性指向人类改造世界的实践活动，是一种有目的性的思维方式。由于实践理性得以建构的手段是一种思维工具的发展，因此，工程思维的产生必然是在实践理性的基础之上，是实践理性的一种重要形式。[②]

根据范冬萍等人的研究，[③] 工程思维包含三个递进层面：工程思维习惯、应用性系统思维和设计与物化思维。工程思维习惯强调系统思维、创造力、协作沟通及伦理责任，如美国国家工程院（NAE）提出的“系统思维”和“注重伦理思考”等要素，旨在培养学生应对复杂问题的综合能力；应用性系统思维则结合硬系统思维（解决结构清晰的技术问题，如系统工程中的定量分析）与软系统思维（处理社会性复杂议题，如切克兰德的软系统方法论），通过跨学科整合（如“系统与模型”等概念）协调技术、社会与环境的多重需求；设计与物化思维聚焦从概念到实体的转化过程，强调迭代优化与可行性验证，如美国《新一代科学教育标准》（NGSS）提出的“定义问题—形成方案—优化设计”三阶段能力培养。在大科学教育理念（STESE 框架）下，工程思维培养需融入社会性科学议题（如基因编辑伦理），通过真实情境项目（如 Capstone 课程）强化学生的批判性思维与责任感，同时借助跨学科概念（如“物质与能量”）构建通用语言框架，促进科学与工程实践的深度融合。当代工程教育更注重非技术能力（如项目管理、经济决策）与技术能力的协同，通过数字化工具（如人工智能预测模型）与伦理反思，推动工程思维从“技术本位”向“全人培养”转型，以应对全球化与技术变革的复

---

① 赵美岚．工程思维探析［D］．南昌：南昌大学，2006.

② 王振州．实践理性视域下的工程思维研究［D］．西安：西安建筑科技大学，2009.

③ 范冬萍，李海东．从大科学教育理念看工程思维的系统内涵与培养进路［J］．自然辩证法研究，2024（10）：138-144.

杂挑战。

唐浩等人认为，[①]工程思维方式是工程科技人员在实践中遵循工程逻辑解决复杂问题的系统性思维方法，其核心在于统筹技术可行性与经济价值，在资源约束下实现最优解决方案。与技术思维和学术思维不同，工程思维不以技术先进性或学术创新性为单一评价标准，而是强调通过“技术重用”降低风险与成本，并采用经济评价方式衡量创新成效，确保产品兼具可靠性与商业竞争力。工程思维注重全周期、全流程视角，要求在设计阶段即纳入生产、销售、服务等后期环节的制约因素，通过建模、仿真和系统分析实现技术指标与经济指标的一体化优化，同时兼顾环境、社会等非技术约束条件。这种思维方式不仅依赖专业技术知识，还高度依赖非技术工程能力。

### （三）工程思维的契合性

本书已介绍的内容——从实践哲学、实践思维到工程哲学、工程思维——与以下所要介绍的关于将工程思维引入课程领域，以消解过往课程思维方式以对象性思维为主导所造成的不足和阻碍是否具有契合性和可实施性，本部分主要解决第一个问题，即工程思维之于课程领域存在的思维方式问题是否具有契合性。

笔者认为，工程思维之所以能够契合课程领域存在的思维方式问题，原因主要体现在以下四个方面。

第一，工程思维是一种个别性思维，能够有效认知和把握各种课程要素。工程思维作为一种实践思维，必然指向的是个别。这种个别体现在工程思维中，就是一种对实体的认知和把握。本书所使用的实体是在亚里士多德所谓的第一性实体层面来说的，“实体，就其最真正的、第一性的、最确切的意义而言，乃是那既不可以用来述说一个主体又不存在于一个主体里面的东西，例如某一个个别的人或某匹马”。也就是说，实体是实实在在存在、不能也不需要还原或归结为其他主体而以自己独立的身份存在的事物，“实体绝对

① 唐浩，杨毅刚，安利强．工程思维能力的培养：内涵、逻辑与路径［J］．高等工程教育研究，2024（2）：71–78.

不存在于一个主体里面，这一点乃是一切实体都具有的一个共同特性”。这种实体是与亚里士多德所谓的第二性实体相区别的，第二性实体是指包含着第一实体的属及其种的全称。[①]通过对第一性实体与第二性实体的比较可知，第一性实体指向的是个体，比如张三，他就是一个第一性实体，他本身就是自己的主体而非其他主体的一部分；如果将张三归为“人”，那么“人”就成了第二性实体，张三本人则被消解了，这是因为第二性实体的“人”只是由千千万万、实实在在的第一性实体中所包含的属差以及“动物”的种差得到的一个规定，张三只有其自身的某种属性被归结到了“人”这个规定中而非他的全部。也就是说，第一性实体是指向一个完整的个体存在，而第二性实体则是指向从第一性实体中抽取的某种或某些属性的规定而已。因此，第一性实体正是本书所用来指称个别的规定（后文如无特殊分辨则实体就是代指第一性实体）。

工程思维这种以实体为核心的个别性认识，是着眼于它对于个别之整体性的认知和把握。前文我们提过一个概念——人是格式塔式的存在——一个与其他个体相独立存在的、具有自己的感知觉、意识、思维、情感、态度、价值观念的个体，这种“格式塔”是个体不断生成着、变化着的各种属性的集合，同时，又是历史的、不可割裂的各种属性的集合，也是从这一实体观念出发获得的。组成课程的各种要素之中，人是其核心和灵魂——正如工程中的人也是其核心和灵魂一样——这里的“人”，并非一个“种 + 属差”的概念，并非观念上的“人”，而是指实实在在的、独立的个体。这是因为，每一个个体自身都是以其格式塔式的全部属性，即作为一个实体进入课程中来，与课程中的其他要素进行交往、发生作用，比如学生张三与教师李四的交往，学生王五与人教版英语八年级上册课本的交往等，这里的“张三”“李四”“王五”都是实体，都是一种个别性的表现；同时，“人教版英语八年级上册课本”亦是一个实体，作为一个实存的个体，以其自身的全部属性参与到课程中来。正因为如此，从工程思维这种个别性的思维出发，我们在进行课程设计和规划的时候，就不会从观念的角度出发，虚拟出“人”的某种“本质”属性，

① （古希腊）亚里士多德．范畴篇解释篇［M］．方书春，译．北京：商务印书馆，1959：12.

按照逻辑规则，推论性地得出一套课程规划的方案，而是实实在在地分析实体之于课程以及课程之于实体的关系。

第二，工程思维是一种整体性思维，能够处理好各种课程要素在课程规划中的地位。工程思维作为一种整体性思维，主要表现在两个方面，一方面就是在第一点中我们所指出的，个别即实体的论断。这一点说明了，任何一个实体，不论其自身包含多少种属性，都既“不相矛盾”又“不相联系”地体现在实体之中，例如，张三是男性、张三是中国人以及张三 60 公斤重分别代表了关于“张三”这一实体的不同属性，三种属性之间没有相矛盾的地方，以至于“张三是男性”与“张三是中国人”相对立、“张三是中国人”与“张三 60 公斤重”相对立；同时，三者之间也非必然地能够用逻辑推演出来，即“张三是男性”无法运用逻辑推演出“张三是中国人”等。也就是说，任何一个实体的内在属性之间都是非逻辑推论式地复合在一起的，甚至不同属性之间是“相矛盾”的，可是却同时出现在同一个实体身上，不但不会造成实体的不适，实体还认为这是“理所当然”的自我反映。对此，我们仍然使用“格式塔”来加以规定，也即包含在同一实体内、既表现实体又无法割裂出实体的属性的集合。

另一方面，工程思维作为一种整体性思维表现在进行施工方案的设计与规划过程中，面对着一个一个的、实体性的课程要素，工程思维也将其全部非逻辑地复合为一个整体性的方案或蓝图，既并非从逻辑推理的角度出发，只是将各种课程要素中同质性的、具有明显因果联系的属性置入方案或蓝图之中，使其成为一套理论式的说明；也并非使得进入课程规划中的各实体之间仍然泾渭分明地罗列于方案或蓝图之中，供人“选择”。从工程思维的角度来看，各实体要素之间，不论其关系是同质性的，还是异质性的，都是服膺于某种人的价值诉求、某种具有实践性的价值诉求而进入课程规划之中的，也正是因为有这种价值诉求的存在，同质性与异质性之间的隔阂也就不必然的存在，他们成了共同组成课程规划整体的部分。而在这一整体之中，实体与实体之间的边界被“消解”，课程规划的方案或者蓝图成为一种新的实体，就如同某人或者某物一样，我们不能再将其视为条分缕析的各个部分，而是视为具有某种价值功能的实存个体。

第三，工程思维是一种有价性思维，能够满足不同个体对于课程的价值诉求。人们建构某项工程，在于实现人的某种价值诉求，例如，建构房屋以供人居住，建构商店以供人购物，建构艺术雕塑以供人审美等。总之，任何一项工程都反映了人的某种价值诉求，不包含任何价值诉求而被建构出来的工程是从来没有的。究其原因，是因为工程并非自然生成而是人为创制的，是人为了改造自然或者改造社会，抑或是改造人类自身而从事的一项实践活动，如果人在建构某种工程时没有某种价值诉求，那么，最终会导致工程的浪费，或者说，它本身并不能被称为工程。

工程思维是一种以价值诉求为导向的思维方式。马克斯·韦伯曾将理性划分为工具理性和价值理性。所谓工具理性，是指“通过对外界事物的情况和其他人的举止的期待，并利用这种期待作为‘条件’或者作为‘手段’，以期实现自己合乎理性所争取和考虑的作为成果的目的”；所谓价值理性，是指“通过有意识地对一个特定的举止的——伦理的、美学的、宗教的或作任何其他阐释的——无条件的固有价值的纯粹信仰，不管是否取得成就”。[①] 由此看来，工程思维不仅是一种具有工具理性性质的思维方式，更是一种具有价值理性性质的思维方式。正如工程的价值不仅仅在于经济价值一样，工程思维所具有和表现的价值诉求也包含多元的价值，包括社会价值、生态价值、美学价值等。

课程作为一种社会性的工程，关系到千千万万的实存个体，这些个体在进入课程中时，必然带有自己的某种价值诉求，因此，这就要求在进行课程规划时，要考虑到不同个体所带有的这种特殊的价值诉求。对象性思维则恰恰对这种多元的价值诉求视而不见，这是因为对象性思维从观念和逻辑的组合出发，将“人”视为某种“本质”的存在，由此引出了“人”的“价值诉求”。这种“价值诉求”并不具有实际意义，这是因为它是由观念和逻辑推演出来的结果，是一种同质性的因果联系，而非从个体的角度出发来提供满足其价值诉求的手段。

① （德）马克斯·韦伯．经济与社会（上卷）［M］．约翰内斯·温克尔曼，整理．林荣远，译．北京：商务印书馆，1997：56.

第四，工程思维是一种特定性思维，能够起到联结课程理论与课程实践的作用。工程思维本身是一种筹划性思维，也就是说，人运用工程思维以进行某项工程设计，其结果是产生一个方案或者一张蓝图。它既不同于理论思维，即追问事物“是什么”“为什么”“怎么样”等问题的思维方式——在本书中是指对象性思维——也不同于研究事物包含的各种属性时人所运用的思维方式。前文已经对这种思维方式进行了较为详细的论述。在此，我们只是要再次强调两种思维方式的不同。理论思维之于事物，以发现、认识和阐释某种道理为终极目的，在这个过程中，理论思维按照观念和逻辑的组合、追求一以贯之的、同质性的论述。也就是说，理论思维对于事物包含的异质性因素是排斥的；与此不同的是，工程思维的本真目的在于筹划不同实体，形成新的实体以满足人的某种价值诉求，在工程思维的世界中，同质性和异质性同时存在、同时发挥作用以服膺于人的价值诉求为二者的结合点。一旦理论思维越俎代庖直接筹划工程，则会导致这种理论式的设计方案从观念和逻辑的角度出发，将同质性因素一一推论性地添加进设计方案中而将异质性因素通通赶出去。由于忽视和否认同质性因素与异质性因素同时存在、同时发挥作用的事实，理论思维最终只能导致设计方案的失败。

工程思维也不完全等同于实践领域的思维方式。工程思维之所以是一种筹划性思维，在于它是一种旨在设计出一套指向实践、具有可操作性的设计方案，这套方案必然要在现实中得到实施，建构出某项工程才能最终完成它的使命。这就使得工程思维虽然指向实践，但并非完全从属于实践，而是人在设计、规划时所运用的思维方式——我们可以将其理解为一种新型的“理论思维”——只是它不以“解释世界”为目的，而是以“改造世界”为目的。

由于过往对工程思维的“视而不见”，导致了理论思维对工程思维的“僭越”而直接面对实践，[①]从而造成了许多矛盾和冲突，在课程领域中也表现得尤为突出。因此，本书引介工程思维进入课程领域，一个重要的目的就是在

① 徐长福．理论思维与工程思维：两种思维方式的僭越与划界［M］．上海：上海人民出版社，2002.

课程理论与课程实践中间建构一座桥梁，从而改变课程理论直接见诸课程实践的现状，使得课程理论专心于自己的学术研究，课程实践专心于自己的人才培养。

综上所述，笔者认为，工程思维是一种与解决当前课程领域思维方式存在的问题十分契合的思维方式。接下来，本书将对其在实践中可能发挥作用的模式进行讨论。

第四章

Chapter 4

# 建构一种可行的实践思维方式

通过本书第三章的分析可知，工程思维对于消解当前课程思维方式存在的问题具有较好的契合性。本章则要解决之前提出的第二个问题，即工程思维对于课程领域的可实施性，以及如何在现实生活中运用这一思维方式。在此，需要特别说明的是，本书所使用的思维方式其实是对象性思维——以工程思维为研究对象，分析和确证其对于建构课程思维方式的可能性和现实性。尤其是本章中所述的工程思维的实践模型也只是一种典型性分析，如果后继研究者只是一味着眼于此，则又成了本书所批判的思维方式了。

从实践哲学的角度出发，将实践的思想引入课程领域，可以追溯到杜威于 1929 年所著的《教育科学的资源》一书。在书中，他提出了“运用何种方法可以使教育的各个部分和各个方面进行系统地增进理智的控制和理解”的问题，并提出正是教育活动本身——也即实践是解决这一问题的对策。正如前文所述，在课程开发时期，各位课程理论专家都较为关注课程设计，希望设计出一套能够指导课程设计的理论来。从其关注课程设计来看，这一阶段的理论可以被视为实践性的课程模式；正式的实践性课程模式主要出现于 20 世纪 70 年代之后，主要包括三个分支：一是以继承亚里士多德的实践哲学为理论基础的课程模式，主要代表人物包括美国课程专家施瓦布的实践课程理论和英国课程专家斯滕豪斯（也译为斯腾豪斯）的过程模式；二是以马克思实践哲学为理论基础的课程模式，主要以批判课程理论为代表，包括阿普尔、吉鲁克斯等人的课程理论；三是后现代主义的课程观，他们着眼于从实践出发，将其解读为各种文本，其中以派纳的“存在体验课程”为其重要表现。我国长期以马克思主义作为指导思想，其对我国课程实践模式最为重要的影响体现在对“理论指导实践”这一论断的深信不疑，由此形成的实践模式则可称为“理论—实践”模式。本章内容便是对以上种种课程“实践”模式进行述评——我们必须始终牢记这些理论的思维方式是对象性思维的背景信息——并从工程思维的视角出发，分析本书所认可的一种已然实现其实践价值的理论，并最终在此基础上，提出在实践中如何运用工程思维的模式。

## 第一节　过往课程“实践”模式的梳理

过往课程“实践”模式主要代表理论有博比特及泰勒的“目标”课程理论、施瓦布审议的实践课程理论、斯滕豪斯的“过程模式”、批判课程理论以及派纳的存在体验课程。对过往课程“实践”模式的梳理有助于帮助我们认识不同模式的价值和不足，以便为本书提出在工程思维指导下的合理的课程模式奠定基础。

### 一、“目标”课程理论

这里的“目标”课程理论主要是指以泰勒的“泰勒原理”为代表的课程设计模式。首先，我们需要分析一下泰勒的“泰勒原理”不同于博比特的“活动分析法”之处，因为从最基本的层面上来讲，博比特的“活动分析法”也是一种“目标”模式。

博比特的“活动分析法”的“目标”包含两层含义，一是整个课程设计的“目标”是为了人未来的成人生活而准备。以此作为目标，奠定了博比特“活动分析法”的具体的课程设计“目标”的范围，从而使得整个课程设计具有了可预见性；二是具体的课程设计“目标”则是以课程设计的整体“目标”为基础，通过分析成人的活动所需要的知识而提出的具体的课程所要使个体具备的“能力”或“技能”的目标。具体的课程设计“目标”确保了整个课程设计具有了可操作性。博比特的“活动分析法”努力使课程向符合“科学化”的目标前进，但是，由于仅仅着眼于成人的未来生活，从而忽视了儿童当下的发展需要，以及忽视了个体未来生活的不可预见性，从而导致了这些既定目标对于培养个体无法达到他所设想的效果。

“泰勒原理”则从已有的多元理论出发，从社会、儿童和学科知识等多方面入手，确定一定阶段的课程应有的目标，并通过围绕这些目标确定内容的选择、经验的组织以及对课程实施效果的评价，使课程设计具有了更强的预见性和可行性，这正是泰勒超越博比特之处。

第一，“泰勒原理”并不涉及统一的、宏观上的教育目的，而是从学校具体的教育目标出发，讨论学生拥有怎样的学习经验才能达到目标。这是泰勒的目标模式区别于传统课程理论的首要特征。这种“自下而上”的目标生成机制，在知识民主化时代展现出独特的适应性。根据经济合作与发展组织（OECD）2018 年的报告，全球 73% 的教育改革项目都采用了类似的校本目标制定策略。在操作层面，泰勒主张通过“学习者研究”“社会生活分析”“学科专家建议”三源合流的方式确定教育目标，这种方法论至今仍是各国校本课程开发的主要范式。从建构主义视角分析，这种目标设定机制实质上构建了社会需求、学科知识与个体发展的三维动态平衡，既避免了标准化课程导致的同质化倾向，又能有效对接区域发展需求，体现了泰勒原理在目标设定方面的实践智慧。

第二，“泰勒原理”强调通过精心设计的“学习经验”实现目标，注重经验的可观察性和可评价性。泰勒对“学习经验”的界定超越了传统知识传授的范畴，开创了“教育即经验改造”的实践范式。其核心要义包含两个维度：在认知层面强调经验的主动建构性，要求学习者通过“做中学”实现认知重组；在操作层面注重经验的可观察性和可评价性，为教学过程的科学化奠定基础。这种双重属性在当代项目式学习（PBL）中得到充分体现。已有研究表明，多感官参与的经验学习可使海马体活跃度提升 40%，记忆留存率提高 58%。这印证了泰勒关于“学习经验应具有交互性”的预见性主张。当前主流的混合式学习模式，正是通过整合线上知识建构与线下实践体验，创造多维度的学习经验场域，既保持经验的具体性，又拓展了学习时空的边界。

第三，“泰勒原理”将评价作为验证目标达成度的关键环节，形成“目标—手段—评价”的动态闭环。这种形成性评价理念打破了传统总结性评价的静态框架，与当前教育评价改革方向高度契合。根据国际教育成就评价协会（IEA）2021年的跨国比较研究，采用泰勒式评价体系的教育机构，其课程目标达成度平均高出传统机构27个百分点。其关键创新在于：评价标准源于既定目标，评价数据反哺教学改进，形成持续优化的闭环机制。在人工智能时代，泰勒的评价理念获得了新的技术赋能。基于大数据的学情分析系统，如中国“智慧学伴”平台，能够实时追踪800余个学习行为指标，通过机器学习算法动态调整教学策略。这种“数字孪生式”的评价模式，将泰勒设想的“持续性评估”推向微观层面。美国教育考试服务中心（ETS）研发的适应性测评系统，更是实现了千人千面的个性化评价，每个题目选择都基于前期应答数据的即时分析，完美诠释了泰勒“评价即反馈”的核心思想。

泰勒的目标模式至今仍是课程设计的主流范式。例如，我国基础教育课程改革中的“三维目标”（知识与技能、过程与方法、情感态度与价值观）即借鉴了泰勒的目标分类思想，通过分层细化目标提升课程的科学性。在教学设计中，泰勒原理被转化为“逆向设计”，即先确定预期结果，再规划评估证据，最后设计学习活动。这种思路广泛应用于教案编写、单元设计等场景，帮助教师实现教学的系统化。泰勒提出的“评价即目标达成度检验”理念，为标准化测试和形成性评价提供了理论依据。例如，国际学生评估项目（PISA）和我国的中高考体系均强调目标与评价的一致性，体现了泰勒原理的影响。在职业教育领域，泰勒原理与能力本位教育（CBE）高度契合。通过分析职业需求确定能力目标，再设计培训课程和评估方案，这一路径在技能培训中效果显著。这些都体现了其强大的“实践性”。在肯定泰勒原理当代价值的同时，必须正视其时代局限性。后现代教育哲学对预设性目标体系的批判、脑科学对非线性学习路径的揭示、生成性课程理论对过程价值的强调，都在不同维度对泰勒范式提出挑战。

## 二、施瓦布实践课程理论

之前的章节中，我们已经较为详细地论述了施瓦布实践课程理论的基本观点，在此我们则着重对其课程理论的实践模式——审议——进行述评。在《实践：课程的语言》（*The Practical: a Language for Curriculum*）中，施瓦布明确指出了当前课程领域已经“岌岌可危”的现状，以及造成这种现状的原因就是太过在乎理论而忽视了实践。因此，他提出了回归实践的倡议，并且认为需要以“审议”的模式来解决问题。所谓审议，就是对各种课程要素的折中，这就要求它“同时考虑目的和手段，并且将它们视为相互决定的。它必须根据目的和手段来识别哪些要素是相关的；它必须探明实际案例中的各要素以及迫切需要的要素并且产生备选的解决方案；它必须尽可能地分析各备选解决方案的不同结果以及影响；最后，它还必须衡量各备选的解决方案，选择最好的而最正确的方案”。同时，在这篇文章中，施瓦布还指出了审议的三种形式，即实践的艺术、准实践的艺术和折中的艺术。①在《实践2：折中的艺术》（*The Practical*：*Arts of Eclectic*）中，施瓦布更加详细地分析和说明了审议中的“折中的艺术”。折中的艺术涉及不同学科理论的不完善性的问题，这是由于教育情境是极其复杂的，而以往课程领域所依据的理论却是不完善的，也即只是片面地解释教育情境中的单个要素所必须确立的一种审议形式，所以，需要由折中的艺术来处理各种理论之间的磨合与适应问题。②在《实践3：课程的转型》（*The Practical*：*Translation into Curriculum*）中，施瓦布更加详细地阐述了审议的内容——也即学科专家所忽视或是鄙视的要素——教材、学生、教师和环境四者的协调与平衡。对于教材，施瓦布认为“必须有人熟悉所使用的教材以及如何编写教材的原则”；对于学生，施瓦布认为“必须有人熟悉课程活动的受益者，也即学生”；对于教师，施瓦布认为“需要关注有关教师知识的经验”；对于环境，施瓦布认为它是“学生从中学习并且获得和丰富经验的场所”。这四个要素是教育理论和实践都必不可少的组成部分，并且没有哪一个部分可以在审议中占据主导地位；在维持四者的协调中，也没有哪一个要素可以独立实现，这是因为“首先，审议小组人员组成复杂不允许单一要素形成主导地位”，“其次，是与审议同时发生的、对暂时接受的部分课程的评价程序”。审议的程序包括两个阶段：在第一阶段，课程审议小组开始着手对四个要素进行分析，并且相互了解小组成员的看法和观点；第二阶段则从备选的解决方案中进行选择而更加细致地考虑四个要素，并形成具

---

① Schwab J J.The practical：a language for curriculum［J］. The School Review，1969，78：1-23.

② Schwab J J.The practical：arts of eclectic［J］. The School Review，1971，79：493-542.

体的方案。[①] 在《实践 3：课程的转型》中，施瓦布还简要地叙述了课程专家作为课程审议小组的组成人员及主席的三种基本功能，并在《实践 4：课程教授要做的事情》中进行了更加详细的叙述。在“实践 3”中，他将三种基本功能归纳为“对课程设计过程的预备情况的关注”“对课程设计本身的关注”“激发、鼓励和紧迫整个过程”。而在“实践 4”中，施瓦布对于“课程集体”的构想更加完整。以学校为本位建立起来的“课程集体”，应该由学校、社区代表、教师、学生、课程专家、心理学家等组成。特别重要的是，这一“课程集体”必须由一名课程专家或者课程教授来担任主席一职，他的职责就是推动“课程集体”有效工作。[②]

从对施瓦布实践模式的简要梳理，以及前文对他整个思想的分析中，不难发现，他的实践模式具有两个重要特点：第一，“审议”模式是一种民主的形式。正如前文所述，施瓦布不论其前期的课程理论，还是后期的课程理论，都以围绕科学主义和人文主义的融合为核心，更为重要的是，他的整个思想更倾向于人文性，尤其是当他在加入赫钦斯的名著阅读计划、认真研究过亚里士多德之后，对于实践的认识更加明确——正如他在《大学课程和学生抗议》中所说——“在问题的概念和道德课题上，杜威和亚里士多德是相似的。他们都关注行动和决策的道德问题，他们也都认为，行动和决策成为道德问题就是它们都源自于影响事实和人的欲望的好的方面的性格。”[③] 由此，施瓦布产生了实践的民主和民主的实践的观点，这也是在“实践”系列论文，特别是“审议”模式建立中体现出来的。第二，“审议”模式是一种理论。正如施瓦布所言，当前课程领域的存在是由过分依赖理论所导致的，他谴责这种倾向并且倡议课程领域向实践的转向。他自己在这方面提出了“审议”的模式，并进行了详细的叙述，包括目的、内容、过程以及审议小组的构成和主席的职责等。然而，包括施瓦布本人都忽略的一个问题是，他在整个过程中的思维方式并没有根本性的转变，他仍然是以一种对象性思维来解释课程是什么

---

① Schwab J J.The practical：translation into curriculum［J］. The School Review，1973，81：501-522.

② Schwab J J.The practical：something for curriculum professors to do［J］. Curriculum Inquiry，1983，13：239-265.

③ Schwab J J.College curriculum and student protest［M］. University of Chicago Press，1969：126.

的问题，也即是“解释世界”而非“改造世界”的活动。从根本上来说，他与泰勒所阐述的“泰勒原理”在本质上并无二致，也并不能更好地解决课程领域的问题，因为他始终是在理论的领域内去寻求消解实践领域中的问题。

近30年来，西方对施瓦布的实践课程思想研究整体成果较少，影响力持续减弱。究其原因，主要包括学术代际传播断层、理论内在的实践困境（如审议技能难以普及、与标准化测评冲突）、芝加哥大学教育系关闭导致的学术阵地丧失。[①] 总体而言，施瓦布的实践课程思想以“审议”“折中”“学科结构”为核心，挑战了传统课程的技术化取向，但其理论因实践复杂性及时代变迁面临边缘化。

## 三、斯滕豪斯的“过程模式”

斯滕豪斯是英国著名的课程论专家，他的代表作是《课程研究与课程编制入门》。在这本书中，他提出了“过程模式”作为课程规划的新模式以对抗泰勒及其“目标模式”对课程领域的绝对控制。[②]

斯滕豪斯的“过程模式”是在批判以泰勒为代表的“目标模式”的基础之上提出来的。20世纪中叶，泰勒原理主导的课程领域呈现出技术理性泛滥的危机，教育目标被简化为可测量的行为指标，教学过程异化为标准化操作流程。这种机械化的课程开发模式忽视了教育活动的生成性本质，将教师贬抑为既定方案的执行者。斯滕豪斯敏锐地意识到，这种将教育等同于工业生产的思维范式，正使课程领域陷入“目标暴政”的困境。他认为，“课程编制的目标模式是一种雄心勃勃的综合性理论。在理论综合上的这种雄心勃勃的尝试对于加深对事物的理解是必要的，也是重要的。但在政策科学中，这种尝试却是内在地不安全的，这主要是由于我们缺乏有关自己所关系的各机构工作的实实在在的知识……简言之，它们是高度思辨的”。普遍应用目标模式则造成了两种有代表性的障碍：其一，“它误解了知识的本质”。斯滕豪斯认为知识的本质是“一个支持创造性思维，并为判断提供框架的结构”，而非一

① 姚小鸽，张俊列. 西方近三十年来施瓦布实践课程思想研究新进展［J］. 全球教育展望，2021（12）：32-46.

② 斯滕豪斯. 课程研究与课程编制入门［M］. 诸平，孙蕾，等译. 北京：春秋出版社，1989.

种可预测的结构——而这正是目标模式追求的确定性。其二，“它误解了改善实践的过程的本质”。“目标模式的方法基本上是一种通过使目的明晰化而改善实践的尝试”，斯滕豪斯反对这种“尝试”，赞成“没有教师的发展就没有教育的发展，而且发展最好的手段不是通过明晰目的，而是通过批评实践”这样一种观点。进而他提出了新的“过程模式”以取代“目标模式”。

斯滕豪斯以彼得斯（Peters R.S.）的“过程原则”为依据。彼得斯认为，大多数关于教育目的的争论是关于过程原则的争论，而不是关于“目的”的争论，这一目的是在通过采取适当的手段达到目标的意义上说的。过程模式适用于对知识与理解的强调的课程领域，其关键点在于过程模式受制于教师的质量，“任何过程模式都基于教师的判断而非教师的指导。它对教师的要求高得多，因而在实践中实行起来更困难。但它提供了一个高度的个人与职业的发展”。教育本质上是价值负载的过程，其核心在于通过对话与探究培养理性思维，而非达成预设的行为结果。这种认识论转向为过程模式奠定了哲学基础，使课程研究从技术控制转向实践智慧。

斯滕豪斯认为课程编制应基于课程研究，其目标是通过改进教与学来改善学校，其特有的主张是各种理论应到实践中一试身手。而实践应受理论的指引，课程研究本身就是对理论与实践相分离的一种抨击。由此，则引发了“课程研究的性质是什么”这样一个问题，因为如果不解决这一问题，那么我们就无法正确地展开课程编制。斯滕豪斯的回答是一种实践取向的——一种行动研究。他认为，课程研究和编制应该属于教师，而且在实践中可以使之付诸实践。也就是说，“把每一个课堂都当作实验室，每位教师都是这科学团体的一员。当然，这里并不指被验证的计划或假设的来源。其创造者可能是课堂中的教师，一位决策人物或一名教育研究工作者。关键的一点是，不要把建议视为不合格的推荐，而是作为临时的规范，只表示值得由实践来论证”。

过程模式的核心主张在于重构课程理论与实践的关系。斯滕豪斯强调，课程不应是预先设计的蓝图，而是师生共同参与的探究旅程。这一理论突破体现在三个维度：其一，知识观从确定性转向生成性，认为知识是批判性思维的脚手架而非确定答案；其二，教学观从执行指令转向专业判断，赋予教师情境决策的自主权；其三，评价观从结果测量转向过程诊断，关注学习体验的质量而非量化产出。斯滕豪斯在《人文学科课程计划》中提出的“争议性问题领域”设计，是过程模式的典型实践。例如在文学教学中，不设定标准化的阅读理解目标，而是通过文本细读、讨论质疑、创造性表达等过程，培养批判性思维与审美判断力。①

斯滕豪斯提出的“过程模式”，实际上是着眼于课程中的不断调适，使学生能够在学习中获得最大的效益，而不是像“目标模式”一样，将课程目标、经验的选择与组成、实施与评价等内容都预先进行规定，并以目标为中心逐一得到解决。然而，斯滕豪斯对目标模式的批判并非全盘否定，而是辩证地承认其作为系统性组织工具的价值，但反对将其泛化为教育领域的普适法则。目标模式在北美的大规模应用（如标准化测试与绩效合约）暴露了其政治性后果：通过行为目标强化问责制，压制了教师专业自主性。这种批判揭示了目标模式背后的“控制逻辑”，与过程模式追求的“解放逻辑”形成鲜明对立。②

过程模式的实践路径集中体现为斯滕豪斯提出的“教师即研究者”的行动研究范式。斯滕豪斯创建的人文课程计划为此提供了典型范例，即教师组成专业共同体，在课堂实验室中开展课程实验，通过教学日志、课堂观察、学生作品分析等方式收集证据，在集体研讨中形成改进策略。斯滕豪斯在《教师成为研究者》中强调，教师的行动研究需超越“验证外部理论”的初级形态，发展为“生成本土知识”的高级形态。③这种研究范式打破了传统的“理论—实践”二元对立，构建了“实践生成理论”的新型关系。

## 四、批判课程理论

以实践为依据的另一条路径是以马克思实践哲学为基础的西方课程理论——以批判课程理论为主——其代表人物包括阿普尔（Michael W. Apple）、

① 范敏，刘永凤.斯滕豪斯对课程开发“过程模式”的诠释［J］. 外国教育研究，2017（6）：108-117.

② 范敏 . 斯滕豪斯对课程开发目标模式的评论［J］. 全球教育展望，2016（1）：56-65.

③ 范敏，刘义兵.斯滕豪斯的“教师成为研究者”思想［J］. 全球教育展望，2017（8）：83-94.

吉鲁克斯（Henry A. Giroux）、弗莱雷（Paulo Freire）等。他们的课程理论多以借鉴马克思理论中的概念和思想为主，与借鉴亚里士多德实践的伦理性不同的是，批判课程理论主要表明了课程实践的政治性，以及课程应该具有的革命性或解放性等观点。批判课程理论特别强调课程的政治性，将学校和课程置于大的社会背景和社会实践中来考察，是值得推崇的。然而，过分强调这种政治性，以反对传统课程领域价值中立的做法，又使他们从一个极端走向了另外一个极端，从而导致整个课程世界都是政治和意识形态的反映，实属矫枉过正了，课程的文化政治学重构，关键在于阐明其双重属性——既是文化政治的载体，也是科学知识的传承者。

阿普尔认为，"课程具有特定的社会形式，并体现了某些利益，这些利益均是支配群体与从属群体相互之间及其内部不断斗争的结果。课程不是某种抽象过程的产物，而是通过各种可以识别的社会运动和社会群体的冲突、妥协及联盟得以产生的"。[①] 从这里我们可以看出，阿普尔重视从社会关系的相互联系中来看待课程，也就是说，从马克思的社会实践层面来分析和理解课程。阿普尔的理论为我们揭示了学校在再生产不平等经验的过程中所发挥的作用，呈现出某些必要条件；同时，学校也使社会和文化意识形态得到了合法化；最后，学校还起着再生产劳动关系的作用。到了后来，阿普尔更加重视主体自身的能动性，也就是说，学校中的个别并非只是一味地接受学校强加于他们的观点，他们也在进行着"抵抗"，这种"抵抗理论"正是阿普尔后期理论的一种转向。因此，教师和学生成为课程的主体。

另一位批判课程理论的专家——巴西的弗莱雷——他的解放教育学提供了更加明确的实践模式。弗莱雷指出，人与人之间的压迫是由于人的"异化"——非人性化造成的，这种异化反映到教育中，就是一种灌输式教育。"在灌输式教育中，知识是那些自以为知识渊博的人赐予在他们看来一无所知的人的一种恩赐。把他人想象成绝对的无知者，这是压迫意识的一个特征，它否认了教育与知识是探究的过程。"消解这一压迫性教育的方法就是一种对话

① （美）阿普尔.国家权力和法定知识的政治学［J］.华东师范大学学报（教育科学版），1992（2）：33–44.

教育，弗莱雷认为：

> 没有了对话，就没有了交流；没有了交流，也就没有真正的教育。能够解决教师与学生这对矛盾的教育发生在这样的情况之下：教师和学生都把他们的认知行为引向作为他们的中介的对象。因此，教育的对话特征，作为自由的实践，并不是教师学生与学生教师在教学情景中相遇就开始，而是在前者首先自问他与后者进行哪方面的对话时才真正开始，而且，关心对话内容，实际上就是关心教育的项目内容。①

从上述引用的观点来看，批判课程理论的实践取向集中体现为三个核心特征，即政治性、解放性和社会重建功能。其一，政治性。批判课程理论彻底否定了课程“价值中立”的假设，认为课程本质上是政治实践的产物。吉鲁克斯提出“抵制理论”，强调学校并非被动复制社会结构的场所，而是充满权力对抗的“角力场”。学生和教师可以通过抵制主流文化的规训，创造具有解放意义的教育实践。胡定荣等指出，批判课程理论过度关注权力斗争，导致其陷入“泛政治化”困境，忽视了课程知识本身的科学性与规范性。②其二，解放性。弗莱雷的“解放教育学”为批判课程理论提供了实践方法论。他主张教育应通过“对话”打破“压迫者—被压迫者”的二元对立，使学习者成为知识生产的主体。阿普尔则从制度层面提出“民主教育”构想，呼吁建立多元主体参与的课程治理机制，削弱国家与资本对教育的单向控制。然而，过度强调解放性可能导致课程脱离国家政治安全逻辑，陷入“去政治化”误区，削弱教育的社会整合功能。③其三，社会重建功能。批判课程理论家将教育视为社会变革的杠杆。布尔迪厄（Pierre Bourdieu）的“文化资本”理论揭

① （巴西）弗莱雷.被压迫者教育学［M］.顾建新，赵友华，等译.上海：华东师范大学出版社，2001：25，41–42.

② 胡定荣，曾文静.知识危机、多元对话与实践取向——西方课程理论危机论争及其启示［J］.教育研究，2022（9）：87–97.

③ 郝德永.论课程文化政治学的重构——基于课程政治安全的视角［J］.现代教育管理，2023（8）：40–49.

示了课程如何通过符号暴力再生产阶层差异，但他也承认教育具有促进社会流动的潜能。吉鲁克斯进一步提出“边界教育学”（border pedagogy），主张课程应跨越文化边界，整合边缘群体的知识体系，推动多元文化共存。这一观点与杨明全对“隐性课程”的批判相呼应，后者指出学校中隐蔽的歧视性实践（如性别刻板印象）必须通过课程重构予以消除。①

批判课程理论的最大贡献在于打破了教育研究的“技术理性”传统，将课程置于广阔的社会政治语境中考察。例如，阿普尔对“国家课程”的批判揭示了标准化考试如何服务于新自由主义议程；弗莱雷的“批判意识”概念则为弱势群体教育提供了理论工具。这一路径的价值是值得肯定的，课程文化政治学必须阐明课程的政治属性，但其研究需超越“批判—解构”逻辑，转向“建构—维护”范式，以平衡政治安全与知识传承的双重使命。②然而，批判课程理论的实践取向常因极端化而遭受质疑。由于它过度聚焦意识形态批判，导致其陷入“知识危机”——忽视课程知识的选择与组织，削弱了对课程政策实践的解释力。此外，课程的文化政治属性与科学属性并非对立，但批判理论常以“政治正确”压制专业逻辑，导致课程陷入“反智主义”困境。

## 五、存在体验课程

作为后现代主义课程理论的代表人物和“概念重建运动”的领军者，威廉·派纳（William Pinar）提出的“存在体验课程”（Currere）理论，以现象学与存在主义为哲学根基，试图重构课程研究的实践取向。这一理论树立了对“实践”的观照，这不仅是对传统课程范式的批判，更是对教育实践中个体主体性的一种深度挖掘。

派纳的理论建立在对美国课程的深刻反思之上。他认为，20 世纪 50 年代以来的美国课程改革实质是“课程畸变”（Curriculum Deform），其核心是以标准化考试为驱动的技术化模式。这种模式将课程简化为服务于政治和经

① 杨明全 . 批判课程理论的知识谱系与当代课题［J］. 全球教育展望，2015（4）：3-11.

② 郝德永 . 论课程文化政治学的重构——基于课程政治安全的视角［J］. 现代教育管理，2023（8）：40-49.

济目的的工具，压制了教师与学生的自主性，使教育沦为“填鸭式”的工厂化流程。派纳指出，传统课程理论受实证主义“技术理性”支配，过分关注“如何有效”，导致课程研究沦为官僚化、体制化的封闭体系，忽视了教育主体的生活经验和历史情境。[①][②]20 世纪 70 年代，派纳等人发起的“概念重建运动”试图扭转这一局面。该运动主张从“课程开发范式”转向“课程理解范式”，强调课程作为复杂对话的场域，而非静态的学科知识传递。派纳认为，传统课程专家因知识结构缺陷逐渐丧失话语权，而学科专家主导的课程开发忽视了教育的人文性与主体性。概念重建的目标是打破工具理性对课程的束缚，重构一种以个体经验、社会历史和学术知识为核心的新型课程模式。

存在体验课程的哲学基础是现象学和存在主义。这就使得存在体验课程将注意力集中在以下三个方面：生活世界、体验，以及个人经验。派纳借鉴胡塞尔的现象学方法，主张悬置（epoche）对课程的外部预设，回归个体的生活世界。他认为，传统课程研究将“假设—演绎”范式视为真理，忽视了教育实践中个体的直接体验；存在体验课程则要求研究者通过自传方法，揭示个体与学校环境的互动如何形塑其自我意识。派纳提出，课程的本质是“复杂对话”，例如，在《理解课程》中，派纳倡导通过跨学科视角（如种族、性别、政治等）解读课程文本，使教育成为促进社会民主化的媒介。派纳批判传统课程将学生视为被动接受者，主张通过自传研究唤醒个体的主体性。他认为，教育的目标是培养“个体—公共知识分子”，即兼具独立思考能力与社会关怀的公民。这种主体性重构不仅是对技术化教育的反抗，更是对个体生命意义的重新诠释。由此，派纳改用“currere”来替代“curriculum”以表现这种动态的、体验的个体经历或经验。其目的在于，从个体生活出发，理解个体在学校生活中的意义以及学校生活对于个体发展的价值。从方法上看，“它的目标是培养一种超越时间（transtemporal）和

① 王永明.威廉·派纳对美国课程的反思和重构——派纳的课程观述评［J］. 教育学报，2014（5）：27-34.

② 张建桥.从西方学界的争鸣看后现代课程的“概念重建运动”［J］. 比较教育研究，2016（2）：72-78.

超越概念（transconceptual）的发展观。从一个角度来说，这种方法是自觉地将时间概念化（the self-conscious conceptualization of the temporal），从另一个角度来说，它是通过时间来观察被概念化的事物（the viewing of what is conceptualized through time）……在这样做的过程中，我们或许能够揭示它们与自我、自我的演化和教育之间的关系”。①

派纳对现代教育技术的批判体现了其实践取向的独特性。他认为，技术革新虽能提升效率，但也能侵蚀教育的主体性。例如，网络教学虽扩展了资源获取渠道，但数字化、游戏化的学习方式削弱了严肃的学术对话。派纳主张，课程应回归“庄严的文本”（seriousliterature），通过口语对话促进个体与社会重构。② 同时，存在体验课程要求教师从“技术工人”转变为“课程主体”。派纳指出，教师需通过学术性研究反思自身经验，成为“复杂对话”的引导者。

派纳的理论是在反对传统课程领域忽视人这一事实的基础上提出来的。虽然传统课程领域也强调“个体”，比如儿童中心的课程取向。但是，这个“个体”只是一个符号、一个观念、一个“标语”——正如前文所展示的那样——并不真正关心现实中实实在在的个体，由此导致的必然是对课程中的个体和个体面对的课程二者关系的忽视，从而课程成了“死”的，更加体现不出人的主体性来。存在体验课程正是对这一传统的反驳，充分肯定了课程中的个体都是活生生的人，都具有自己存在的价值和自主能动性。在研究方法上，存在体验课程更是突破了传统课程领域的定量研究的束缚，以自传的方式对个体与课程加以研究，以反映这种体验性。同时，不容忽视的是，包括存在体验课程在内的后现代主义的课程观，对于实践是一种支离破碎的解构，否定了一种客观性和统一性的存在，因而实践变成了一地碎片，而后现代主义者的学术活动仅仅是在玩弄这些碎片。对个体性的提倡和认识是存在体验课程的优点；同时，个体对于课程的理解是否具备一种有效的衡量则并

---

① （美）派纳.自传、政治与性别：1972—1992课程理论论文集［M］.陈雨亭，王红宇，译.北京：教育科学出版社，2007：11-12.

② （美）威廉·派纳，杨澄宇.课程，悠游于科技的边缘——威廉·派纳与杨澄宇关于课程与科技关系的对话［J］.华东师范大学学报（教育科学版），2017（1）：102-105.

未体现在该理论中，这就使课程之于个体究竟意义何在成了一个无法回答的问题。

派纳的存在体验课程理论通过现象学与存在主义的融合，重构了课程研究的实践取向。其核心贡献在于将课程从技术理性的桎梏中解放，赋予教育主体以生命意义与批判能力。然而，该理论在个体与结构、主观与客观的平衡上仍面临挑战。未来的课程研究需在派纳的启示下，进一步探索如何将个体经验与社会变革相结合，实现教育的民主化与人性化。

## 第二节　吸收与借鉴：工程思维运作模式

本节将在明确指出不同模式的价值与不足的基础之上，提出如何运用工程思维来指导课程设计的具体运作模式。同时，本节还将针对当前整个课程领域存在的学科结构性缺失问题，提出建构新的课程论分支——课程工程学的概述。

### 一、过往课程实践模式的价值和不足

前一节我们较为系统地阐述了几种具有代表性的过往课程实践模式，可以说，它们在假设的理想状态中，都具有一定的可实施性。之所以这样说，是因为对象性思维指导下的课程设计只能获得本质的、割裂的和必然的课程设计理论，而无法处理实践的复杂性和课程要素的多元性。因而，本书提及的这些模式都是一种观念的理想结果。作为一种较有影响力的课程理论，每一种课程实践模式都具有其特有的价值，能够为本书的研究提供一定帮助。过往课程实践模式的价值和不足对比见表 4-1。

泰勒的目标模式。“泰勒原理”建构了一整套围绕目标展开的课程设计系统，从其产生至今，它的影响力可谓有目共睹。它提供给后继的课程设计者一套可以具体操作的运作模式，使得课程设计者可以通过运用“泰勒原理”获得自己想要得到的课程。

表 4-1　过往课程实践模式的价值和不足对比

| 课程实践模式 | 价　值 | 不　足 |
| --- | --- | --- |
| 泰勒的目标模式 | 较为系统地勾画出课程设计的完整结构，对指导课程设计具有重要意义 | 只重视课程设计的行为模式，而忽视了课程实践的复杂性 |
| 施瓦布的审议模式 | 能够更加关注课程开发过程中的多元要素，寻求教材、学生、教师和环境四者的协调与平衡 | 以学校或学区为单位，通过审议小组的审议形成课程实践，但在实施中不具有可操作性 |
| 斯滕豪斯的过程模式 | 反对预设目标对于课程设计的钳制，着眼课程的不断调试 | 完全依赖教师的个人能力，从而造成该模式的不切实际 |
| 批判课程理论 | 指明了课程的非价值中立性，强调课程对于实现人的政治价值；倡导对话式教学 | 过分强调课程的政治性，反而使他们从一个极端走向了另一个极端 |
| 派纳的存在体验课程 | 关注“生活世界”、体验以及个人经验，突出了课程对于个体发展的价值；强调课程的动态性 | 过分强调个体对于课程的影响，而无法真正指导课程设计 |

但是，“泰勒原理”从产生至今也一直伴随着质疑、否认，并且后来的研究者都主要以指摘“泰勒原理”所形成的目标模式作为自己研究工作的开端，进而提出一系列新的课程设计模式。从思维方式的角度来看，“泰勒原理”虽然关注实践的课程设计，但它本身是按照科学主义的思维方式形成的，它通过有目的地选择某些课程要素及影响因素作为展开课程设计的基础，例如目标的来源主要有对学习者本身的研究、对当代校外生活的研究、学科专家对目标的建议等。不可否认，这些要素是组成课程的重要基础，但并非全部的必然要素，故此“泰勒原理”对于这些要素的肯定容易误导后继研究者和设计者忽视其他课程要素。另外，“泰勒原理”的整个内容以指导课程设计者的行为模式为主，对于为什么这样做和这样做的可能后果，以及前一问题所指出的“泰勒原理”所选择的课程要素之外的其他课程要素应如何处理的忽视，造成了它的根本性不足。

施瓦布的审议模式。施瓦布指出了以泰勒的目标模式为代表的前期课程领域存在的问题，即忽视了课程实践的复杂性，希望通过一种固定的模式来进行课程设计的愿望是美好且不切实际的。因此，他从亚里士多德的实践入手，倡导通过一种民主的审议来平衡不同课程要素之间的关系，同时，这种“审议”能够直接面对实践，有利于提高课程设计的可实施性。

然而，施瓦布的审议模式也存在着泰勒的目标模式所存在的思维方式的问题，即作为一种理论化的成果，这种模式指导的是课程设计者的行为模式，而非处理现实思维方式的模式，因而难以在实际中实施。同时，由于施瓦布处于思维方式转换的时代，导致他的思维方式中也存在后现代主义的一定影响因素，使他过分重视实践的个别性，希望以学校或学区为范围，通过审议小组的审议形成课程实践的设想，在实施中不具有可操作性，从而使他的审议模式并不比泰勒的目标模式能更好地指导实践。

斯滕豪斯的过程模式。同样是以批判泰勒的目标模式为基点，斯滕豪斯反对的并非课程设计需要一定的目标，而是反对制定先于课程实践预设的课程目标。因而，他提出着眼于课程实践的课程目标的不断调试，也就是说，在课程实践的过程中生成课程目标并展开实践。这种模式实施的难度在于，由于缺乏预设的目标，课程的“来龙去脉”完全依赖教师的水平，正因如此，过程模式本身并不能给予我们一个精确的行为模式的指导，而是对教师个体在课程实践中如何调试课程给予了行为模式的指导，反而造成了这一过程模式的不切实际。

批判课程理论。批判课程理论是对一系列课程理论的总称，这些课程理论的最大特点就是指明了课程的非价值中立性，从而使课程设计本身具有了价值倾向——具体而言，就是政治倾向的课程设计过程。但是，批判课程理论并没有给予我们应该如何进行课程设计的具体指导，这是因为他们非常强调对于实施中的课程的分析和研究，进而指明课程设计过程中的政治性价值倾向。至于具体的课程设计任务，则并非批判课程理论的主要责任。

派纳的存在体验课程。派纳的存在体验课程的最大价值，就是其思维方式十分关注实践的单一性，特别是个体的生活世界、体验以及个人经验，这对于重新审视实践的个别性具有十分重要的价值。同时，对于课程的新的界定，即以“currere”代替“curriculum”，表明了将课程视为一种动态的过程性存在，而非静止不动的。这些都与本书所界定的“课程是人的实践性活动”有异曲同工之处。但是，与其他后现代主义思维方式指导下的课程理论一样，派纳的存在体验课程并不能给予我们一个精确的课程设计，同时，也无法正视实践的统一性。这是他们共同的不足之处。

从思维方式的角度来看，过往课程实践模式包含的不足之处是，过往课程实践模式是对象性思维方式的产物。对象性思维方式指导下的课程设计，化简为对一定课程要素的有价性选择，从而忽视了课程实践的复杂性；而其他一切对于“实践”的强调，也并非指向真实的实践本身，而是对象性思维“创造”的观念的“实践”。从而造成了以上模式难以在实践中具体运用，或运用之后会产生较大的问题，从而导致对模式本身的怀疑。

过往课程实践模式忽视了思维方式的指导。由于过往课程实践模式是对象性思维方式的产物，使得模式本身是一种观念性的存在，从而导致这些模式更加重视对于后继的课程设计者行为模式的指导，即运用某一模式的课程设计者在实践中应该如何做，而非进行思维方式的指导，即对如何进行课程设计的“为什么”和“应急问题”的处理。这种思维方式指导缺失的直接后果是，课程设计者设计的课程虽然与其运用的模式并无二致，却难以付诸实践，因为一旦投入实践，便会存在这样或那样的问题而不得不叫停。这正是仅指导行为模式而缺少思维方式指导的必然后果。

在分析了过往课程实践模式的基础上，本书将着力建构一种新的课程设计模式——在工程思维指导下的课程设计模式。

## 二、工程思维运作模式初探

在正式讨论本书所建构的新的课程设计模式之前，需要重申一下本书建构的新模式的着眼点究竟是什么。

第一，课程设计。着眼于课程设计，意味着本书所建构的新课程设计模式是一种实践取向的模式，这与本书对于课程性质的界定一致——课程是一种人的实践性活动。从课程设计的角度出发，任何要素都可能参与课程设计的过程，而由于其为实践取向，从而使得对于这些要素的选择要与实践本身的需要——即人的需要——相契合。这使得本书所建构的课程设计真正着眼于实践。

第二，思维方式。从思维方式的角度出发，本书指出了当前阻碍课程领域继续发展——主要是指无法提供具有实效性的课程设计的问题——的根源性问题。进而，对于所谓的课程实践模式进行的分析也表明，缺乏对思维方式的认识和指导对于课程设计模式本身的推广性有着极其严重的阻碍作用。所以，本书着眼于思维方式，即希望通过引入工程思维指导课程设计，而非对如何选择课程要素、如何选择课程内容等行为模式进行指导。由此表明本书并非建构具有普遍意义的课程设计模式。

具体来说，工程思维的运作主要是一种思维方式的指导，即如何认识、筹划以及如何形成既定的方案。作为一种人的实践性活动，该课程主要包括以下三个阶段。

第一阶段，课程理论探索阶段。课程理论探索阶段主要是指课程研究者通过对课程实践的研究，获得对诸如“课程是什么”“各种课程要素如何发挥作用”等问题的解答，正如前文的分析一样，课程理论探索的主要任务正是揭示“课程”所包含的各种道理。这些道理本身应该是价值无涉的，但由于过往课程使用的是一种对象性思维方式，课程理论与课程实践相混淆，导致这种道理本身并非价值无涉。从对象性思维方式的角度出发，课程理论不仅要揭示课程所包含的各种道理，还要兼顾课程设计，从而导致它必然直面实践的价值性——为了满足人的某种需求——而无法保证道理的价值无涉。正如批判课程理论所指出的课程具有的政治性一样，他们的研究着眼于实践中的课程，这些课程的设计本身就是为了满足人的某种需求而创制出来的，不可能是价值无涉的，而从对象性思维方式出发的批判课程理论却误认为课程的政治性与课程开发时期所倡导的课程的无价值性相冲突，违背了思维方式本身是由思维方式造成的结果。

因此，在课程理论探索阶段，课程研究者应该始终坚持一种价值无涉的思维方式，本书并非反对对象性思维本身，因为这种思维方式对于个体认识事物的道理具有十分重要的价值；但如果超出了其适用范围，研究者希望通过自己的价值无涉直面有价的实践，这正是对象性思维不适切于课程设计的一面，也是本书所指摘它的地方。

在课程理论探索阶段，工程思维并不参与指导研究者的活动。这是因为，工程思维作为一种直面实践的思维方式，其作用在于筹划实践，它是一种有价的思维方式。如果运用工程思维来进行课程理论探索，则会出现“指鹿为马”的情况：为了迎合实践的需要而创制出某种所谓的道理，以便印证实践的“应然性”。这会从根本上干涉课程理论探索的目的和意义，因此，工程思维不能，也不应该参与课程理论探索。

第二阶段，课程设计阶段。课程设计阶段主要是通过分析人的价值需求，根据实践的需要选择各种课程要素，以及课程理论探索阶段所揭示的有关课程的道理，编制具有系统性和实践性的课程计划的阶段。过往课程论的思维方式问题主要出现在这一阶段，即由对象性思维指导下的课程设计指导实践工作，前文已用了大量篇幅来阐明这一问题，故在此不再赘言。当工程思维取代了对象性思维成为指导课程设计的思维方式之后，这一问题会迎刃而解。

具体来说，在课程设计阶段工程思维的主要运作程序如下：

第一，分析人的需求。课程作为一种人的实践性活动，是为了满足人的某种需求而产生的。这种需求本身反映的是人的某种价值观。从实践的角度出发，每个个体通过课程所获得的经验、体验和知识都是不一样的，这是他们的价值需求所导致的。工程思维指导下的课程设计，最为重要的就是分析人的这种有价值取向的需求。首先，课程是为了满足人的价值需求而产生的。任何一种课程设计以及课程实施，都以满足人的某种价值需求作为自己的根本任务，这就要求课程设计者了解个体的价值需求，并通过课程设计来满足这一价值需求。其次，课程满足不同人的价值需求。以我国课程体系为例，我国在较长的时间内实施的是以国家课程为主的单一课程体系；2001 年，第八次基础教育课程改革之后，我国开始形成以国家课程、地方课程和校本课程为主的三级课程体系。但是，这一三级课程体系仍以国家课程为核心。这就表明，我国课程体系具有较高的统一性，为每个个体设计一套专属的课程短时间内还无法实现。那么这是不是就表明统一的课程就无法满足人的价值需求了呢？其实，任何一种课程都可以满足不同人的价值需求，只是由于诸如课程评价等因素的引导，使得课程能够满足不同人的价值需求的功能被掩盖了，从而在实践中误认为除了为个体量身定制的课程，统一性的课程无法满足人的价值需求。最后，课程满足了一个人不同时期的价值需求。从发展的角度来说，人是不断发展的，从而也就表明人在不同时期有着不同的价值需求，因此，课程设计者应分析人在不同时期的价值需求的特点，以便进行相应的课程设计以满足特定时期的价值需求。

第二，确定课程规模，详细列出课程数量、课程内容及课程结构。课程规模反映了个体所要接受的课程的数量和质量。从工程思维的角度出发，明确课程规模对于课程设计的初步定型具有重要意义，正如筹划一项大楼建造工程一样，只有明确了需要盖几层、每层几间房间，以及每间房间的具体结构、功能等，才能称得上是一项具有可行性的工程计划，正如马克思所指出的，“蜘蛛的活动与织工的活动相似，蜜蜂建筑蜂房的本领使人间的许多建筑师感到惭愧。但是，最蹩脚的建筑师从一开始就比最灵巧的蜜蜂高明的地方是他在用蜂蜡建筑蜂房以前，已经在自己的头脑中把它建成了。劳动过程结束时得到的结果，在这个过程开始时就已经在劳动者的表象中存在着，即已经观念地存在着”。[①]这段话表明了工程思维在确定课程规模时所发挥的作用。

第三，确定适当的课程比例。对于上述的课程规模，还要对其比例进行筹划，即对不同课程的数量、内容和结构占据整个课程体系的比例进行评估，当然，这种评估仍然要依据人的价值需求展开。

第四，制定合理的课程布局，并从横向和纵向两个方面对照课程布局。正如前文所述，课程能够满足人不同时期的需求，因此，课程设计者还应对整个课程体系的布局进行审核。从横向来看，人在同一时期的价值需求可能是多元的，因此就需要有一种以上的课程组织课程体系来满足他的不同价值需求；从纵向来看，人在不同时期有不同的需求，因此课程体系还应具有阶段性和联系性，以便能够满足人在不同时期的价值需求，同时又能够组成一套完整的课程体系。

第五，制作课程流程图，形成课程计划或方案。课程流程图就是运用图式将整个课程体系的动态过程表现出来，采用这种方式能够直观地了解课程体系的组成；同时，将这一流程图与前面进行的分析、筹划工作的成果组合在一起，便形成了课程计划或方案。

---

① 马克思，恩格斯著．马克思恩格斯全集（第 23 卷）[ M ]．中共中央马克思恩格斯列宁斯大林著作编译局，译．北京：人民出版社，1972：202.

需要再次重申的是，以上五个步骤并非指向课程设计者的行为模式，而是工程思维的运作模式，因此，具体到课程设计者如何设计课程，需根据实践需要来决定。

第三阶段，课程实施阶段。课程实施阶段主要是指将前一阶段制定的课程计划或方案正式投入实践中，对个体产生影响的阶段。从思维方式的角度来说，课程实施阶段也需要一定的思维方式来指导，使得课程计划或方案得以真正实施。那么这一阶段的指导性思维方式应该是什么？工程思维是否适用于课程实施阶段，超出了本书研究的范围，故不在此下必然性结论。

## 三、课程工程学刍议

课程是人类社会一种特有的活动，它是实现教育目的的手段和过程。课程领域自 1918 年形成至今，一直存在着结构性缺失问题，即混淆了理论分支与应用分支（也就是实践分支）的界限，将其统归于理论分支之下，由此造成了课程领域等同于课程理论领域，也正因如此，课程理论成为直接指导课程实践的依据。然而，事实却表现为课程理论无法兑现它所承诺的美好愿景；课程实践则不知所措，不知道该听谁的。[①]这正是因结构性缺失导致的。因此，建构新的课程论应用分支，补全课程领域的结构亟待解决。

课程领域之所以能够分离出应用分支，建立课程工程学，主要依靠思维方式上的一种实践转向得到的。这种实践转向是由“理论指导下的实践”转为回归课程实践本身。也就是说，并非通过对课程实践的分解而剥离出一种理论，而是为了展开和指导教育实践，筹划出一套课程规划的蓝图或者方案。因此，从思维方式上来说，我们引介工程思维进入课程领域，以消解过往课程思维方式的弊端。过往课程思维方式是一种对象性思维，它的目的在于揭示道理，它的结果是形成观念的、逻辑的和同质性的理论，这是一种对普遍性的追求。如果以对象性思维来指导课程实践，就是将课程实践抽离为有关“课程”的观念，并按照逻辑的规则进行推理，由此得到推论性结论，并反过来指导实践。在这种思维方式指导下形成的理论，其中有关课程要素的概念

① 李小伟．“新课改，你说我们该听谁的”［N］．中国教育报，2005-08-16（2）．

都是虚而不实的，例如，“学生”这个词在课程理论中就是一个语词，并不指张三、李四这样实实在在的个体，因此，也就无法说明课程与这些实存个体之间究竟发生了怎样的关系。正如前文所述，工程思维是一种个体性思维、整体性思维、有价性思维，以及一种特定性思维，它与重建课程思维方式具有契合性，因此，我们将工程思维及其相关的工程哲学、实践哲学作为建构课程工程学的理论基础。

课程设计不是一套理论。本书将课程视为一项工程来看待，课程设计就相当于建构这项工程的方案或蓝图。在这套方案或蓝图中，我们力图将各种课程要素有机结合在一起，使其实现某种教育目的。这些课程要素都是实实在在的，需要认真加以安排。这就涉及处理异质性要素的问题。以工程思维作为指导课程设计的思维方式，其最大的优势在于它能够合理的处理异质性要素，这是因为工程思维是一种有价性思维方式，这种有价性就是人的某种价值诉求。人们进行设计活动就是要创造新的产品，这种产品是用以满足人的某种价值诉求的，将课程视为一种工程，那么它也是为了满足人的某种诉求。这里的“人”是实实在在的个体，而非抽象的“人”的概念。也就是说，课程设计是一套为了实现人的某种价值诉求，将各种课程要素有机结合在一起的说明。在这里，我们需要说明一点，过往运用对象性思维将课程基本原理和课程设计统归在理论领域的范围内固然存在弊端，但如果反过来，将其统归在实践领域的范围内也同样存在弊端。因为面向实践必定要满足人的某种价值诉求，这就会导致课程设计趋向于功利化，变成一种“指鹿为马”的思维活动。因此，课程设计本身既不是理论，也不能成为理论。

课程设计不是政策文件。教育政策是一个国家在一定时期内对本国教育进行领导、监督、管理的一种重要手段和形式。[①]政策隶属于政治范畴，政策的决策者和制定者多为行政官员和行政机构。而课程设计则多是学术行为，或者接受行政机构的委托对实践中的课程进行设计（如 2001 年以来的第一轮基础教育课程改革），课程设计者多为学者和专家。课程设计出的方案或蓝图并不能直接应用于课程实践，而是需要得到教育政策的认可和推广才能得以

① 袁振国．教育政策学［M］．南京：江苏教育出版社，1996：30.

实施。因此，课程设计有赖于教育政策，但其本身并非政策文件。

课程工程学以解决如何筹划课程实践为核心问题。然而，课程设计并非一种普遍性原理的阐述，也是在“改造世界”，会对课程实践产生实际的影响，因此，筹划课程实践与阐述课程原理是截然不同的两种行为。课程工程学建立的目的就在于运用工程思维，将各种课程要素有机结合在一起，形成一套有关课程实践如何展开和实施的说明，这将涉及与课程设计有关的基本知识的阐述，也就是课程理论分支所揭示的那些关于课程现象的普遍和绝对化的道理；与课程设计有关的技术和程序性的问题需要与实践密切联系，而不是一种理论的阐述；另外，还需要涉及课程中人的因素，人们之所以创造课程这项工程，是因为它能够满足人的某种价值诉求，同时，课程又直接施加于人。所以，人作为课程的核心要素应着重加以研究和说明。

因此，课程工程学的主要研究对象就是课程筹划知识、课程筹划技术和课程筹划中的人。

课程筹划知识是指课程设计过程中涉及的与各种课程要素有关的基本原理、规则。它需要依靠课程理论分支的发展而发展，同时，也需要紧跟各学科发展的前沿，以便更好地认识和把握课程。由此可以看出，将工程思维引入课程领域，并非要取消对象性思维的合法性地位，而是将其适用范围进一步明晰化，促进对象性思维更有效地实现自身的本真目的。而工程思维则主要以设计、筹划为主，也不以揭示与各种课程要素有关的基本原理、规则为己任，而是根据人的价值诉求，合理地处理各种异质性的课程要素，构成有机的课程方案或蓝图。

课程筹划技术是指有关课程设计的程序性和技术性知识。将其称为知识，并不仅仅因为它是理论的具体化体现，更重要的是，它是一种在课程筹划过程中可实际操作的技术或技巧。从一般的程序性和技术性的角度来说，课程筹划技术就是要解决以下问题：了解人的价值诉求，规定以何种“产品”来满足人的价值诉求，建立筹划的层次（即对不同学段、不同学科如何筹划），说明课程筹划的任务，可能性方案的产生与评估，对可能性方案的分析和优化，试行和实施等。从这些问题可以看出，课程筹划技术是直接面向实践的技术范畴。

课程筹划中的人，并非抽象的、观念化的“人”，而是一个个实实在在的个体，之所以强调“个体”，是因为课程实施的对象就是这些“个体”，对课程实施效果的评价也是指向这些“个体”，如果在进行课程设计时我们运用的是抽象的、观念化的“人”，而在实施和评价时指向的是“个体”，那么不论是实施过程还是评价效果都不可能实现教育目的。更为重要的是，忽视“个体”，也就忽视了不同“个体”的价值诉求，如果课程本身对实现他们的价值诉求没有帮助，那么，他们又何以能够接受这种课程呢？

从研究方法上来看，课程工程学并不排斥定量研究，而是将定量研究与质性研究相结合。不论是定量研究，还是质性研究，它们本身都是实现课程设计有效性的一种手段，都是用来揭示道理而使用的，并非直接运用进行课程设计。而且，运用不同的方法，可以更加有效地揭示课程不同侧面的道理，比如，定量研究可以展示出客观、普遍性的道理，而质性研究则更侧重个体的经历和经验，所以，采用多种研究方法能够为课程设计提供更多的课程筹划知识。

课程工程学的建立符合补全结构性缺失的要求，有利于提高课程设计的可实施性和可操作性，并且有利于从根本上解决课程理论与课程实践脱节的问题。

本书只是构建课程领域一个新的学科分支的初步设想，尚有很多不足。但正如维特根斯坦的“连根拔起”思想所证明的那样，只有确立新的思维方式以取代旧的思维方式，才能从根本上消解旧的问题。因此，课程工程学的建立正起着消解过往课程领域所存在的问题的作用。

第五章
Chapter 5

# 超越对象性思维的幼儿园课程变革

幼儿园课程的百年沉浮，既是一部教育现代化的实践史，也是一部思维方式异化的批判史。当前，我国幼儿园课程变革的迫切性已非修补旧范式所能应对的，而需一次彻底的转型——从“对象性”思维的桎梏中挣脱，迈向以生命实践为根基的“生成性”逻辑。这种转型不仅是方法论的更迭，更是教育本体论的重构。本章以“破”与“立”的双重姿态展开：破，在于解构对象性思维对幼儿园课程的异化；立，在于构建立足中国文化土壤、融合全球智慧、尊重个体实践性的课程新范式。唯有如此，幼儿园课程方能跳出“传统—当代”和“本土—外来”等二元窠臼，在动态生成的实践中，打造出真正具有中国特色的教育生态。

## 第一节　对象性思维对我国幼儿园课程的历史嵌入与当代桎梏

前文，我们深度剖析了对象性思维对整个课程领域造成的不利影响。这种思维方式的本质性、割裂性和必然性特点，制约了课程领域的发展，当然也包括幼儿园课程这一特定领域。百廿年来，我国幼儿园课程演进始终围绕着对“本质性”“割裂性”“必然性”的依赖与挣扎展开。在本节中，我们将以全景式呈现的方式，反观对象性思维是如何逐步嵌入我国幼儿园百廿年的课程发展史，又是如何钳制当前我国幼儿园课程的革新。

## 一、我国幼儿园课程思维方式的百年嬗变与异化逻辑

我国幼儿园课程的百年嬗变，本质上是一场对象性思维方式与历史情境不断碰撞、调适与异化的复杂进程。自清末民初引入西方教育范式伊始，课程便承载着超越教育本身的文化使命——或为救亡图存的工具，或为意识形态的模具，或为全球化浪潮下的符号商品。在这一过程中，对象性思维通过本质性预设（将课程简化为固定知识体系）、割裂性逻辑（割裂儿童、家庭与社会的有机联系）与必然性叙事（以线性进步观规训教育目标），逐步异化为一种支配性的课程哲学。

### （一）西学东渐与制度初创时期

20 世纪初的中国，在列强侵略与民族危亡的双重压力下，教育成为救亡图存的重要工具。幼儿园课程作为近代教育体系的一部分，在“中体西用”思想指导下，以全盘移植日本模式为起点，开启了制度化的探索。这一阶段是对象性思维植入的开端，并集中体现为“本质性”与“割裂性”的双重特征：前者表现为对固定课程目标的绝对化追求，后者则反映在城乡教育资源分配与文化传统的断裂中。本质上，这种思维方式是晚清官僚阶层对现代化路径的功利性选择，同时也是殖民性与封建性交织的历史产物。

1. 这一时期幼儿园课程本质性思维特点的表现、危害与成因

1904 年颁布的《奏定蒙养院章程及家庭教育法章程》，标志着中国近代幼儿园课程的正式制度化。该章程明确规定：“保育教导儿童，专在发育其身体，渐启其心智，使之远于浇薄之恶风，习于善良之规范。”这一目标几乎照搬了日本 1899 年《幼稚园保育及设备规程》的内容，将儿童发展简化为身体发育、心智启蒙与道德规训的线性过程。例如，“善良规范”被具象化为“孟母三迁”式的环境控制，要求教师通过“专示善良之事物”塑造儿童行为。将课程内容机械划分为游戏、歌谣、谈话和手技四项，每项均需“按章施行”，体现出对标准化流程的迷信。

这种本质性思维的深层逻辑，源于晚清官僚对“科学救国”“教育救国”的盲目崇拜。张之洞在《劝学篇》中提出：“西学为用，中学为体。”他将日

本视为“西学中转站”，认为直接移植其课程体系能快速培养符合现代化需求的新国民。然而，这种思维忽视了中日文化与社会结构的根本差异。例如，日本明治维新的幼儿园课程强调“忠君爱国”，而中国蒙学传统则以“修身齐家”为核心，二者的价值冲突在课程实践中暴露无遗。

这种本质性思维方式的直接危害，是对中国传统蒙学的系统性否定。王守仁在《训蒙大意示教读刘伯颂等》中提出的“童子之情，乐嬉游而惮拘检”，强调顺应儿童天性的教育观，在移植的日本模式中荡然无存。取而代之的是集体化、规范化的教学场景：湖北蒙养院的记录显示，教师需每日带领儿童齐诵《孝经》，并通过“静坐训练”矫正“不合规范”的行为。这种压制性的教育模式，导致传统蒙学经典“《三字经》《百家姓》《千字文》”被日本教材取代，文化认同的根基遭到侵蚀。

更深层的危机在于教育资源的阶层垄断。据统计，1907 年全国仅有蒙养院 428 所，在院幼儿 4893 人，且集中于通商口岸与官僚阶层聚居地。上海、武汉等地的蒙养院多附属于女子师范学堂，服务于新兴资产阶级子女；而农村地区的蒙童仍依赖私塾教育，形成“城市启蒙”与“乡村守旧”的割裂格局。这种分化加剧了社会阶层固化。

要理解这种本质性的思维方式，需置于当时中国处于半殖民地半封建社会的特殊语境之中。一方面，清政府试图通过教育改革维护统治合法性，将幼儿园课程作为“新政”的装饰品；另一方面，殖民势力通过教会幼稚园进行文化渗透，二者形成畸形的共生关系。日本学者实藤惠秀指出：“晚清教育移植的本质，是用东洋刀切开中国文化的躯壳，再填入殖民者的精神鸦片。”这种殖民现代性与封建保守性的合谋，使得课程成为权力博弈的战场，而非儿童成长的沃土。

2. 这一时期幼儿园课程割裂性思维特点的表现、危害与成因

割裂性的思维方式在此阶段体现为三重断裂。其一，课程内容与儿童经验的割裂。日本模式强调“保育当体察幼儿心力”，但实践中却要求 3 岁幼儿完成“折纸鹤”“背诵俳句”等超越认知水平的任务。南京一女师附蒙养院的教师日记记载：“幼童多啼哭拒学，唯有以糖果诱之。”其二，城乡教育资源的断裂。1918 年，江苏教育会调查显示，上海当年新建幼稚园 12 所，而苏

北农村无一所正规学前教育机构。其三，教育形式与价值内核的割裂。《奏定蒙养院章程及家庭教育法章程》表面倡导“渐启心智”，实则通过“不许妄言”“禁止跑动”等规训手段压制儿童自主性。

这种割裂性的思维方式导致教育沦为殖民统治的工具。教会幼稚园通过宗教仪式、英文歌曲等课程内容，系统灌输西方价值观。北京贝满女塾附属幼稚园的教案显示，儿童每日需背诵《圣经》段落，并在圣诞节表演“天使颂歌”。这种文化殖民直接冲击民族认同——张謇在《变法平议》中痛陈：“蒙养之权操于外人之手，则国魂何以存？”与此同时，官办蒙养院因经费匮乏、师资短缺陷入形式主义泥潭。1909 年《教育杂志》揭露，某蒙养院为应付视察，临时雇佣街童充数，“一日之教，唯拍照存证而已”。究其根源，这种割裂性的思维方式的形成在于清政府“中体西用”策略的先天性缺陷。张之洞等人试图在保留封建伦理的前提下嫁接西方技术，导致课程成为“封建之体”与“殖民之用”的畸形结合。例如，《奏定蒙养院章程及家庭教育法章程》中，规定教师需掌握日本保育法，这种价值混乱使教育者无所适从。更深层的原因是，半殖民地社会无法提供自主教育现代化的土壤——财政上依赖海关关税，思想上依附殖民话语，实践中受制于教会势力，最终使幼儿园课程沦为各方利益的角斗场。

1903—1921 年的幼儿园课程，在本质性与割裂性思维的共同作用下，呈现出殖民性与封建性交织的异化特征：本质性思维通过标准化目标压抑文化多样性，割裂性思维通过资源垄断加剧社会分化。这种异化不仅是教育现代化的挫折，更是民族主体性危机的缩影。下一阶段的本土化探索，既是对此的反拨，又因未能彻底摆脱对象性思维而陷入新的困境。

### （二）本土化探索与理论觉醒时期

1922 年壬戌学制的颁布，标志着中国幼儿园课程从被动移植转向主动探索。在五四新文化运动的激荡下，陈鹤琴、张雪门等教育家试图通过“科学化”“本土化”路径重构学前教育体系。然而，这一阶段的对象性思维并未真正突破：本质性思维特点体现为对“理想儿童”的标准化定义，必然性思维特点则表现为对逻辑规则与实证方法的过度依赖。二者的交织，既推动了课程理论的本土觉醒，也暴露出科学主义对教育实践的异化。

1.这一时期幼儿园课程本质性思维特点的表现、危害与成因

陈鹤琴的“活教育”理论是此阶段本质性思维特点的典型代表。他在《幼稚教育之目标》中明确提出：教育目标应包含做怎样的人、有怎样的身体、怎样开发智力、怎样培养情绪四大方面。这一框架看似全面，实则将儿童发展简化为可分解、可测量的指标。例如，“合作精神”被量化为“每日参与三次集体活动”，“健康体格”则要求“身高体重符合《儿童发育量表》”。1932年颁布的《幼稚园课程标准》进一步将目标具象化为“能够参与集体活动，整齐地排队或围圈”“能使用五种游戏器具”等条目，使儿童成为被标准切割的“标本”。

这种本质性思维的实践典型可见于南京鼓楼幼稚园的课程设计。陈鹤琴要求教师每日记录儿童行为，并对照《儿童发展观察表》打分评级。一名教师在日记中写道：“若幼儿在游戏中未主动邀请同伴，则‘社会性’一栏需扣分。”此类操作将复杂的儿童成长简化为数据，掩盖了个体差异与文化多样性。

本质性思维特点的最大危害在于制造了新的文化霸权。在“科学化”旗帜下，中国传统育儿智慧被贬为“封建糟粕”。例如，王守仁提倡的“趋向鼓舞”教育法被斥为“缺乏系统性”，而福禄贝尔的“恩物”教具则被奉为“科学教法”。张雪门曾尖锐指出：“今之幼稚园，言必称蒙台梭利，行必效克伯屈，而于《三字经》《千字文》之教化功能，弃若敝屣。”这种文化削平导致教育沦为西方理论的试验场，1936年，全国1283所幼稚园中，90%以上采用西方教材，传统蒙学读物几乎绝迹。

更深层的危机在于教育资源的阶层垄断。据统计，1947年，全国在园幼儿13万人，其中85%来自沿海城市中产家庭。陶行知创办的晓庄乡村幼稚园虽倡导“平民教育”，但因经费短缺，导致1934年仅招收农民子女23人。本质性的思维方式通过“科学标准”制造了新的筛选机制，如上海某教会幼稚园的入园考试要求儿童“能辨识几何图形”“会唱英文儿歌”，实质上将劳工阶层子女排除在外。

对此，我们仍需从两个方面进行考察。一方面，五四知识分子在救亡压

力下，将科学视为改造国民性的万能钥匙。胡适在《科学与人生观》中宣称："教育必须全盘科学化，才能培养现代人。"这种启蒙焦虑导致教育者将儿童视为需要被"标准化改造"的对象。另一方面，殖民教育遗产仍在发挥作用——教会幼稚园通过捐赠教材、培训师资等方式，持续输出西方教育范式。燕京大学幼师科的课程大纲显示，80%的课时用于学习杜威、蒙台梭利理论，仅有4%的课时涉及中国教育史。这种知识权力的殖民化，使得本土探索始终在西方框架内挣扎。

2. 这一时期幼儿园课程必然性思维特点的表现、危害与成因

张雪门的"行为课程"集中体现了必然性思维特点的运作逻辑。他在《幼稚园课程编制》中强调："课程固由于自然的行为，却须经过人工的精选。"①所谓"精选"，即按照"目标—活动—评价"的线性流程设计课程。例如，某单元课程要求教师先设定"培养劳动习惯"的目标，再安排"扫地比赛""种植豆芽"等活动，最后通过"劳动积分表"量化考核。这种机械化操作，将儿童的生活经验异化为可操控的"教育产品"。

更极端的案例见于《幼稚园课程标准》的实施细则。该文件规定："每日须保证一次团体作业，每次作业时间小班20分钟、中班25分钟、大班30分钟。"这种精确到分钟的时间管理，折射出对效率的病态追求。苏州某幼稚园的教案显示，教师为完成"每日三次分组活动"的指标，强制打断儿童自发游戏，导致幼儿出现"听见哨声就列队"的条件反射。

必然性的思维方式最直接的恶果是扼杀教育的主体性。在"科学方法论"的压迫下，教师沦为执行手册的技工。张宗麟在《幼稚教育论文集》中痛陈："今日之教师，不敢越雷池半步。教案须经督学审批，教具必按图索骥。"北平某幼稚园因使用芦苇秆代替福禄贝尔"恩物"，被教育当局通报批评"违反教学规范"。这种标准化压迫同样作用于儿童——浙江某乡村幼稚园的田野记录显示，当教师要求"用红色画太阳"时，一名坚持涂蓝色的幼儿被罚静坐反思。

更深层的危害在于知识生产的殖民化。必然性的思维方式将西方实证

① 张雪门.幼稚园教材研究　幼稚教育新论［M］. 北京：商务印书馆，2017.

主义方法论奉为圭臬，导致本土教育智慧无法进入学术话语体系。陈鹤琴的“五指活动”课程虽强调本土化，但其理论构建仍套用杜威的教育哲学，使得中国学前教育理论始终处于“翻译西方”的次生地位。

这一时期必然性思维特点的根源在于现代性对确定性的痴迷。在“教育救国”的急迫心态下，改革者将复杂的社会问题简化为技术问题，企图通过规范化课程快速见效。20 世纪 30 年代，国民政府推行的“新生活运动”，更将这种思维推向极端——幼儿园被要求教授“礼义廉耻”操行规范，并纳入基层行政考核体系。另外，必然性思维特点符合官僚体系的治理逻辑：标准化课程便于量化管理，1932 年教育部颁布的《幼稚园课程标准》中，70% 的指标涉及课时完成率、教具完备度等可测量要素。这种技术治理模式，本质上是将教育异化为社会控制的工具。

1922—1949 年的本土化探索，本质上是对象性思维框架内的有限改良。本质性的思维方式通过科学化标准制造新的文化霸权，必然性的思维方式借逻辑规则扼杀教育创造力。二者的交织，使课程改革陷入“科学主义”陷阱——正如陶行知所言：“我们拼命把杜威的民主塞进课程，却忘了民主首先需要解放儿童。”

### （三）意识形态重构与苏式体系移植时期

中华人民共和国成立初期，幼儿园课程被纳入社会主义意识形态重构的总体框架中。在“全面学习苏联”的思想指导下，苏联教育学成为课程建设的唯一理论来源。这一阶段的对象性思维存在以下三种影响：本质性思维特点体现为对“全面发展”目标的教条化定义；割裂性思维特点表现为分科课程的机械切割；必然性思维特点则依附于政治权威对教育规律的绝对化干预。最终，课程沦为政治规训的工具，儿童的主体性被彻底消解于集体主义的宏大叙事中。

1. 这一时期幼儿园课程本质性思维特点的表现、危害与成因

1952 年《幼儿园暂行规程（草案）》明确规定：“幼儿园的任务是实施初步的全面发展的教养工作。”所谓“全面发展”，被简化为“体、智、德、美”四育的标准化模板。例如，“智育”目标要求培养正确运用感官和语言的基本

能力，实践中却异化为机械背诵《毛主席语录》；“美育”则被窄化为“绘制天安门”“学唱革命歌曲”等政治符号的复制。这种本质性的思维方式的极端化在“文化大革命”时期达到顶峰。1967 年，某教育局发布的《幼儿园教育革命纲要》称幼儿园是培养无产阶级革命事业接班人的前沿阵地，要求课程以“阶级斗争为纲”。儿童的游戏被改造为“批斗地主”“挖防空洞”的模拟活动，情感表达被强制纳入“忠字舞”“样板戏”的表演框架。

这种本质性思维方式的最大危害在于将儿童异化为意识形态的传声筒。20 世纪 50 年代中期的调查显示，幼儿园普遍存在“三多三少”现象，即政治口号多、自由表达少，集体活动多、个性探索少，成人标准多、儿童视角少。更深层的危机在于，这种思维方式通过政治标准制造了新的筛选机制，如家庭成分不好的儿童被剥夺入园资格。

这一时期本质性的思维方式的根源在于对苏联教育模式的教条化移植。苏联专家马努依连柯在《幼儿园教养员工作指南》中强调：“教育必须为国家服务，培养共产主义新人。”这一理念在当时被简化为“教育为无产阶级政治服务”的口号，成为课程设计的最高准则。

2. 这一时期幼儿园课程割裂性思维特点的表现、危害与成因

1952 年，《幼儿园暂行教学纲要（草案）》将课程机械划分为体育、语言、认识环境等六大学科，每科单独制定目标与课时标准。例如，小班每周需完成 9 课时分科教学，其中“语言”占 2 课时，“计算”虽未开设，但要求教师将其渗透于日常活动中。上海某幼儿园的课程表显示，上午安排“语言课讲雷锋故事”，下午进行“体育课练习齐步走”，游戏时间被压缩为“课间十分钟”。这种割裂导致儿童经验碎片化，北京师范大学 1956 年的调研指出：“幼儿在课堂上回答‘1+1=2’，但在游戏中分糖果时却无法应用。”

这种割裂性的思维方式在教材编写中尤为突出。1953 年人民教育出版社出版的《幼儿园语言教材》，将故事按“爱国”“劳动”“纪律”三大主题分类，每个故事后附有“思想教育要点”。[①] 例如，《小英雄雨来》的教学要求包括“培养对敌人的仇恨”“增强阶级斗争意识”，完全忽视儿童的情感体验。这种政

① 人民教育出版社．幼儿园教材（语言）教师用书［M］．北京：人民教育出版社，1982.

治化切割，使知识沦为意识形态的注脚。

割裂性的思维方式导致幼儿园课程沦为“微型小学”。当时的记录显示，大班幼儿每日需端坐听课90分钟，手背身后以防乱动。南京某幼儿园教师因在科学课上允许儿童自由提问“为什么星星会眨眼”，被批评为“鼓吹资产阶级自由化”。更严重的后果在于城乡教育差距的扩大——农村幼儿园因缺乏专业教师，只能将分科简化为识字与唱歌，而城市重点幼儿园则配备苏联进口教具，制造社会主义优越性的虚假景观。

这一时期割裂性的思维方式的根源在于计划经济对教育资源的刚性管控。1955年教育部颁布的《幼儿园编制标准》规定：“每班须配备专职教师2名，教具按科目分类存放。”这种标准化管理将教育异化为工厂流水线，分科课程因其便于量化考核而被固化。另外，苏联凯洛夫教育学的“学科中心论”被奉为金科玉律，其“系统性”“科学性”原则成为割裂儿童经验的正当化借口。正如凯洛夫在《教育学》中所言：“分科教学是科学知识体系化的必然要求。”

3. 这一时期幼儿园课程必然性思维特点的表现、危害与成因

必然性的思维方式在此阶段体现为教育政策的刚性执行。1954年教育部明令废止“单元教学”，批判其为“资产阶级儿童中心主义余毒”，转而强制推行苏式“计划教学”。《幼儿园教育工作指南（初稿）》规定：“教师须提前半年制定每日教学计划，经园长审批后不得更改。”

必然性的思维方式最直接的恶果是扼杀教育实践的多样性。1958年，各地幼儿园被迫开展“超英赶美”运动，要求大班幼儿“每日识50字”“学会三位数加减”。另外，更深层的危机在于教师主体性的丧失——1963年《人民教育》刊文指出：“90%的教师只敢按教材照本宣科，害怕创新被批为‘离经叛道’。”

必然性思维方式的理论基础在于对“科学规律”的僵化理解。苏联教育学家冈察洛夫在《学前教育学》中宣称：“教育规律如同物理定律，必须严格遵循。”这种机械唯物论被中国教育界全盘接受，1957年教育部文件强调：“幼儿园课程必须符合社会发展规律，任何偏离都是政治错误。”另外，这种思维方式契合了高度集中的政治体制需求——通过标准化课程实现社会控制，

正如福柯所言："规训权力通过细节管理渗透每个毛细血管。"

1949—1977 年的幼儿园课程，在本质性、割裂性与必然性三种对象性思维特点的全面固化下，沦为意识形态专政的试验场：本质性思维特点通过政治标准异化儿童本质，割裂性思维特点借分科课程肢解知识整体，必然性思维特点以科学之名窒息教育活力。这种"三位一体"的异化逻辑，暴露出对象性思维与现代性权力的共谋关系。

### （四）全球化冲击与多元融合时期

改革开放后，中国幼儿园课程在"教育现代化"的旗帜下，开启了全球化背景下的转型探索。伴随新一轮西方教育理论与模式的涌入，我国幼儿园课程改革呈现出形式上的多元融合，但对象性思维的痼疾并未根除：割裂性思维特点体现为分科模式与儿童本位理念的虚假调和，本质性思维特点则潜藏于对西方理论的盲目崇拜中。这一阶段的幼儿园课程变革，表面上拥抱"国际化"的幼儿园课程，实则仍在对象性思维的框架内挣扎。

1. 这一时期幼儿园课程割裂性思维特点的表现、危害与成因

1981 年颁布的《幼儿园教育纲要（试行草案）》明确提出"游戏为基本活动"，但实践中分科教学模式仍占主导地位。该文件将课程划分为生活卫生习惯、体育活动、思想品德等八个科目，并规定上课是主要组织形式。例如，某地示范园的课程表显示，每日上课时间占 60% 以上，游戏仅作为课间调剂。这种割裂性在教材设计中更为显著——上海教育出版社 1985 年推出的《幼儿园语言教材》，虽标榜趣味性，但每课仍附有教学目标与思想教育要求，如《小马过河》一课被强制关联培养勇敢品质。

城乡教育资源分配的割裂进一步加剧。20 世纪 90 年代，各类城市幼儿园斥资引进蒙台梭利教具、多媒体设备，而农村地区仍沿用"一支粉笔一块板"的传统模式。据 1998 年教育部统计，全国农村幼儿园中，70% 缺乏专职教师，课程简化为"识字 + 唱歌"。这种割裂不仅是物质的，更是理念的——城市幼儿园追捧"蒙氏教学法""瑞吉欧方案教学"，农村则困守"教师讲、幼儿听"的惯性。

割裂性的思维方式最直接的恶果是制造了双重教育现实。在城市幼儿

园，儿童被包装为“国际化”成果的展品；而在农村，教育沦为“看管式服务”。这种割裂本质上是市场化转型的副产品——教育资源的商品化使底层儿童被排除在现代化进程之外。而更深层的危机在于儿童主体性的二次消解。弗莱雷在《被压迫者教育学》中批判的“银行储蓄式教育”在此阶段重现：教师将知识碎片化灌输，幼儿则被动接收。1995 年南京师范大学的调研发现，85% 的幼儿园教师认为“上课就是教知识”，游戏仅用于“维持纪律”。

割裂性思维特点的延续，根植于计划经济向市场经济转型的制度惯性。尽管政策层面倡导“放权搞活”，但教育行政部门仍以“标准化评估”主导课程实践。1989 年教育部颁布的《幼儿园分级分类验收标准》，将“课时完成率”“教具完备度”作为核心指标，迫使教师延续分科模式。另外，市场经济的逐利逻辑渗透教育领域——城市幼儿园通过“国际化”标签抬高收费，农村则因财政拮据维持最低保障，形成“优质资源资本化、基础教育空心化”的恶性循环。

2. 这一时期幼儿园课程本质性思维特点的表现、危害与成因

20 世纪 90 年代，“蒙台梭利热”“瑞吉欧风”席卷中国幼教界。各地幼儿园争相挂牌实验基地，将复杂教育理论简化为教具与环境的模仿。例如，某园高价购置全套蒙氏教具，却要求儿童“按图示操作，禁止自由探索”，完全背离“追随儿童”的理念。更荒诞的是，某园将“方案教学”异化为“教师定主题、幼儿填表格”，美其名曰“培养研究能力”。这种本质性的思维方式将西方模式奉为不容置疑的“真理”，却拒绝深究其文化适应性。

本质性思维特点导致幼儿园课程沦为文化拼盘。例如，某国际园同时开设“蒙氏数学”“国学诵读”“英语戏剧”等课程，幼儿每日在不同文化符号间疲于奔命。其中更深层的危机在于知识生产的殖民化——当时学术期刊中 80% 的课程研究论文以西方理论为框架，本土实践智慧被贬为“经验之谈”。[①]

这一时期本质性思维特点的根源在于全球化浪潮中的文化迷失。改革开

① 董洪亮. 学前教育为何滑坡［N］. 人民日报，2002-04-05（6）.

放初期，中国教育界潜藏着将西方化等同于现代化的思想，试图通过课程移植实现赶超。另外，西方基金会与非政府组织通过资金扶持、师资培训等方式渗透课程领域。例如，某国际教育组织在1995—2000年资助中国100所幼儿园试点瑞吉欧模式，要求全程使用意大利提供的教案。这种知识权力的殖民化，使本土探索始终笼罩在西方阴影之下。

1978—2000年的课程改革，表面上是全球化与本土化的碰撞，实则是对象性思维的隐性延续。割裂性思维特点通过城乡分化与理念实践脱节加剧教育异化，本质性思维特点借西方理论移植消解文化主体性。这种“新瓶装旧酒”的变革，暴露出转型期中国教育的深层困境——正如汤因比所言：“文明的衰落，始于对挑战的机械应对。”

### （五）文化自觉与范式创新时期

进入21世纪，中国幼儿园课程在文化自信与素质教育的双重驱动下，开启了本土化范式创新的新篇章。伴随《幼儿园教育指导纲要（试行）》《3~6岁儿童学习与发展指南》等政策的颁布，课程理念逐步从“知识传授”转向“儿童本位”。然而，对象性思维的幽灵仍未消散：本质性思维特点的残余体现为标准化评价的路径依赖，割裂性思维特点的突破与残留则呈现为城乡实践的分化与整合困境。这一阶段的课程改革，既是百年异化逻辑的局部突破，也是现代性治理与技术理性持续作用的产物。

1. 这一时期幼儿园课程本质性思维特点的表现、危害与成因

2012年颁布的《3~6岁儿童学习与发展指南》，虽强调“尊重个体差异”，但其设定的“典型表现”指标仍成为隐性的统一标准。例如，“健康领域”要求4~5岁儿童“能单脚连续向前跳5米左右”，某幼儿园为通过评估，强制幼儿每日练习跳跃并录制视频存档。更隐蔽的规训见于电子化评价系统——某地幼儿园使用“幼儿发展监测App”，将儿童行为数据化为“社交指数”“认知分数”，教师每日需上传照片与视频以完成“发展轨迹图”。这种量化管理，使儿童沦为算法中的数据点。

本质性思维特点残余最显著的危害是对儿童独特性的否定，而更深层的危机在于教育公平的消解——城市幼儿园通过“定制化评估报告”制造“优

质教育”假象，而农村幼儿园因资源匮乏，被迫放弃《3~6岁儿童学习与发展指南》要求，回归“识字算术”的传统模式。

本质性的思维方式残余的根源在于现代性治理的技术理性。政府通过“教育质量监测体系”将复杂的发展过程简化为可量化的指标。另外，市场化竞争加剧了绩效主义——幼儿园为吸引生源，将达标率包装为教育成果，家长则陷入不能输在起跑线的焦虑，实际上是制造了一场教育军备竞赛。

2. 这一时期幼儿园课程割裂性思维特点的表现、危害与成因

以“安吉游戏”为代表的本土化课程改革，标志着割裂性思维的局部突破。浙江省安吉县幼儿园摒弃分科教学，允许儿童在户外自由开展“沙水游戏”“木工建构”等活动，教师仅作为观察者记录学习过程。这种实践颠覆了“教师主导—幼儿被动”的传统模式，将课程还原为真实生活的延伸。

然而，割裂性思维特点的突破并未普惠全体儿童。2023年教育部统计数据显示，城市幼儿园中60%尝试过生活化课程改革，而农村地区这一比例不足10%。更尖锐的矛盾在于评价体系的滞后，如某地教育局因幼儿园“未按科目备课”扣除绩效奖金，迫使教师重回分科老路。

割裂性思维方式的突破源于本土教育智慧的觉醒。陈鹤琴“大自然、大社会都是活教材”的理念被重新诠释，学者呼吁“从中国传统文化中寻找课程基因”。然而，制度性路径依赖仍在制约改革，如教师培训体系依旧侧重“领域教学知识”，80%的职前课程未涉及生活化课程设计；教育行政部门对“安全隐患”的过度担忧，导致户外活动时间被压缩。

2001年至今的课程改革，呈现出对象性思维“破而未立”的复杂图景。本质性的思维方式残余通过技术治理继续规训儿童发展，割裂性的思维方式的突破则在城乡分化与制度惯性中步履维艰。这种矛盾状态，既是百年嬗变的历史延续，也是现代性悖论的当代显影。若要真正实现范式创新，亟须在哲学层面重构“儿童—文化—生态”的共生关系，而非止步于政策文本的修辞更新——恰如维特根斯坦所言：“洞见隐于深渊，答案不在表象。”

中国幼儿园课程的百年嬗变，对象性思维始终徘徊于课程实践的场域之中，并呈现出三重悖论：其一，文化殖民与自我否定的悖论——无论是效仿日本、苏联，还是追捧蒙台梭利、瑞吉欧，课程改革始终在他者化的镜像中

迷失，本土教育智慧沦为被压抑的沉默知识；其二，形式多元与实质控制的悖论——政策文本中“儿童本位”“游戏化”的观念确立，与评价体系对标准化、数据化的顽固依赖形成了鲜明对比；其三，城市精英与农村边缘的悖论——每一次改革浪潮都加剧着城乡教育的鸿沟，底层儿童在现代化叙事中沦为“看不见的群体”。

## 二、我国幼儿园课程思维方式的三重异化机制

若将历史中的对象性思维比作一枚嵌入教育肌体的基因，其在当代幼儿园课程中的显影，则是一场更为隐蔽而系统的异化——它不仅延续着本质性、割裂性与必然性的历史征候，更折射出工业化思维、工具理性与文化霸权对教育本质的侵蚀。当前幼儿园课程中的异化机制可归结为三重维度：工具理性主导下的知识异化、机械论倾向的课程解构，以及文化霸权与标准化压制下的同质化遮蔽。这三重异化机制共同导致课程沦为效率至上、碎片化与文化殖民的工具，而非儿童生命成长的有机载体。

### （一）工具理性主导下的知识异化：学科逻辑与儿童经验的二元对立

工具理性（Instrumental Rationality）作为马克斯·韦伯（Max Weber）现代性理论的核心概念，强调通过计算性手段实现预设目标的效率最大化。在教育领域，工具理性将知识异化为脱离生活情境的符号体系，其本质是对教育目的的功利化扭曲。根据韦伯的观点，工具理性主导的社会行动以“目的—手段”的线性逻辑为核心，追求可量化、可控制的结果。这种逻辑渗透至幼儿园课程中，表现为对标准化目标的过度推崇，而忽视知识的实践性与生成性。知识异化（Alienation of Knowledge）的概念可追溯至马克思的劳动异化理论，即劳动者与劳动产品、劳动过程及自身类本质的疏离。在课程领域，知识异化体现为学科逻辑与儿童经验的割裂：知识不再是儿童主动建构意义的工具，而是沦为教师灌输的商品，儿童被迫接受与其生活经验无关的符号化内容。

工具理性主导下的知识异化在幼儿园课程中表现为“学科逻辑至上”的活动设计。以《3~6 岁儿童学习与发展指南》为例，它虽然提出“以儿童为

本”的理念，但在实践中常被简化为分科目标的机械落实。例如，某幼儿园的“数学认知”活动严格遵循“数与运算”目标，要求儿童每日练习数字书写与加减法，却忽视其在角色扮演游戏中自发提出的“为什么商品价格不同”的疑问。[①]这种割裂的本质是将学科逻辑，即知识的结构化体系凌驾于儿童经验之上。学科逻辑源于西方现代学科分类体系，强调知识的系统性与层级性；而儿童经验则根植于杜威的经验教育理论，认为学习是儿童通过与环境互动主动建构意义的过程。二者的对立导致课程设计的“真空化”——知识被抽离于生活情境，儿童的真实兴趣（如观察昆虫、探索自然现象）无法转化为探究契机。

此类异化的直接危害是儿童主体性的消解。相关研究显示，78% 的教师将课堂时间用于完成预设目标，仅 9% 的儿童能自主发起探究活动。例如，在“会跳舞的盐”实验中，教师规定只能对着玻璃杯喊叫以观察盐粒振动。一名幼儿尝试用敲击桌面、拍手等方式制造声波，被要求停止干扰实验进度。[②]此类案例表明，当知识异化为符号堆砌时，学习沦为被动接受的过程，儿童的批判性思维与创造力就会被系统性压抑。更深层的危害在于教育价值的扭曲：工具理性导向的评价体系迫使幼儿园迎合量化指标，儿童的情感表达、合作能力等非认知素养被边缘化，教育异化为“升学竞争”的附庸。

学科逻辑与儿童经验的二元对立本质上是现代性教育中“科学主义”与“人文主义”冲突的缩影。学科逻辑以结构主义认识论为基础，认为知识具有客观性与普遍性，需通过系统性传授实现；而儿童经验则强调知识的情境性与主体性，主张学习应基于儿童的直接体验与兴趣。二者的对立源于笛卡尔的身心二元论传统，即将主体（儿童）与客体（知识）割裂为互不关联的实体。在幼儿园课程中，这种对立表现为教师将学科目标（如“掌握 20 以内加减法”）预设为“真理”，而儿童的生活经验（如购物、游戏）被视为需要规训的“原始材料”。

法国哲学家福柯的权力理论进一步揭示了这一对立的权力运作机制。学

---

① 晋浩天．巡回检查，能否治愈幼儿园“小学化”［N］．光明日报，2015-04-01（5）．

② 中国教育新闻网．幼儿园里的“科学探秘”［EB/OL］．（2024-05-26）［2025-05-13］．http：//www.jyb.cn/rmtzgjyb/202405/t20240526_2111199898.html.

科逻辑实质上是权力通过知识分类实现对个体的规训。标准化课程将儿童纳入“合格学生”的模板，不符合模板的行为（如用方言讲述故事、通过游戏探索物理现象）被标记为“偏差”并加以纠正。这种规训不仅压抑个体独特性，更通过知识权威的建立强化了教师与儿童之间的权力不对称。

学科逻辑与儿童经验的对立在实践中表现为课程内容的“去情境化”与教学方法的控制化。例如，幼儿园在开展语言领域教育活动（如《静夜思》）时，可能并不能结合月光、夜晚的自然现象开展情境化体验。此类活动设计割裂了语言符号（如“床前明月光”）与儿童的实际感知（如观察月相变化）。根据维果茨基的社会文化理论，符号的意义需通过社会互动与情境嵌入才能被儿童内化，而脱离情境的机械背诵只能导致“虚假学习”——儿童虽能复述诗句，却无法理解其情感与意象。

这种对立的危害不仅限于认知层面，更延伸至儿童的情感与社会性发展。相关研究显示，在工具理性主导的课堂中，儿童因害怕犯错而选择沉默的比例高达65%。例如，在科学教育活动中，假如幼儿提出“为什么树叶会变色”的问题，超出教师预设的“植物结构”活动目标而被忽略。长期处于此类环境中，儿童逐渐丧失提问的勇气，其好奇心和探究欲被系统性扼杀。更严重的是，学科逻辑的霸权化导致教师角色的异化：教师从引导者退化为执行者，其专业判断被标准化教案取代。

工具理性主导的知识异化根植于现代性教育理论的单向移植与中国本土教育传统的断裂。20世纪80年代引入的“泰勒模式”，将课程简化为“目标—内容—实施—评价”的线性流程，而中国传统“知行合一”的教育哲学（如王阳明的“致良知”）被边缘化。此外，管理主义的渗透使幼儿园陷入“效率至上”的桎梏。同时，家长对教育的功利化期待进一步加剧异化，知识的人文价值被彻底异化为竞争资本。因此，唯有打破工具理性的桎梏，回归教育的生命属性，幼儿园课程才能真正成为儿童成长的沃土。

### （二）机械论倾向的课程解构：从整体性到碎片化的系统性简化

机械论作为一种哲学范式，源自牛顿经典物理学对世界的解释，其核心假设是将复杂系统简化为可预测、可控制的孤立部分，强调线性因果关系与确定性规则。在教育领域，机械论倾向体现为工业化思维对课程的渗透，将儿童发展视为可量化、可拆解的机械过程，例如在“学校即工厂”的隐喻中，儿童被视为待改造的“原材料”，而课程就是一道道改造的工艺（课程内容）和流程（课程组织）。这种倾向与课程解构的结合，源于现代教育对效率与标准化的追求。课程解构的本质是对教育整体性的否定，将课程系统拆解为孤立模块（如分科教学、课时切割），并通过线性流程（目标设定—内容实施—结果评估）实现控制。法国哲学家笛卡尔的还原主义为此提供了认识论基础，即通过分解复杂系统为简单元素以简化认知。然而，儿童成长作为动态的、非线性的生命过程，其复杂性无法被机械论逻辑完全捕捉，课程解构因而成为对教育本质的背离。

机械论倾向的课程解构在实践中表现为课程设计的碎片化与教学活动的去情境化。以《幼儿园教育指导纲要》提出的“五大领域”为例，其初衷是促进儿童全面发展，但在执行中却常被简化为独立科目与固定课时的机械拼凑，[①]这在很多幼儿园的周计划中很容易发现，如周一到周五，每天上午分别开展一次围绕“五大领域”中某一领域的活动。此类安排割裂了儿童经验的连贯性，使学习沦为孤立任务的叠加。根据系统科学理论，系统的整体性为“整体大于部分之和”，而碎片化课程则通过割裂知识关联性，消解了儿童认知的深度与创造性。

此类解构的直接危害是教育过程的去生命化。例如，某农村幼儿园的“自然探索”活动要求儿童“收集五种不同形状的树叶”，却禁止其爬树或踩泥坑，最终活动沦为标本制作的机械流程。这种简化剥夺了儿童与自然互动的真实体验，教育的人文关怀被效率至上的管理主义取代。同时，这种解构还造成了儿童思维的线性化。当课程被简化为按步骤完成的任务时，儿童的批判性思维与问题解决能力被抑制，幼儿的创新尝试也被系统性地扼杀。

“系统性简化”的本质是工业化生产逻辑对教育生态的侵蚀。正如“泰勒模式”虽旨在提升教育科学性，但其线性逻辑将课程异化为流水线产品。这

---

① 刘芳.农村幼儿园自然教育形式化倾向的破解路径［J］.学前教育研究，2023（6）：33-37.

种简化与整体性的对立，反映了现代性教育中“控制”与“生成”的深层矛盾。整体性教育观根植于杜威的经验哲学与怀特海的有机哲学，强调知识应与儿童的生活经验、情感体验及社会互动深度融合；而系统性简化则通过标准化目标与量化评价，将教育过程简化为“输入—输出”的技术操作，忽视儿童作为生命主体的动态性与不确定性。

德国社会学家卢曼的系统理论进一步揭示了这一矛盾的运作机制。卢曼认为，社会系统通过自我指涉（Self-reference）维持边界与功能分化，但教育系统的过度分化（如分科教学、课时切割）将导致系统与环境（儿童的真实需求）的脱节。例如，幼儿园为应对上级检查，要求教师制作精美教案，却忽视活动中儿童的即时反馈。这表明，系统性简化通过制度性规训（如标准化管理、绩效考核）将教育异化为脱离情境的技术流程，教师与儿童的能动性被系统性压制。

从整体性到碎片化的系统性简化在课程实施中表现为目标导向的活动设计与去情境化的学习环境。例如，在幼儿园的各种活动中，要求幼儿严格按照预定步骤完成任务，不允许偏离既定流程，这反映了将幼儿的主动探索简化为对指令的单纯服从。根据复杂性理论，学习是系统内各要素（儿童、教师、环境）非线性互动的结果，其涌现性（Emergence）无法通过预设目标完全控制。而机械论导向的课程解构则通过消除不确定性（如禁止儿童提问、限制材料使用），使教育沦为封闭的技术牢笼。

这种简化的危害不仅限于认知层面，更导致教育生态的失衡。相关研究显示，在碎片化课程中，儿童的游戏时间被压缩至每日不足 30 分钟，其社会情感发展受到显著影响。此外，系统性简化加剧了教育资源分配的不公。城市幼儿园热衷引入高价的“蒙台梭利教具”或成规模的科学发现室设施、材料，而农村幼儿园连基本的积木与绘本都匮乏，教育公平在标准化名义下进一步瓦解。

机械论倾向的课程解构根植于工业化社会对效率的崇拜与教育管理的科层化。20 世纪 90 年代，“效率优先”政策催生了幼儿园的标准化管理模式，从课时安排到教具规格均需符合统一规定。此外，教师培训过度强调“SMART 目标设定”“教案写作技巧”等技术工具，却忽视对儿童学习机制的深度理解。因此，唯有超越机械论桎梏，回归教育的有机本质，幼儿园课程才能真正成为儿童生命成长的协同系统。

### （三）文化霸权与标准化压制：个体差异与多元价值的同质化遮蔽

文化霸权（Cultural Hegemony）作为安东尼奥·葛兰西（Antonio Gramsci）理论的核心概念，是指统治阶级通过意识形态渗透与文化实践，使被统治者自愿接受其价值体系为“普遍真理”。① 在教育领域，文化霸权体现为主流文化标准对地方知识与个体差异的压制，其工具化载体即标准化课程。标准化压制（Standardized Domination）的本质是通过统一的目标、内容与评价体系，将多元文化简化为单一模板，以实现对教育过程的控制。这种压制与后殖民理论中“文化殖民”的运作机制相似：以科学、进步为名，边缘化非主流文化。

文化霸权与标准化压制的结合在实践中表现为课程内容与评价体系的简单粗暴的同质化。这种标准化的本质是将主流文化预设为普遍价值，而个体的多元潜能被视为需要修正的偏差。根据霍华德·加德纳（Howard Gardner）的多元智能理论，人类智能包含语言、逻辑、空间、运动等多元维度，而标准化课程通过单一评价维度否定了儿童的多样性。

这种同质化的直接危害是儿童身份认同的危机与教育公平的沦陷。相关研究显示，在农民工子女占比较高的城市幼儿园中，60% 以上的儿童因方言或生活习惯差异选择课堂沉默，以避免犯错。这表明，标准化课程不仅压抑文化多样性，更通过语言与符号的霸权化，迫使儿童割裂与自身文化根源的联系。另外，教育资源分配问题正在加剧不公：城市幼儿园热衷引入“国际课程”（如蒙台梭利、瑞吉欧），而农村地区的本土文化资源的价值在实践中被低估。

个体差异（Individual Difference）与多元价值（Pluralistic Values）的“同质化遮蔽”（Homogenization）本质上是现代性教育中普遍主义（Universalism）

---

① Gramsci Antonio. Selections from the Prison Notebooks［M］. Translated and edited by Quintin Hoare and Geoffrey Nowell Smith. New York：International Publishers，1971.

与特殊主义（Particularism）的冲突。普遍主义以启蒙运动的理性传统为基础，主张通过统一的教育标准实现社会整合；特殊主义则强调地方知识、个体经验的合法性。标准化课程通过“一刀切”的框架，将复杂的社会文化现实简化为可量化的指标，其背后隐含的权力逻辑是福柯所述的“规范化权力”（Normalizing Power）在发挥作用，即通过定义“正常”与“异常”实现对个体的规训。

弗莱雷进一步揭示了同质化的压迫性。他指出，传统教育通过“灌输式教学”将学生视为被动接受知识的容器，否定其作为文化主体的批判性与创造性。例如，在幼儿园课程中，这种压迫体现为教师将主流文化知识预设为“真理”，而儿童的家庭文化或地域文化被排斥为“非正式知识”。

个体差异与多元价值的同质化遮蔽在课程实施中表现为文化多样性的“符号化”与教育过程的“去地方化”。例如，某幼儿园腊八节活动中，仅组织幼儿制作腊八粥、穿戴传统服饰，但未同步开展节日内涵教育活动。[①]这将文化简化为消费符号，忽视了其作为知识载体的深层意义。根据联合国教科文组织（UNESCO）的《教育 2030 行动框架》，真正的文化包容应尊重“地方知识在全球化语境中的能动性”，而标准化课程通过强制同化，剥夺了儿童通过本土文化理解世界的权利。

这种遮蔽的危害不仅限于文化层面，更延伸至儿童的心理健康与社会归属感。相关研究表明，在文化压制环境中成长的儿童，其自我认同模糊的比例显著高于多元文化支持环境中的儿童。此外，同质化课程加剧了城乡教育资源的分化：城市幼儿园通过“国际课程”标榜先进性，而农村幼儿园因缺乏政策支持，无法将本土资源（如农耕知识、民间工艺）转化为课程内容，导致教育沦为文化殖民的工具。

文化霸权与标准化压制的根源在于社会功利主义与文化自卑的双重压迫。一方面，家长认为幼儿园“什么也不教会影响孩子上小学之后的学习成绩”的观念长期存在，以至于幼儿园大班幼儿流失率居高不下，反映出知识的人文价值被异化为竞争资本；另一方面，文化自卑导致本土资源被系统性贬低，

① 李华. 传统节日文化融入幼儿园教学的误区与对策［J］. 学前教育研究，2023（4）：45-50.

外来的被视为科学、新颖，而传统技艺（如皮影戏、蜡染）被贴上落后、土的标签。因此，唯有打破文化霸权的桎梏，尊重个体差异与多元价值，幼儿园课程才能真正成为文化传承与创新的载体。

当代我国幼儿园课程的三重异化机制，本质上是工具理性、工业化思维与文化霸权对教育本质的背离。工具理性主导的知识异化割裂了学科逻辑与儿童经验，机械论倾向的课程解构消解了教育的整体性与人文性，文化霸权与标准化压制则遮蔽了个体差异与文化多样性。这些异化现象共同反映出对象性思维的局限性——将儿童视为可标准化加工的对象，而非具有独特生命经验的主体。

## 第二节　从“对象性”到“生成性”：幼儿园课程思维的范式革命

从“对象性”到“生成性”的转型，绝非术语的简单置换，而是一场直指教育本质的范式革命。当课程被简化为知识传递的流水线、评估沦为数据分析的工具、游戏异化为目标导向的手段时，教育的灵性与生命的丰盈早已被掏空。生成性思维的核心，在于将课程视为一场未完成的实践——它始于儿童与世界的鲜活相遇，在师生共构的探究历程中展开，终结于对意义的不息追问。

在标准化与效率至上的现代教育浪潮中，幼儿园课程长期深陷本质主义思维的窠臼：知识被简化为可量化的碎片，儿童被异化为知识容器，文化差异被同一性逻辑消解。这种对象性思维主导的课程范式，以预设目标、分科教学与文化规训为特征，不仅遮蔽了儿童鲜活的生命经验，更使教育沦为权力再生产的技术工具。面对全球教育对“全人培养”的呼唤与本土实践中儿童主体性缺失的困境，一场从“对象性”到“生成性”的课程思维革命势在必行。本节以生成性思维为理论内核，通过“本体论重构”“生态化整合”“价值性解放”三重路径，系统解构传统课程思维方式的异化逻辑，揭示幼儿园课程作为生命实践的本质，让教育回归滋养生命的初心。

## 一、生成性思维：适宜幼儿园课程革新的“工程思维”

生成性思维作为一种哲学思维方式，其理论根基可追溯至19世纪末到20世纪初的现代哲学转向。马克思在《1844年经济学哲学手稿》中提出“世界历史不外是人通过人的劳动而诞生的过程”，首次将实践置于生成性维度，揭示了人类存在的动态本质。这一观点打破了传统本质主义对“预定真理”的迷恋，为生成性思维奠定了实践哲学基础。20世纪初，杜威的“经验哲学”进一步深化了这一思想，他认为“教育即生长”，知识并非固定不变，而是通过人与环境的互动不断重构。杜威的“做中学”理念强调经验的连续性，将生成性思维引入教育领域，主张教育应根植于儿童的生活世界。

到20世纪中后期，后现代哲学家对生成性思维的阐释更为系统。海德格尔提出“存在即生成”，认为人的本质在于其未完成性，存在面向未来的可能性展开。维特根斯坦的“语言游戏论”则从符号学角度解构了意义的固定性，指出语言的意义在具体语境中生成。在此基础上，复杂性科学进一步丰富了生成性思维的内涵，强调系统的自组织性与非线性演化。[①]我国学者李文阁将生成性思维概括为“重过程而非本质，重关系而非实体，重创造而非预定”，其核心特征可归纳为过程性（关注动态演变）、创造性（强调突破与创新）、关系性（注重系统内外的交互）、差异性（尊重个体独特性）与具体性（立足现实情境）。[②]这一思维范式彻底颠覆了传统哲学对“确定性”与“同一性”的追求，为教育研究提供了新的方法论框架。

前文，我们曾提出工程思维是适切于课程领域的思维方式，而这里我们又提到了生成性思维。实际上，生成性思维与工程思维虽分属不同领域，却具有深刻的同源性。从历史脉络上看，二者均源于人类对实践活动的反思。工程思维源于工业革命后的技术理性传统，其核心是“设计性”与“建造性”，强调在资源约束下通过系统性规划实现目标。[③]然而，这种思维方式在

---

① Prigogine Ilya，Isabelle Stengers. Order out of Chaos：Man’s New Dialogue with Nature［M］. New York：Bantam Books，1984.

② 李文阁 . 生成性思维：现代哲学的思维方式［J］. 社会科学，2000（6）：10-15.

③ 李伯聪 . 工程思维与工程教育创新［J］. 高等工程教育研究，2018（3）：12-17.

教育场域中逐渐暴露出局限性，即忽视儿童的主体性与情境复杂性。[①]

生成性思维并非对工程思维的否定，而是对其的批判性超越。两者均以动态过程为核心，主张通过创造性活动解决问题，但侧重点不同。其一，目标导向与过程生成。工程思维追求目标的确定性，如桥梁设计需严格遵循力学原理；生成性思维则强调目标的涌现性，如课程目标随儿童兴趣动态调整。其二，技术理性与生命逻辑。工程思维依赖技术理性，注重经济性与可操作性；生成性思维则关注生命的内在逻辑，如幼儿园种植活动中，儿童通过观察植物生长理解生命节律。其三，结构化控制与弹性适应。工程思维通过标准化流程规避风险；生成性思维则主张在不确定性中捕捉教育契机，如教师通过“对话日志”记录儿童提问，生成探究主题。二者的内在关联体现在对经验的批判性继承上。工程思维中的“技术重用”强调对既有方案的优化，生成性思维的“创造与流变”则主张在经验基础上突破创新。例如，幼儿园户外游戏区设计中，教师借鉴工程思维的系统规划（如安全动线设计），同时保留生成性思维的空间弹性（如允许儿童自主改造设施），实现了二者的辩证融合。

笔者认为，生成性思维对幼儿园课程的革新更具适切性。

第一，哲学层面上，回归教育的实践本质。传统课程受对象性思维支配，将儿童视为被规训的客体，课程异化为“预设真理”的传递工具。[②]生成性思维则基于马克思的实践哲学，将课程定义为“人的实践性活动”，强调教育是师生共同建构意义的过程。例如，“雨天踩水坑”是儿童喜爱游戏这一天性的自然流露，而教师不仅不应该反对，反而应该支持儿童通过踩踏、观察、绘画等多模态探索并生成经验，这将使课程回归“生命对话”的本质。

第二，教育目标层面上，超越标准化规训。对象性思维主导的课程强调同一性目标，忽视儿童的多元智能与文化背景。生成性思维则主张“差异正义”，如川西幼儿园的“羌绣工作坊”将民族文化融入课程，儿童在刺绣中既发展精细动作，又建构文化认同。这种“文化响应式课程”不仅超越标准化

---

① 徐长福.理论思维与工程思维——两种思维方式的僭越与划界［M］.上海：上海人民出版社，2002.

② 郝德永.课程研制方法论［M］.北京：教育科学出版社，2007.

目标，更通过差异赋能促进社会公平。

第三，儿童发展层面上，契合具身认知规律。神经科学研究表明，幼儿的学习具有具身性、情境性与非线性特征。生成性思维通过“主题网络法”整合多领域经验。以“影子”为例，教师将科学探究（光影实验）、艺术创作（皮影戏）与语言表达（编影子故事）自然交织，促进儿童在身体参与中实现认知整合。反观对象性思维的分科课程，将知识割裂为孤立模块，则违背了幼儿的整体认知方式。

第四，实践路径上，重构师幼关系与课程生态。生成性思维要求教师从“知识权威”转型为“反思性实践者”。在安吉游戏中，教师通过“退后观察—倾听记录—支架支持”三步策略，将课程主导权交还儿童。[①]这种角色转变打破对象性思维的“主客二分”，构建了“主体间性”的对话关系。同时，生成性思维推动课程从“封闭系统”转向“开放生态”，如幼儿园通过创建“开放性材料库”（如自然物、废旧物品），支持儿童跨领域探索。

生成性思维与工程思维的同源性，体现了人类思维从“控制自然”到“敬畏生命”的范式转型。在幼儿园课程场域中，生成性思维通过动态建构、经验生成与文化觉醒，不仅超越了工程思维的技术理性局限，更彻底解构了对象性思维的本质主义桎梏。

## 二、本体论重构：从知识中心到经验生成的价值转向

“本体论重构”指向课程本质的哲学转向，即从“知识中心”的实体性存在转向“经验生成”的过程性存在。这一转向的哲学根基可追溯至杜威的实用主义哲学与现象学的生活世界理论。传统知识中心主义课程观基于本质主义思维，将知识视为外在于主体的客观真理，课程即“学科知识的容器”。这种本体论预设隐含“主客二分”的认识论框架：知识是静态且普遍的，儿童作为被动接受者需通过记忆与训练“占有”知识。而经验生成论则根植于杜威的“经验自然主义”，主张知识并非独立于经验的抽象实体，而是“人与环境交互作用的产物”。现象学家胡塞尔进一步指出，科学世界需回归前科学的

① 程学琴．安吉游戏是一场深刻的儿童游戏革命［J］．学前教育研究，2018（3）：12-19.

生活世界，知识的有效性源于其在具体情境中的意义建构。由此，“经验生成”的本体论重构，本质上是将课程从“知识传递”的工具属性中解放，复归其作为“生命实践”的存在本质。

这一转向的理论张力体现在对“知识”与“经验”关系的重新诠释。知识中心主义强调知识的客观性与权威性，如传统幼儿园数学教育活动中要求幼儿机械记忆数字序列，忽视对数字的生活化理解。而经验生成论认为，知识需通过儿童主动操作与反思内化为经验。例如，在超市角色游戏中，儿童通过“购物—付款”的真实情境，自然理解加减法的现实意义。[①]二者的本质区别在于，知识中心主义将课程异化为“跑道”，经验生成论则视课程为“奔跑的过程”，强调奔跑中动态生成的体验与意义。

这种价值转向的背后，是后现代知识观对本质主义的解构、分科课程的异化与儿童生命经验的遮蔽和从“分科导向”到“生活导向”的顶层设计三者共同推动的。20世纪后期，后现代主义思潮对传统知识论发起全面批判。利奥塔在《后现代状况》中指出，知识合法性不再依赖“宏大叙事”，而应基于语用学的地方性共识。福柯进一步揭露知识与权力的共谋关系，强调知识生产受社会意识形态规训。这些理论动摇了知识中心主义的认识论基础，促使课程研究转向经验的意义建构。例如，施瓦布的“实践课程模式”提出“教师即课程”，强调教师需基于课堂情境动态调整教学内容。在幼儿园实践中，这意味着教师不再照搬教材，而是根据幼儿的即时兴趣（如突然出现的蝴蝶）生成科学探究活动。知识中心主义的课程设计在实践中暴露出深刻矛盾。以幼儿园入学准备教育为例，以往，教师为衔接小学课程，要求大班儿童每日机械抄写拼音字母，导致儿童出现厌学情绪。这折射出分科课程的三大异化，即去情境化、碎片化和权力化。全球教育改革趋势与本土政策共同推动价值转向。2024年通过的《中华人民共和国学前教育法》第五十六条明确规定“幼儿园应当以学前儿童的生活为基础，以游戏为基本活动，发展素质教育，最大限度支持学前儿童通过亲近自然、实际操作、亲身体验等方式

① 张更立．从“占有”到“生成”：儿童学习观的转换［J］．华东师范大学学报（教育科学版），2016，34（2）：76-81.

探索学习”，从制度层面否定了知识中心的预设模式。国际层面，OECD 的“2030 学习框架”将“主体性建构”与“社会情感能力”列为核心素养，标志着课程目标从“知识掌握”转向“经验生长”。[①]

从已有研究来看，教师角色冲突、家长认知惯性与资源适配困境是影响这种价值转向的因素。传统教师作为“知识传递者”，其权威建立在专业熟练度上；而经验生成课程要求教师成为“经验协作者”。这种转型面临双重挑战：一是专业能力上，教师需掌握生成课程的设计与引导策略（如观察记录、弹性计划）；二是心理认知上，需克服“失控焦虑”。知识中心主义与应试文化的合谋，使家长将“早期学业成就”等同于教育质量。相关调查显示，73% 的中国家长认为幼儿园应教授读写算技能，反对“无目的的游戏”。这种认知惯性导致生成课程实施受阻。很显然，破解此困境需要建立“家园共识”机制。生成课程要求环境具备开放性、可塑性，但多数幼儿园受限于空间与材料，无法支持幼儿自由探索（范东萍，2024）。

从知识中心到经验生成的价值转向，既是课程本体论的重构，更是教育哲学的范式革命。这一转向通过解构知识的霸权地位、复归经验的实践品格，使课程真正成为儿童生命经验的生长场域。未来的挑战在于如何将理论转化为可持续的实践模式——这需要教师专业发展体系的革新、家园社协同机制的构建，以及政策对课程多样性的包容。唯有如此，幼儿园课程才能从“预成的跑道”走向“生成的旅途”，让每个儿童在经验的意义之网中书写自己的成长叙事。

## 三、生态化整合：从学科割裂到领域协同的结构转型

生态化整合指向课程结构的系统性重构，即从“学科割裂”的机械拼装转向“领域协同”的有机融合。这一转型的学理基础可追溯至复杂性科学与生态心理学理论。传统学科割裂课程观基于笛卡尔的还原主义思维，将知识

① OECD. Student Agency and Social and Emotional Skills：OECD Learning Compass 2030［M］. Paris：OECD Publishing，2019.

分解为孤立学科（如数学、语言、科学），假定整体等于部分之和。[①]这种结构隐含着这样一种认识论逻辑：儿童需先掌握各学科“基础组件”，再通过叠加形成完整认知。然而，生态心理学指出，人类认知本质上是情境化的整体活动，学习发生于行动者与环境的动态交互中。[②]例如，幼儿搭建积木时，数学（对称与平衡）、科学（重力与结构）、艺术（色彩搭配）等经验自然交织，而非按学科顺序线性累积。领域协同论则基于系统论思想，强调课程要素的“非加和性”，即整体功能大于部分之和。[③]由此，生态化整合的本质是通过打破学科壁垒，重构课程的“生态位”，使儿童在解决真实问题中实现认知整合与能力迁移。

这一转型的实践张力体现在对知识结构与认知结构关系的再审视。学科割裂模式将知识结构等同于课程结构，如幼儿园每周固定安排“周一语言领域教育活动、周二科学领域教育活动、周三艺术领域教育活动……”的周计划，恰恰反映了这种思维方式。而领域协同模式认为，认知结构是儿童在与环境互动中自主建构的网状系统。例如，瑞吉欧的“恐龙项目”中，儿童通过绘画、测量化石、角色扮演等活动，自然整合科学探究、数学测量与艺术表达，形成对“恐龙灭绝”的跨学科理解。[④]二者的本质差异在于，学科割裂将课程异化为“知识集装箱”，领域协同则视课程为“生态群落”，强调不同经验要素的共生演进。

这种结构转型的动因在于三点，即整体性思维的生物学依据、当前国际幼儿园课程的启示，以及我国从分科导向到整合导向的顶层设计转向。

神经科学研究表明，幼儿大脑具有高度可塑性，其神经网络通过跨模态体验（如视觉、触觉、运动觉的协同）实现功能整合。分科课程违背这一规律，强制将经验割裂为孤立领域。例如，传统科学领域教育活动要求幼儿记

---

① Capra Fritjof. The Web of Life：A New Scientific Understanding of Living Systems［M］. New York：Anchor Books，1996.

② Gibson James J. The Ecological Approach to Visual Perception［M］. Boston：Houghton Mifflin，1979.

③ Bertalanffy Ludwig von. General System Theory：Foundations，Development，Applications［M］. New York：George Braziller，1968.

④ Edwards Carolyn，Lella Gandini，George Forman，et al. The Hundred Languages of Children：The Reggio Emilia Approach to Early Childhood Education［M］. Norwood，NJ：Ablex Publishing，1993.

忆“水的沸点是 100℃”，却禁止其在烹饪活动中观察水沸腾现象。相反，领域协同课程通过“厨房科学”项目，让儿童在参与煮面条的活动时记录水温变化、观察气泡形成、讨论热传导原理，使科学概念在具身体验中自然内化。这种学习方式更符合脑科学的“全脑激活”原则——当多感官通道协同作用时，海马体的记忆编码效率提升 40%。全球教育改革为生态化整合提供了实践范本。STEAM 教育通过融合科学（Science）、技术（Technology）、工程（Engineering）、艺术（Arts）与数学（Mathematics），培养儿童的系统思维与创新能力。例如，美国某幼儿园的“桥梁工程师”项目中，儿童用吸管设计桥梁模型：数学计算承重比例、绘制设计草图、测试改进方案，最终形成整合性工程思维。意大利瑞吉欧的“方案教学”则更强调社会性协同，如在“城市公园”项目中，儿童与建筑师、园丁合作，将空间规划（数学）、植物生长（科学）与社区需求（社会研究）有机融合，体现了“认知生态”的构建。如前文所述，2001 年我国新一轮基础教育课程改革，推动了我国幼儿园课程从分科导向到整合导向的转变。《幼儿园教育指导纲要》明确提出“教育活动内容的组织应充分考虑幼儿的学习特点和认知规律，注重综合性、趣味性、活动性”；《3~6 岁儿童学习与发展指南》进一步要求“理解幼儿的学习方式是以直接经验为基础，在游戏和日常生活中进行”，倡导通过主题整合促进领域渗透。同时，在国际政策层面上，UNESCO 的《教育 2030 行动框架》将跨学科能力列为核心素养，强调“教育应帮助学生理解世界的复杂联系”。[①]这些政策为课程结构转型提供了合法性基础与行动框架。

从已有研究来看，教师跨学科素养的结构性缺失、教材与资源的线性依赖和管理评价的科层制惯性是影响这种结构转型的主要因素。

其一，在学前教育专业人才培养的课程体系中，往往是分别设置五大领域的教法课（实际上，在 21 世纪基础教育课程改革之前，幼儿师范学校的课程体系往往统称为“三学六法”，其中“六法”就是对应当时幼儿园课程中的六大分科课程来设置的），导致幼儿园教师自师资培养的开端就普遍缺

① UNESCO. Education 2030 Framework for Action：Implementing the Incheon Declaration and SDG 4［M］. Paris：UNESCO，2016.

乏课程整合能力。这种能力断层在实践中有两种典型表现：一是“拼盘式整合”，如教师将数学点数与美术贴画机械组合，缺乏内在逻辑关联；二是“领域霸权”，如教师在组织科学领域教育活动时主导项目活动，挤压艺术表达空间。

其二，分科课程长期依赖标准化教材，形成“教材即课程”的路径锁定。如在某省各地幼儿园中，省编教材仍然是教师组织一日生活，特别是集体教学活动的“宝典”。当然，对这种固化依赖的反向探索也在悄然发生，例如，一些幼儿园通过收集自然材料（如石头、树枝）与生活废品（如纸箱、瓶盖），开发出支持跨领域探索的“开放性材料库”，这类材料具有多义性（如一块木板可以是建筑积木、绘画底板或角色扮演道具），能激发儿童的创造性重组。

其三，幼儿园行政管理普遍采用“领域分管”模式，导致教师固守学科本位。绩效评价更是强化了这一惯性，如各省市在幼儿园教师“优质课”的评比中仍然将“领域教学竞赛”作为职称晋升指标，迫使教师专注单一学科的精耕。

从学科割裂到领域协同的结构转型，本质上是课程观从机械论到生态论的范式跃迁。这一转型通过重构课程的要素关系与组织结构，使教育回归培养“完整儿童”的本质。未来的挑战在于如何将生态化理念转化为可持续的实践模式——这需要教师教育体系的革新、资源开发机制的创新，以及管理评价制度的破冰。唯有如此，幼儿园课程才能真正超越学科边界，在生态化的意义之网中滋养儿童的整体性成长。

## 四、价值性解放：从标准规训到多元共融的文化觉醒

价值性解放指向课程文化的深层变革，即从“标准规训”的同一性霸权转向“多元共融”的差异性正义。这一转型的理论根基可追溯至后殖民理论与批判教育学。福柯在《规训与惩罚》中指出，现代教育通过标准化考试与分类技术，将儿童身体与思想纳入权力规训的网络。标准规训的本质是文化霸权的再生产，其预设“唯一合法的知识”与“唯一正确的成长路径”，如要求所有幼儿制作标准化手工作品。而多元共融论基于文化相对主义，主张

“所有文化都有平等的存在价值”，课程应成为不同文化对话的“第三空间”。[①] 二者的本质冲突在于，标准规训通过“文化清洗”制造同质化主体，多元共融则通过“文化杂交”培育差异性公民。

这一解放的实践张力体现在普遍性与地方性的辩证关系中。标准规训课程以“国家课程”为名，将主流文化设定为“普遍知识”，诸如少数民族、种族与流动儿童的文化身份则被边缘化。而多元共融课程通过“文化响应式教学”，[②]将地方知识纳入课程体系，这种课程不仅尊重差异，更通过差异的互动生成新的文化意义。

城市化进程中的文化身份危机、从文化霸权到差异政治和从文化同化到多元共生的制度转向是这一文化觉醒的动因。

其一，全球化与城市化加速了文化碰撞，农民工子女、少数民族儿童等群体面临“双重文化剥离”：他们既无法融入城市主流文化，又与原生文化渐行渐远。[③] 标准化课程加剧了这一危机。例如，某城市幼儿园禁止使用方言，要求苗族儿童改用普通话背诵儿歌，导致其丧失语言自信与文化认同。多元共融课程则通过“方言故事会”等活动，将地方语言转化为文化资产。如广州某园邀请粤语讲古艺人授课，儿童在“鸡公榄”“骑楼传说”等本土叙事中重建文化归属感。

其二，后现代教育哲学为价值性解放提供了理论武器。弗莱雷在《被压迫者教育学》中揭示，标准化课程是统治阶级意识形态的灌输工具，通过“文化侵略”消除底层群体的批判意识。女性主义教育学进一步指出，标准化课程隐含性别偏见。[④] 这些批判促使课程重构转向“差异政治”。

其三，国际公约与本土政策共同推动文化觉醒。《儿童权利公约》强调“尊重儿童的文化认同权”，《中国教育现代化 2035》提出“推动优秀传统文化与地方文化进校园”。实践中，北京某幼儿园的“胡同课程”将老北京建筑、

---

① Bhabha Homi K. The Location of Culture [ M ]. London: Routledge, 1994.

② Ladson-Billings Gloria. Toward a Theory of Culturally Relevant Pedagogy [ J ]. American Educational Research Journal, 1995, 32 ( 3 ): 465-491.

③ Noguera Pedro. City Schools and the American Dream: Reclaiming the Promise of Public Education [ M ]. New York: Teachers College Press, 2003.

④ Harding Sandra. The Science Question in Feminism [ M ]. Ithaca: Cornell University Press, 1986.

民俗饮食融入主题活动，儿童在绘制胡同地图、制作糖葫芦的过程中，建构对城市文化的深度理解。政策与实践的联动表明，多元共融不仅是伦理选择，更是制度性教育正义的体现。

通常，教师文化敏感性的结构性缺失、家长对功利主义教育观的心理阻抗和文化课程资源的系统性匮乏被视为抑制这一文化觉醒的因素。

一是多数教师成长于主流文化框架内，缺乏多元文化教育的知识储备。相关调查显示，仅 34% 的幼儿园教师能识别出课程中的文化偏见（如童话中“公主等待拯救”的性别刻板印象）。这种盲视导致两种实践误区：第一种是“文化猎奇”，如将少数民族服饰简化为“时装秀道具”；第二种是“文化回避”，因害怕冒犯而拒绝讨论差异。[①]

二是标准化课程与应试文化的合谋，使家长将“文化同化”视为社会流动的捷径。例如，某幼儿园引入“非洲鼓乐”课程时，家长集体抗议“学鼓不如学钢琴”，认为后者更具升学竞争力。破解心理阻抗需构建“文化资本”新叙事：浙江某园通过“文化护照”活动，记录儿童在多元文化体验中培养出的沟通、同理心等“21 世纪技能”，向家长证明差异共融的竞争力。

三是商业化教材普遍忽视地方性与小众文化。某出版社的《幼儿园社会课程》中，汉族节日占比 92%，少数民族节日仅以“附加活动”形式出现。资源开发需采用参与式路径，例如，福建清流县实验幼儿园将五显神诞、清流十番锣鼓等非物质文化遗产嵌入课程体系，开发竹编鸟笼、十番乐器模拟等教具，并编撰园本教材《闽西非遗童谣集》。这类资源既保存了文化基因，又增强了儿童对地方的认同。

从标准规训到多元共融的文化觉醒，标志着课程从“文化工具”向“文化生命体”的范式跃迁。这一觉醒通过解构文化霸权、重构差异正义，使教育成为社会包容的基石。未来的挑战在于如何平衡文化认同与全球公民素养——这需要教师成为“文化调解者”，家长成为“共育合伙人”，政策成为“多样性守护者”。唯有如此，幼儿园课程才能真正超越规训的牢笼，在多元共生的文化星空中，让每个儿童找到属于自己的光芒。

---

① Nieto Jaime. The Politics of Multicultural Education［M］. New York：Longman，1999.

从“对象性”到“生成性”的课程思维革命，是一次关乎儿童生命价值的哲学觉醒。生成性思维通过解构预设、拥抱不确定性与尊重差异，重构课程的时空坐标：课程不再是封闭的“跑道”，而是儿童与教师、知识、文化共舞的“生成之场”；教育目标不再是外部的规训指标，而是内在于经验生长的意义涌现。然而，这场革命远未终结：教师如何从技术执行者蜕变为反思性实践者，政策如何平衡标准与弹性、公平与差异，技术时代又如何避免数字工具对经验生成的殖民，这些追问为未来研究提供了方向。唯有当课程真正成为“生命的对话”，教育才能在不确定的湍流中，为人类保存希望的火种。

## 第三节　中国特色幼儿园课程体系的实践性构建路径

在全球化和本土化双重语境交织的当代教育场域中，中国特色幼儿园课程体系的构建既承载着文化传承的历史使命，亦面临现代化转型的现实挑战。传统课程模式因过度依赖标准化规训与知识中心主义，逐渐暴露出对儿童主体性、文化多样性及实践生成性的遮蔽。本书以生成性思维为理论内核，提出通过“文化创生”“本土创变”“差异共生”三重路径，系统探讨幼儿园课程的实践性重构逻辑，直面前述的对象性思维将幼儿园课程割裂为传统与当下、本土与外来、成人与儿童的二元对立的问题。以上三重路径共同构成一个动态适应、多元共融的课程生态系统，不仅回应了教育现代化对“生命完整性”的诉求，更为中国学前教育走向文化自觉与理论自主提供了方法论框架。

### 一、文化创生：传统智慧的动态转化与实践重构

#### （一）中国传统蒙学在当代幼儿园课程中的困境

中国传统蒙学在当代幼儿园课程中的实践呈现出显著的符号化与形式化倾向。当前多数幼儿园将蒙学教育简化为对《三字经》《百家姓》《千字文》

《弟子规》等文本的机械诵读与记忆，[①]而未能实现其伦理观念与儿童生活经验的深度联结。这种教学方式将传统文化降维为静态的知识符号，忽视了蒙学思想作为实践性智慧的生成性本质。例如，“孝悌”“谨信”等伦理规范若仅以训诫式语言传递，不仅难以被幼儿内化为行为准则，反而可能因其抽象性与强制性引发认知疏离。更有甚者，部分园所将蒙学教育异化为表演性活动（如古装诵读、仪式展演），使文化传承沦为浅层的文化消费行为。这类实践既未触及蒙学“知行合一”的核心精神，也未能回应儿童在当代社会中的发展需求，暴露出课程设计中对“实践性转化”的严重缺失。

破解上述困境需要引入“动态转化与实践重构”的双重逻辑。动态转化强调传统文化必须突破符号复制的桎梏，通过主体参与的实践性活动实现意义的当代生成；实践重构则要求课程设计以儿童的经验世界为基点，将蒙学思想转化为可操作、可体验的教育行动。这一逻辑根植于马克思主义实践哲学的核心命题——人类通过对象化活动改造世界并建构自身本质。蒙学教育不应是单向度的文化灌输，而应成为儿童在实践活动中理解、反思与创造文化意义的过程。例如，“洒扫应对”的蒙学传统若转化为“班级值日生制度”，儿童在参与劳动时不仅能习得生活技能，更能在分工协作中体会责任伦理的现实意涵。这种转化重构了蒙学的实践品格，使其从“规训工具”升华为“生命对话”的载体。

马克思主义实践哲学揭示了文化传承的本质是“实践性存在”的历史延续。马克思指出，“人通过实践创造对象世界，即改造无机界，证明了人是有意识的类存在物”。蒙学教育若脱离实践，便割裂了文化与人之间的生成性关系。传统伦理规范（如“兄友弟恭”）需通过儿童在同伴交往中的具体实践（如合作游戏、冲突调解）才能获得现实生命力。这种实践导向的课程设计，使蒙学不再停留于抽象道德律令，而是转化为儿童建构社会关系的行动指南。

杜威的经验自然主义主张“教育即经验的不断改造”，强调知识必须通

① 冯文全，严文利，高静.论机械记忆在幼儿早教中的合理运用——基于儿童心理学与中国传统蒙学的双重视角［J］. 中国教育学刊，2016（9）：62-65.

过主体与环境的交互才能被内化。蒙学文本的抽象概念（如“仁爱”）需转化为可感知的经验情境。例如，通过“照顾班级植物”活动，儿童在观察生长、记录变化、分享成果的过程中，自然建构对“仁”的理解——从对生命的关怀延伸至人际共情。这种经验化的转化路径，使蒙学思想摆脱教条化束缚，成为儿童认知发展的有机组成部分。

胡塞尔的现象学提出“生活世界是科学世界的意义基础”，强调知识的有效性必须回归日常生活。蒙学教育的困境源于与儿童生活世界的疏离。现象学视角要求课程设计以儿童的具体生活经验为锚点：将“晨昏定省”转化为“家庭互动日记”，通过记录与家人的日常对话，使孝道伦理在真实的情感交流中得以体验。这种回归生活世界的重构，使传统文化获得现象学的“明见性”，成为儿童可直观理解的意义系统。

### （二）文化创生的实践路径

传统文化在当代幼儿园课程中的传承，亟须超越符号复制的表层逻辑，转向以儿童经验为基点的动态生成。当前实践中，蒙学经典的机械诵读与文化活动的形式展演，暴露出传统文化与现代教育语境的深层断裂。因此，笔者提出以马克思主义实践哲学为根基，通过具身参与、协作对话与意义重构，将传统智慧转化为儿童可感知、可操作的实践性经验。具体而言，文化创生包括“活态文化课程”“文化实践共同体”“动态评价体系”三重路径，以系统构建传统文化与现代教育的融合机制，使文化传承从单向的知识传递升华为儿童生命经验的有机生长。

#### 1. 活态文化课程：从符号复制到经验生成

活态文化课程的理论根基在于杜威的经验连续性与皮亚杰的认知建构理论。杜威指出，教育应根植于儿童在“做中学”的实践过程，而皮亚杰强调知识通过同化与顺应机制主动建构。这要求蒙学教育突破文本中心的偏狭，将文化符号转化为可操作的探究活动，其核心就在于将传统文化从静态的知识载体转变为动态的经验生成媒介，并遵循从经验情境化到实践具身化再到意义生成化的设计逻辑。

以“二十四节气”为例，活态文化课程应当旨在整合科学领域（科学观察）、艺术领域（艺术创作）和社会领域（社会实践）等多维领域。具体而言，通过引导儿童每日记录气温、湿度与物候变化，并根据一段较长时间的数据对比来分析节气规律；利用自然材料（如落叶、花瓣）创作节气拼贴画，并在过程中讨论不同地域的民俗差异；组织种植活动，让儿童在松土、播种、灌溉中体验“春生夏长”的农耕智慧。这种项目式活动课程促使儿童通过身体参与建立起自身与自然节律的深层联结，将节气知识从抽象概念转化为具身经验。同时，教师应当在活动过程中多设计开放性提问（如“为什么冬至白天最短？”），激励儿童通过实验（如利用手电筒模拟太阳高度角）自主建构科学解释。这一路径不仅实现了文化知识的经验转化，还培养了儿童的系统思维与解决问题的能力。

2. 文化实践共同体：从单向传递到多元对话

文化实践共同体的构建依托维果茨基的社会文化理论，强调知识在协作互动中生成。也就是说，蒙学教育需要打破教师单向传授的模式，构建儿童、家长、社区成员共同参与的对话网络，其本质是文化意义的协商空间，并遵循着主体间性、文化交互与意义共生的动态运行机制。

以“传统手工艺”项目为例，基于文化实践共同体的课程实施可分为三个阶段。首先是文化导入，如邀请非遗传承人演示技艺（如剪纸、陶艺）并口述亲身经历，向幼儿分享非遗项目的历史渊源与文化象征；其次是开展协作探索，即儿童在非遗传承人指导下尝试创作，家长协助收集本土文化素材（如地域纹样、民间故事）；最后是意义重构，这需要教师组织讨论会，并引导儿童将作品与当代生活关联。在此过程中，非遗传承人提供技艺指导，教师则扮演反思促进者角色。例如，在“青花瓷纹样设计”活动中，儿童可以将传统云纹与现代几何图形结合，创作出兼具古典美与当代感的图案。这种多元主体的协同实践，使传统文化在代际对话中被重新诠释，形成动态的意义再生产机制。

3. 动态评价体系：从量化考核到意义阐释

动态评价体系的理论基础源于生成性思维对过程性与差异性的追求，其核心在于摒弃标准化测试，通过叙事记录捕捉儿童文化理解的独特性。评价不仅是课程效果的检验工具，更是课程生成的调节机制，因此在变革中需要遵循“观察—解释—支持—调整”的循环逻辑。

其中，观察维度包括行为记录、作品分析、语言转录三个环节。行为记录是通过持续性观察记录儿童在活动中的行为选择、策略调整与情绪反应，如采用轶事记录法（Anecdotal Records）或时间抽样法（Time Sampling），重点记录儿童对材料、任务类型与合作伙伴的选择偏好，幼儿试错、模仿、迁移等认知策略的使用与改进，以及幼儿面对挑战时的坚持性，合作中的共情表现与冲突解决方式。作品分析是通过解读儿童创作物（绘画、手工、建构作品等）中的符号运用与结构特征，揭示其文化认知的个体路径。具体而言，教师需要识别作品中使用的文化符号及其意义，分析作品的空间布局与叙事逻辑，推断儿童对文化概念的理解层次，并判断作品是对文化原型的模仿、改编还是突破性重构。语言转录是通过记录儿童在讨论、提问与反思中的语言表达，显性化其思维过程与文化意义建构逻辑。在具体操作上，教师首先要完整转录小组讨论或师幼对话，标注非语言信息（如手势、表情），并区分事实性问题（如“粽子为什么用竹叶包？”）与解释性问题（如“屈原为什么要投江？”），最后由教师从语言片段中提取逻辑链条，如“观察现象—提出假设—验证结论”的科学探究路径。

基于上述观察的数据采集，教师要通过交叉比对行为、作品与语言数据，分析儿童对传统符号的意义理解，同时要注意将个体行为置于家庭、社区文化背景中解读。这一过程中，教师还需要留心幼儿的情感态度倾向，识别幼儿对文化活动的参与热情与价值认同。基于此，我们可以形成有关幼儿对传统文化的认知画像，这为教师的支持策略提供了设计依据。一般而言，教师的支持包括三个方面：一是认知支架，如为概念混淆儿童提供对比案例；二是情感支持，如为文化疏离儿童设计“家庭文化展示”活动，增强其认同感；三是技能强化，如为动手能力薄弱儿童提供分步操作指南与同伴协作机会。例如，在对“家庭树”主题活动的评价中，教师可能发现幼儿无法理解“辈分”的概念。对此，教师可以设计和提供实物家谱模型与角色扮演游戏，帮助其通过具身体验建构关系认知。这种评价方式使课程始终处于动态调适状态，确保文化传承与儿童发展的双向契合。

### （三）反思与展望

相较于国际主流的文化传承模式，本书所提出的文化创生更具鲜明的理论自觉与方法论突破。例如，日本乡土教育注重地域文化的静态保存，其课程设计多聚焦民俗体验与技艺模仿，如茶道、和服穿戴等标准化活动，虽强化了文化记忆的延续性，却未能充分激发儿童的主体创造性。而本书所提出的活态文化课程与文化实践共同体的构建，将传统文化转化为动态的经验生成场域，如将“二十四节气”与科学探究、艺术表达整合，使儿童在观察物候、创作节气图谱的过程中实现文化意义的自主建构。

意大利瑞吉欧教育虽强调儿童经验的中心地位，但其文化传承更多依托社区原生环境，对跨时空文化资源的整合性较弱；而前述的文化实践共同体，将非遗传承人、祖辈口述史等多元文化资本引入教育场域，形成传统与现代之间的双向驱动。由此来看，文化创生的提出，既不是对传统的简单复刻，也不是对现代性的全盘拥抱，而是通过实践性活动实现文化基因的创造性转化，使“慎终追远”的伦理观与“批判创新”的现代精神在儿童经验中辩证统一。

文化创生的终极目标在于构建可持续的文化生态系统，其核心是打破传统与现代的二元对立，以生成性思维激活文化传承的生命力。这一生态系统的构建包含三重逻辑。其一，活化文化基因。传统文化不再被视为封闭的遗产，而是通过儿童具身实践转化为可生长的“文化干细胞”。例如，在种植课程中，幼儿通过参与插秧、制肥等活动掌握劳动技能；教师则需要在这一劳动过程中引导幼儿在利用身体参与经验中理解“天人合一”的生态智慧，使传统农学思想在现代生命教育中焕发新生。其二，整合网络化文化资源。幼儿园可以通过构建“地域文化资源库”，系统梳理非遗项目、方言故事、历史建筑等素材，将其转化为可操作的课程模块。例如，江南地区幼儿园可以将水乡建筑、蚕桑技艺与数学测量、工程设计结合，形成文化、认知与实践交织的学习网络。这种整合超越单一文化元素的移植，转而强调资源间的意义关联与教育增值。其三，文化传承的伦理共同体。通过“儿童、教师、家庭和社区的多维对话，重构文化传承的责任伦理。如幼儿园可以利用隔辈教养的现状，开发“祖孙共学”项目，在课程实施中，由祖辈讲述家族迁徙史，幼儿用数字地图标注轨迹，教师引导讨论移民文化中的韧性精神，最终形成代际共构的文化叙事。这种共同体不仅传递了文化知识，还在互动中生成新的伦理关系，即传统文化成为联结过去与未来、个体与集体的意义纽带。

总而言之，这一文化生态构建的本质，是将幼儿园课程转化为文化生命的孵化器，使传统智慧在儿童的经验世界中持续生长，最终形成“传承中有创新、保护中有发展”的良性循环。

## 二、本土创变：国际经验的在地转化与批判性融合

### （一）外来幼儿园课程模式在地转化的困境

国际主流幼儿园课程模式在中国的本土化实践中普遍面临形神分离的结构性困境。多数幼儿园对蒙台梭利、瑞吉欧、STEAM 等模式的借鉴停留在表层模仿，如教具按标准化清单采购陈列，环境创设追求模式化视觉符号，活动设计照搬西方案例，却忽视了中国儿童的文化认知习惯与社会发展需求。例如，蒙台梭利教育强调“自主工作循环”，但部分园所机械套用其时间分配规则，未考虑中国集体文化中儿童对协作活动的内在需求；瑞吉欧的方案教学被简化为教师预设主题、儿童执行任务的流程化操作，缺乏对儿童真实兴趣的捕捉与社区资源的深度整合。这类实践暴露出对国际经验的文化预设与权力关系的无意识盲视，导致幼儿园课程沦为技术移植，既未实现核心理念的在地转化，也未回应本土教育生态的特殊性。

破解上述困境应当以“文化混杂与实践性融合”的辩证逻辑重构本土化路径。霍米·巴巴的“第三空间”理论指出，异质文化交互并非简单的替代或叠加，而是在混杂性中生成新的意义系统。本土创变的本质是将国际经验置于中国教育土壤中，通过批判性解构与实践性重构，实现全球理念与在地经验的动态平衡。这一过程要求超越“外来—本土”的二元对立，以生成性思维激活文化交互的创造性潜能。例如，STEAM 教育的跨学科整合理念可以与中国“知行合一”的传统智慧结合，在项目设计中融入本土问题（如传统工艺的现代化转型），使儿童在解决真实问题的过程中实现知识的意

义转化。

马克思主义实践哲学强调，“理论的对立本身的解决，只有通过实践方式，只有借助于人的实践力量，才是可能的”。这表明国际幼儿园课程模式的本土化绝非对既有理论的被动接受，而是通过中国教育实践对其进行批判性检验与创造性转化。例如，蒙台梭利教育强调个体自主性，但其西方个人主义的底色可能与中国集体主义文化产生张力，因此在实践中需要通过协作性自主重构核心理念。这种实践导向的改造，能够促使国际经验真正服务于本土教育生态的优化。

杜威的经验自然主义主张“教育即经验的改造或改组”，强调知识必须通过主体与环境的交互实现意义生成。国际幼儿园课程模式的有效性取决于其与儿童生活经验的适配度。例如，瑞吉欧所谓“儿童的一百种语言”的理念强调幼儿对自己所想所为的多元表达，这是我国幼儿园教师可以内化的一种科学儿童观；但是，瑞吉欧的典型项目（如光影探索）则应该结合中国儿童的日常经验进行重构，而不是直接“拿来主义”。

胡塞尔的现象学提出的“生活世界是科学世界的意义基础”，要求教育回归儿童的真实生活。国际幼儿园课程模式的本土化困境往往源自其与儿童生活世界的割裂。例如，STEAM 教育中的“机器人编程”项目若脱离中国儿童的技术认知水平与文化兴趣，极易沦为形式化操作训练。而从现象学视角要求以生活经验为锚点进行重构的角度来看，我们可以从本土文化中汲取营养（如对皮影戏的操控），引导儿童通过控制皮影角色运动理解算法基础，在文化体验中建构技术思维。这种回归生活世界的改造，使国际经验获得现象学的“明见性”。

### （二）本土创变的实践路径

在生成性思维框架下，本土创变的核心策略是构建“批判性融合的课程生态系统”。批判性融合的课程生态系统旨在通过批判性思维与实践性重构，将国际教育经验转化为适配本土文化语境与儿童发展需求的动态课程体系。其学理逻辑根植于跨学科理论对话中。

“第三空间”理论为批判性融合提供认识论基础。该理论强调，文化交互并非简单的“中心—边缘”替代或“本土—全球”对立，而是在混杂性（Hybridity）中生成新的意义系统，如巴巴在探讨后殖民时代的文化身份认同时，批判跨文化交际中非我即你、非你即我的两极化，认为两种文化在接触过程中彼此杂糅。由此来看，幼儿园课程生态系统的批判性体现为对国际经验的文化预设（如蒙台梭利的个人主义、STEAM 的技术中心主义）进行解构，识别其隐含的权力关系与文化霸权，并通过本土实践重构其意义。例如，将蒙台梭利的自主工作与中国集体文化中的协作伦理结合，生成“协作性自主”的新范式。同时，生成性思维主张“重过程而非本质，重创造而反预定”，[①]其核心是拒绝静态的知识传递逻辑。这说明幼儿园课程生态系统的“融合”并非固定终态，而是通过动态实践持续生成新意义的过程。例如，瑞吉欧的“方案教学”在中国实践中需要与本土问题（如城市化进程中的文化断裂）结合，使得课程目标随儿童兴趣与情境变化动态调整。

批判性融合的课程生态系统包含三个相互关联的层次，即工具层（教具与资源的在地化重构）、方法层（项目课程的语境适配）与制度层（政策支持的创新机制）。

其一，工具层的重构根植于后殖民理论的文化翻译观与生成性思维的具体性原则。如前文所述，后殖民理论强调文化交互的“混杂性”特质，这就要求在国际幼儿园课程模式中所设计的教具功能保留与文化符号置换间寻求平衡；同时，生成性思维则主张立足本土情境，通过实践性活动激发意义的动态生成。这一层次的目标是将国际教具从“文化他者”转化为“意义共生体”，即既保留其教育功能，又赋予其本土文化意涵。

通过重构功能、符号、意义三者间的关系，打破认知霸权，从而促使国际教育资源成为本土文化再生产的媒介。具体而言，一方面是处理好功能保留与符号置换的关系。这就要求保留国际幼儿园课程模式中的教具的核心教育功能，但要置换其文化符号。例如，将蒙台梭利数棒替换为算盘珠子，儿童在拨珠运算中不仅能理解十进制原理，还能通过触觉体验感知算盘作为“中国第五大发明”的文化智慧。另一方面是处理好材料创新与功能拓展的

① 李文阁 . 生成性思维：现代哲学的思维方式［J］. 社会科学，2000（6）：10-15.

关系。这要求幼儿园要因地制宜地利用本土自然物替代进口教具，开发低成本、高教育价值的材料系统。例如，四川某山区幼儿园用竹片制作立体拼图，儿童在拼合过程中探究几何结构的稳定性，同时理解竹材在传统建筑中的应用。

其二，方法层的设计融合了杜威的探究学习理论与复杂性科学的自组织原理。杜威强调“问题导向的学习”根植于真实经验；而复杂性科学则指出，课程系统具有非线性演化的特征，需通过本土问题激发要素间的动态互动。这一层次的核心是通过解构、筛选和重构三阶段，将国际幼儿园课程模式转化为解决本土问题的实践框架，从而将其从技术手册转化为问题解决工具箱，实现幼儿园课程真正服务本土社会需求与文化传承。

具体而言，“解构”重在分析国际幼儿园课程模式的文化预设，例如，STEAM 教育隐含着的西方技术中心主义，与中国“天人合一”生态观存在着潜在冲突，而这可能潜在地影响幼儿对人与自然关系的认知偏差。因此，幼儿园课程在借鉴其理念的同时，可以引入中国传统木工工具的来源与改良的项目，引导儿童思考技术应用与自然伦理的平衡。“筛选”重在保留国际幼儿园课程中的普适性原则，如从分科课程转向融合课程的理念；同时，在具体实践中与本土文化相适配。例如，我国幼儿园课程可以保留瑞吉欧模式的“儿童主导探究”的核心方法，但在实践中，要将其主题库中的“社区主题”替换为本土社会议题，如围绕“老城改造”生成项目，引导儿童通过测绘历史建筑（数学）、探访居民（语言）、设计微更新方案（工程）实现跨学科整合。“重构”重在以本土问题生成新主题，例如，沿海地区的幼儿园可以围绕“红树木保护”设计项目，整合科学探究（生态平衡）、社会调查（探访渔民）与艺术表达（绘制生态地图）。实际上，教师应当建立从兴趣到问题再到项目的转化链，例如，教师如发现儿童对“古桥不用水泥”感到好奇，就可以延伸出对“传统榫卯结构”的 STEM 探究，最终生成“现代材料仿古桥设计”项目。

其三，制度层的创新基于福柯的“权力—知识”理论，福柯指出，知识生产始终与权力机制交织，这需要通过政策赋权重构课程话语体系。另一方面，教育治理的系统论（Bertalanffy，1968），认为重构制度是用来保障多元主体的协同参与，即通过制度设计保障本土实践的话语权。

具体而言，首先，可以设立本土化创新基地，如“国际经验本土化实验园”，提供专项资金与智库支持。例如，浙江安吉幼儿园基于华德福理念开发“竹林课程”，将自然教育与传统竹文化结合，其经验可以被纳入国家课程资源库。还可以建立“东西部课程联盟”数字化平台，促进城乡资源流通。再例如，将西藏乡村幼儿园的“唐卡色彩课程”与上海幼儿园的“江南水彩与数码艺术融合项目”共同置于数字化平台，形成相互借鉴的良性互动。其次，重构教师评价体系，将本土化课程设计能力纳入职称评审核心指标，或设立本土化课程研修学院，整合高校学者、非遗传承人与国际专家资源，开发系统培训课。最后，通过幼儿园制度性文本赋权增进文化认同，如通过《家园社共育手册》构建文化共识，帮助家长理解实践性课程的价值。不难看出，制度层强调通过权力重构与资源分配，打破西方教育模式的话语霸权，为本土实践提供合法性保障与可持续动力。

### （三）反思与展望

相较于国际教育本土化的主流路径，中国幼儿园课程中的“批判性融合”实践展现出鲜明的理论原创性与方法论突破。通过批判性融合的课程生态系统的三层次系统重构，提供了将国际经验转化为解决本土问题的行动框架，这种创新性在于，既不陷入对西方模式的依附性模仿，也不固守文化本质主义的封闭性，而是在批判性对话中生成“和而不同”的教育生态，为打破“外来—本土”的二元对立和在全球对话的背景下创造本土文化元宇宙提供创新理论。

全球对话的本质是打破“中心—边缘”的文化权力结构，构建基于差异共生的意义交换网络。后殖民理论家斯皮瓦克（Spivak，1988）提出的“行星性”（Planetarity）概念为此提供启示，正如他所说的，教育应超越民族国家框架，将本土实践视为全球知识体系的有机节点。全球对话并非单向输出，而是通过前述的循环框架，使本土智慧在跨文化碰撞中持续增值。

“本土文化元宇宙”并非技术乌托邦的虚拟空间，而是以生成性思维为内核的跨文化意义系统。其核心特征包括以下三点：一是文化基因的可塑性，即将传统文化符号（如节气、剪纸）解构为“文化干细胞”，并在全球语境中分化重组。例如，端午节龙舟竞渡的集体精神，经批判性转化后，可转化为国外团队协作课程的设计灵感。二是意义网络的开放性，即不同文化主体通过问题链实现经验互联。例如，以“儿童眼中的公平”为主题，收集全球幼儿的绘画、故事与对话，形成跨文化认知图谱，揭示差异背后的共性诉求（如对归属感的渴望）。三是伦理责任的共生性，即元宇宙中的文化交互需要遵循互惠性承认原则，也就是说，每个本土实践既贡献独特价值，又对他者文化保持谦逊与学习意愿，形成双向的意义滋养。

从本书的立意来看，构建本土文化元宇宙需要以课程为媒介，实现三重转化，包括符号的转译、经验的共享和价值的协商。其中，符号的转译是指将文化符号转化为可跨语境理解的教育语言。例如，将中国水墨画的留白美学解构为负空间认知训练模块，使西方儿童通过构图实验理解东方哲学。经验的共享是指通过项目协作促进文化经验的互文性生长。例如，中外幼儿园联合开展“种子旅行计划”，中国儿童寄送水稻种子并附种植日记，外国儿童回赠木薯种植经验，双方在生命教育中建构地球公民意识。价值的协商是指在课程设计中嵌入文化冲突的反思环节。例如，围绕“节日礼物”主题，引导儿童讨论“春节红包人情化”与“圣诞礼物商业化”的利弊，培养批判性文化意识。

## 三、差异共生：从同质规训到个性化生成的实践支持

### （一）课程—师幼关系异化的困境

当前幼儿园课程实践中普遍存在“课程—师幼关系异化”的深层危机。标准化课程体系通过统一的教材、固定的时间安排与量化的评价指标，将教师异化为“知识传递工具”，将儿童降格为“被规训对象”。在实践中，教师机械地执行预设活动方案，忽视儿童的兴趣转向与个体差异；儿童在“静坐听讲”“整齐划一”的课堂规范中丧失主体性，其独特的学习节奏与认知方式被强制纳入同一性框架。例如，在幼儿园语言领域教育活动中，教师要求全体幼儿背诵相同儿歌，对即兴创编或方言表达的儿童予以否定；科学探究中

强调标准答案，压制非常规提问与实验试错。这种异化关系不仅阻碍儿童个性化发展，还使教育沦为权力规训的技术化流程。

差异共生的教育哲学旨在解构同质化规训，重构以个体独特性为核心的教育正义。德勒兹的差异哲学指出，“差异是存在的内在属性，而非对同一性的偏离”。教育正义要求从“标准化的公平分配”转向“差异化的资源适配”，即承认每个儿童作为独特主体的存在价值。这种转向挑战了传统教育对“同一性”的迷恋，主张通过课程设计与师幼关系的重构，使差异从“待矫正的缺陷”转化为“创造的源泉”。

福柯在《规训与惩罚》中揭示了现代教育如何通过空间分配、时间切割与层级监视构建规训社会。幼儿园的标准化课程正是规训权力的微观实践——固定座位安排规训身体，统一进度表切割时间，量化评估实施层级监控。这种权力机制生产出“驯顺的身体”与“标准化的心灵”，消解了儿童的独特性与教师的专业自主性。差异共生教育需打破规训逻辑，重构自由与责任平衡的师幼关系，例如通过弹性时间表与自主探究区角设计，赋予儿童选择与探索的权利。

加德纳的多元智能理论揭示了人类智能表现形式的多样性，要求教育提供差异化的学习入口，而维果茨基的社会文化理论则强调认知发展通过社会互动实现，教师需作为“支架者”提供个性化支持。二者的整合为差异共生提供了双重路径：既需设计多元活动适配不同智能类型（如为空间智能儿童提供立体拼图任务），还需通过协作学习促进差异的共生性转化（如混龄小组中的经验共享）。例如，在“影子探索”项目中，教师为逻辑智能儿童提供测量工具，为运动智能儿童设计身体戏剧，同时引导跨组交流实现经验互补。

生成性思维以“过程性”“创造性”“关系性”为核心特征，为差异共生提供方法论框架。主张课程目标应随儿童经验动态生成，而非预设固定终点。例如，当教师发现部分儿童对昆虫产生兴趣时，可调整原定计划生成“微观生命探究”项目，允许儿童通过绘画、建模、角色扮演等多元方式表达想法。这种思维打破了“目标—结果”的线性逻辑，使差异成为课程创生的动力源。

## （二）差异共生的实践路径

当代幼儿园教育正面临同质化规训与个体多样性诉求的张力，而差异共生的实践路径以生成性思维为方法论内核，主张从缺陷补偿转向差异赋能，通过弹性课程设计、全纳支持系统与成长性评价体系的协同构建，将个体独特性转化为教育创新的动力源泉。

1. 弹性课程设计：从预设目标到动态生成的范式转型

弹性课程设计根植于杜威的“经验连续性”原则与复杂性科学的自组织理论。杜威强调教育应根植于儿童经验的连续改造，而复杂性科学指出系统演化具有非线性特征。二者共同要求课程突破预设目标的束缚，通过开放性问题情境激发差异化的经验生长，其核心逻辑在于构建动态生成与反馈调节的循环机制，使课程内容能够根据儿童的兴趣、能力与文化背景灵活调整。例如，在“水的循环”主题中，教师最初设定教学目标为理解蒸发、凝结与降水的基本原理，但在实施过程中发现部分儿童对“雨水如何形成彩虹”产生浓厚兴趣。基于生成性思维，教师可延伸出“光的分色实验”，允许儿童通过棱镜、喷雾器等工具自主探究，同时引导其他儿童继续深化对水循环的认知。这种弹性设计不仅尊重个体差异，更通过多元路径实现知识的深层建构。

在弹性课程设计中，首先，教师应当进行多入口任务设计，即在同一主题下设置不同难度与形式的任务层级。例如，在“社区探索”主题活动中，基础任务为观察并记录社区设施（如图书馆、超市），进阶任务为绘制社区地图并提出改进建议，高阶任务则涉及采访居民并撰写调查报告。教师根据儿童的认知水平与兴趣倾向分配任务，确保每个儿童都能在最近发展区内获得挑战与成就感。其次，教师应当通过观察记录识别儿童的兴趣转向与能力发展，动态调整课程重点。例如，在基于儿童的兴趣所开展的“恐龙探究”活动中，原定课程目标可能为认识骨骼，但在课程实施过程中教师发现儿童对“恐龙灭绝原因”产生了激烈讨论，教师可以基于此引入食物链模型与角色扮演游戏，引导儿童理解生物多样性的重要性，同时鼓励他们提出保护濒危物种的方案。同时，教师要注重课程资源的弹性配置，通过建立开放性材料库，包括自然物（如石块、树叶）、废旧物品（如纸箱、瓶盖）与数字化工具（如平板电脑、AR设备），支持儿童按照个人需求选择探索媒介。例如，在“建筑工程师”的建构游戏中，儿童可选择用积木搭建传统民居、用3D打印机制作现代建筑模型，或在虚拟现实中设计未来城市。这种资源配置策略不仅能满足多样化学习需求，还能激发儿童的创造性思维。

2. 全纳支持系统：从缺陷补偿到差异赋能的理念革新

全纳支持系统基于社会模式残疾观与哈贝马斯的交往行动理论（Oliver，1990；Habermas，1981）。社会模式残疾观批判传统医学模式将残障归因于个体缺陷，主张通过环境改造与社会关系重构消除参与障碍；哈贝马斯则强调主体间平等对话是意义生成的基础。二者的整合指向“差异作为资源”的支持逻辑：教育应通过物理环境、社会互动与文化认同的多维支持，使每个儿童都能在共同体中找到归属感并贡献独特价值。

具体而言，幼儿园课程应当作出以下改变。一是物理环境的改造，为感官障碍儿童提供多模态学习界面。例如，为听障儿童安装振动地板，通过触觉反馈传递音乐节奏；为视障儿童设计高对比度视觉材料与触觉地图，帮助其理解空间布局。二是社会关系的重构，通过设计差异协作任务，使独特认知方式成为集体智慧源泉。三是文化认同的强化，将家庭文化资本引入课程，构建多元文化共生的学习环境。例如，邀请移民/迁居家庭分享母语故事，或将方言转化为语言学习资源；在节日活动中，鼓励儿童展示家庭/民族传统习俗（如少数民族服饰、饮食礼仪），并通过讨论比较不同文化的异同。

3. 成长性评价体系：从量化考核到意义阐释的范式跃迁

成长性评价体系的理论根基在于现象学的意义阐释学与生成性思维的过程性主张。现象学强调理解必须基于具体情境，而生成性思维拒绝将儿童简化为可量化的数据。成长性评价的核心是通过叙事记录、作品分析与对话解读，捕捉儿童学习历程的独特性，并据此提供个性化支持。例如，新西兰“学习故事”评价法通过“注意—识别—回应”三个步骤，不仅记录儿童的行为表现，更关注其认知策略与情感态度的动态变化。

为了构建成长性评价体系，我们首先需要考虑以下三个维度的观察框架。其一，行为日志。详细记录儿童在活动中的选择偏好、策略调整与情绪反应。

例如，某教师在幼儿建构游戏时发现一名儿童反复尝试搭建高塔却屡次失败，记录其从沮丧到坚持的情绪变化，并分析其空间推理与抗挫能力的发展。其二，作品分析。解读儿童创作（如绘画、手工）中的符号意义与思维轨迹。例如，在“我的家庭”绘画作品中，一名儿童将父母画成超人形象，教师通过访谈发现该各儿童对父母职业（消防员）的崇拜，从而生成“社区英雄”的社会职业调查项目。其三，对话转录。捕捉讨论中的逻辑推理与价值观表达。例如，在围绕“什么是公平”的主题讨论中，一名儿童提出“个子高的孩子应该让着个子矮的”，教师据此设计角色扮演活动，引导儿童理解公平的情境性。在此基础上，教师应当重点开展以下解释性评价。一是认知发展分析，即识别概念建构的个体路径。例如，有的儿童通过实物操作（如“分糖果”）理解分数概念，有的则借助语言抽象（如“一半就是二分之一”）进行推理。二是社会情感映射，即评估合作、共情等能力的动态发展。例如，通过观察小组活动中的分工与冲突解决策略，分析儿童的社会性成长。三是文化意义阐释，即揭示儿童对差异现象的理解。例如，在“性别角色”讨论中，一名女孩质疑“为什么只有男孩能当工程师”，教师则可以设计“女性科学家故事会”，拓展儿童的性别认知。为了持续推进课程的迭代，教师还应当建立支持性反馈循环，即根据评价结果设计个性化干预。例如，对畏难退缩儿童提供渐进式挑战任务，辅以成长型思维训练（Dweck，2006）；对“快速掌握者”则引入拓展性问题，鼓励其担任小组导师角色。

### （三）反思与展望

相较于国际主流的个性化教育模式，中国幼儿园课程中的差异共生实践展现出独特的理论整合与路径创新。意大利瑞吉欧教育虽以“儿童的一百种语言”理念著称，但其个性化支持高度依赖社区原生环境与教师经验直觉（Edwards et al.，1998），缺乏系统性制度保障；美国个别化教育计划（IEP）虽具有法律强制性，但其服务对象局限于特殊需求儿童，难以实现普惠性支持（Turnbull et al.，2020）。而本书所倡导的模式，通过弹性课程设计、全纳支持系统、成长性评价的三维框架，构建了覆盖全体儿童的差异化教育生态。这实际上是将“因材施教”传统智慧与维果茨基“最近发展区”理论结合，既强调个体适配的弹性目标，又通过协作促进差异的共生性转化。这种创新性体现在“双轨整合”模式中：以“有教无类”的儒家伦理为价值根基，以生成性思维为方法论框架，既避免了个别化教育的技术化倾向，又突破了标准化课程的规训逻辑，为全球教育公平提供了新范式。

差异共生的教育生态包含三重维度。其一，主体维度，儿童、教师、家长与社区成员构成多元行动者网络，每个主体既是差异的承载者，也是生态平衡的维护者。其二，经验维度，个体经验通过具身实践、社会互动、文化反思的循环实现意义增值。其三，制度维度，弹性课程指南、全纳支持政策与动态评价标准构成制度保障，确保差异不被系统排斥，而是转化为生态活力。由此来看，差异共生的教育生态本质上是对教育正义的伦理回应，这有赖于两个关键原则。一是差异承认原则，即拒绝将儿童简化为“能力数据点”，承认每种认知方式（如具象操作型与抽象推理型）的平等价值；二是责任共担原则，即教育生态的稳定依赖所有主体的伦理自觉。家长需要超越功利主义教育观，理解“缓慢生长”的价值；教师需要从“知识权威”转型为“差异调解者”；社区则需要提供文化包容的环境支持。

差异共生的教育生态不仅是一种课程实践模式，更是对人类文明多样性的微观映照。其终极目标是通过尊重差异、激活对话与重建联结，在幼儿园这一“生命苗圃”中培育出能够拥抱复杂世界的未来公民。

中国特色幼儿园课程体系的实践性构建，本质上是教育哲学从“工具理性”向“生命实践”的范式转型。文化创生通过传统智慧的动态转化，使课程成为文明基因的活化载体；本土创变在国际经验的批判性融合中，确立了中国教育的主体性话语；差异共生则以差异正义重构教育伦理，赋予每个生命自由生长的可能性。三者以生成性思维为纽带，共同构建了“文化—实践—主体”三位一体的幼儿园课程理论体系。这一体系不仅突破了传统幼儿园课程的知识传递逻辑，更在全球化与在地化的张力中开辟了教育创新的本土路径。未来的研究需进一步深化理论的本体论建构，探索技术赋能与文化生态的协同机制，并在政策实践中平衡标准化与弹性化的制度设计，使幼儿园课程真正成为滋养生命、传承文明、激发创新的意义之网。

# 结 语

## 课程思维方式的转型与中国幼儿园课程的革新之路

在教育的广阔图景中，幼儿园课程不仅是儿童认知世界的第一把钥匙，更是社会文化传承与创新的起点。本书以“思维方式”为透镜，聚焦我国幼儿园课程的百年变迁与当代困境，揭示对象性思维对课程实践的深层桎梏，并尝试提出从“对象性”到“生成性”的思维范式革命。这一探索既是对历史经验的凝练，也是对未来路径的叩问。本书的探索不仅是理论批判，更试图为幼儿园课程实践提供方法论启示，其创新性体现为以下三点：第一，思维层面的历史性诊断。本书首次系统揭示对象性思维在幼儿园课程百年变迁中的隐性运作机制，打破“传统—现代”“本土—西方”等二元对立叙事，为理解课程异化提供了新的分析框架。第二，“生成性思维”的本土化建构。本书提出“生成性思维”作为对象性思维在幼儿园课程革新中的替代方案，并紧密结合中国文化语境与中国幼教实践，提出“文化创生”“本土创变”“差异共生”等具体路径，避免陷入抽象理论空转。第三，实践导向的方法论创新。通过本土案例的融入，本书将思维转型落地为可操作的教育策略，为一线教师提供实践参照。

在此，我们从历史回眸、问题剖析、革新路径与未来展望四个维度，系统总结全书的核心思想。

### 一、历史回眸：幼儿园课程百年变迁中的思维烙印

我国幼儿园课程的百年发展史，本质上是思维方式与社会语境交织的历程。从清末民初的西学东渐到新中国成立后的苏式移植，从改革开放的本土

化觉醒到全球化时代的多元融合，每一次课程转型都暗含思维方式的更迭。在此，我们再简要回顾一下对象性思维对我国幼儿园课程发展的影响。

中国幼儿园课程的演进，是一部在现代化进程中不断与“对象性思维”博弈的历史。自清末民初引入西方教育范式以来，课程始终在文化移植与本土觉醒的张力中摇摆。20世纪初的制度化开端以《奏定蒙养院章程及家庭教育法章程》为标志，其核心逻辑体现为对日本模式的机械移植，将儿童发展简化为线性目标体系。这种本质性思维使教育论为预设目标的机械执行，将传统蒙学中“顺应天性”的智慧边缘化，转而通过标准化流程与道德规训塑造“新国民”。殖民现代性与封建保守性的合谋，使课程沦为权力博弈的工具，城乡教育资源的分化与殖民教育的渗透进一步加剧了文化认同的断裂。这一阶段的实践揭示了对象性思维的双重困境：本质性思维通过预设目标压制个体差异；割裂性思维通过资源垄断肢解教育整体性，为后续异化埋下结构性伏笔。

新中国成立后，幼儿园课程被纳入意识形态重构的总体框架，苏联教育学的引入强化了本质性、割裂性与必然性思维的固化。课程目标被简化为“体、智、德、美”四育的教条化模板，分科教学将儿童经验切割为孤立模块，教育过程异化为政治符号的复制与意识形态的灌输。计划经济下的刚性管控使课程设计陷入机械论的窠臼，城乡教育差距在标准化管理的名义下进一步扩大。这一时期的异化逻辑在“文化大革命”期间达到顶峰，教育的灵性彻底让位于政治狂热，儿童的主体性被消解于集体主义的宏大叙事中。工具理性与权力规训的合谋，使课程沦为社会控制的工具，教育的人文属性在技术化流程中逐渐湮灭。

改革开放后的全球化浪潮中，幼儿园课程呈现出形式多元的表象，但对象性思维的痼疾未除。分科教学与标准化评价的路径依赖，使城市教育陷入对西方理论的盲目崇拜，农村地区则困守资源匮乏的惯性实践。政策文本中“儿童本位”的理念转向与实践中量化管理的顽固并存，折射出转型期教育的深层矛盾。百年嬗变的核心启示在于，课程改革的本质并非模式移植，而是文化自觉与教育哲学的深层对话。每一次试图挣脱对象性桎梏的努力，皆因本土主体性的缺失而陷入新的异化循环，历史警示着脱离文化土壤的变革终将沦为权力与技术的附庸。

历史证明，对象性思维对幼儿园课程的割裂贯穿始终——它将课程割裂为传统与当下、本土与外来、成人与儿童的二元对立，最终导致幼儿园课程陷入观念化危机与机械论困境。

## 二、问题剖析：对象性思维的三重桎梏

对象性思维的核心在于“主客二分”，其本质是将课程视为可被分析、控制与复制的对象。这种思维方式在幼儿园课程中表现为三重异化机制：当代幼儿园课程的困境，本质上是工具理性、机械论与文化霸权对教育本质的系统性背离。工具理性主导下的知识异化以马克斯·韦伯的“目的与手段”逻辑为内核，将知识简化为脱离情境的符号体系，学科逻辑与儿童经验的二元对立成为课程设计的核心矛盾。标准化目标的过度推崇导致教育过程异化为符号堆砌，儿童的主体性在预设流程中被消解，情感表达与社会合作等非认知素养被边缘化。教师角色从引导者退化为执行者，教育的生命属性在效率至上的量化指标中逐渐窒息。

机械论倾向的课程解构源自牛顿经典物理学的还原主义思维，将儿童发展简化为可拆解的机械过程。分科教学与课时切割肢解了经验的连贯性，教育整体性被简化为孤立模块的机械拼凑。卢曼的系统理论揭示了教育系统过度分化的危害：课程与儿童真实需求的脱节使教师疲于应付技术化流程，教育的动态性与非线性特征在标准化管理中湮灭。这种解构不仅否定了知识的实践品格，更通过线性逻辑压抑儿童的批判性思维与创造性潜能，教育的生成性在技术牢笼中被彻底规训。

文化霸权与标准化的同质化遮蔽通过意识形态渗透压制个体差异与多元价值。安东尼奥·葛兰西的文化霸权理论在此显影，主流文化标准通过课程内容与评价体系的统一化，将非主流文化贬斥为“偏差”。福柯的“规范化权力”进一步揭示了标准化课程的本质：通过定义“正常”与“异常”实现对个体的规训。城乡教育资源的分化加剧了教育公平的危机，本土文化在全球化浪潮中被系统性贬低，知识的人文价值异化为竞争资本。这种异化的深层根源在于社会功利主义与文化自卑的共谋，教育沦为文化殖民与权力再生产

的工具。

## 三、革新路径：从“对象性”到“生成性”的思维革命

突破对象性思维的桎梏，需推动课程思维范式的根本转型，即从“预设控制”转向“动态生成”，从“主客二分”转向“生态整合”。这一转型需立足三大核心路径：破解幼儿园课程的异化困境，需以生成性思维为核心，推动教育哲学与实践的范式革命。本体论重构是首要路径，其理论根基可追溯至杜威的“经验自然主义”与现象学的生活世界理论。知识中心主义的预设逻辑被彻底解构，课程从“跑道”转向“奔跑的过程”，强调知识在情境化互动中的动态生成。这一转向要求教师摒弃对预设真理的迷信，转而通过观察与倾听捕捉教育契机，使课程回归儿童生命经验的绵延。

生态化整合以复杂性科学与生态心理学为理论基础，打破学科壁垒，重构课程的有机结构。系统论视角下的课程设计强调要素的非加和性，跨领域协同使儿童在真实问题解决中实现认知整合。STEAM 教育与瑞吉欧方案教学的实践表明，当科学探究、艺术表达与社会互动自然交织时，教育的整体性得以彰显。这一转型的挑战在于教师跨学科素养的缺失与教材的线性依赖，但开放性材料库的开发与弹性化课程框架的构建，为生态化整合提供了实践可能。

价值性解放以批判教育学与后殖民理论为指引，推动课程从“标准规训”转向“多元共融”。文化响应式教学通过差异赋能促进社会正义，地方知识与个体经验的合法性被重新确立。政策层面需构建包容差异的制度框架，将本土文化资源纳入课程体系，同时通过家园社协同机制破解功利主义阻抗。技术工具若服务于个性化探究与跨文化对话，则可成为解放的杠杆而非规训的延伸。生成性思维的终极目标，是让课程成为儿童生命经验自由生长的生态场域，在敬畏生命的初心下，教育方能超越异化逻辑，成为文化传承与人性滋养的实践。

## 四、未来展望：思维革命的路向与挑战

思维方式的转型非一日之功，幼儿园课程的革新仍需在以下领域持续探

索，从而实现从“标准化流水线”转向“个性化工坊”，真正成为儿童生命成长的实践性场域。

第一，教师思维的重塑。当前，幼儿园教师普遍受困于“目标—结果”导向的思维定式，将课程简化为教案的机械执行，缺乏对儿童动态需求与文化情境的敏感性。这一挑战的根源在于传统教师培训体系过度强调“标准化技能”的传授，而忽视批判性思维与课程生成能力的培养。例如，许多职前培训仍以“五大领域”的知识灌输为主，教师在实践中难以突破预设框架，面对突发情境时往往选择回避或强行回归原计划。此外，评价机制的单一性进一步固化了教师的保守倾向。要应对这一挑战，需从职前教育与在职支持双路径切入。在职前培养阶段，重构教师教育课程体系，增设“生成性课程设计”“文化情境分析”等模块，通过案例研讨、教育叙事等教学方法，帮助准教师理解课程的动态本质；在职后发展阶段，以“行动研究”为抓手，鼓励教师组建学习共同体，通过记录教学中的生成性事件（如儿童自发提出的探究问题、跨学科活动的意外转向），开展集体反思与迭代设计。由此，幼儿园教师将逐步从“课程执行者”转向“课程共构者”，其专业自主性与创造性得以释放，儿童在课程中的主体地位也将真正落地。

第二，政策支持的转向。现行教育政策对幼儿园课程的干预多集中于“统一标准”与“量化评估”。这种“管控型”政策逻辑与生成性思维背道而驰，不仅压抑了课程创新的可能性，还导致幼儿园为规避风险而选择“安全但平庸”的课程模式。更深层的矛盾在于，政策制定者往往将“质量保障”等同于“标准化”，忽视文化多样性与实践复杂性的客观存在。要破解这一困局，需推动政策范式从“刚性管控”转向“弹性赋能”。一方面，国家层面应制定“基础性课程框架”，明确儿童发展的核心素养（如探究能力、文化认同感），而非具体教学内容，为地方留出创新空间；另一方面，建立“分层评估体系”，在保障底线质量的前提下，增设“课程创新奖”“文化特色园”等激励性评价指标。由此，将激发基层教育的活力，促使幼儿园从“被动执行者”变为“主动创新者”，最终形成“国家标准保底线、地方特色显个性”的课程生态，为儿童提供既具共通性又富文化根性的成长体验。

第三，学术研究的深化。当前幼儿园课程研究面临双重危机：一是对本土教育传统的忽视，许多研究仍停留在对陈鹤琴、张雪门等先驱思想的碎片化引用，缺乏系统梳理与当代转化；二是对国际理论的“非批判性移植”，如盲目推崇瑞吉欧或高瞻课程，却忽视其背后的文化语境与中国实践土壤的差异。这种“无根的学术”导致理论供给与实践需求严重脱节，许多幼儿园教师在面临“如何将安吉游戏与本土文化结合”等具体问题时，难以从现有研究中获得有效指导。要突破这一瓶颈，需构建“历史—国际—实践”三维对话的研究范式。在历史维度上，系统挖掘近代幼教先驱的实践智慧，例如重新诠释陈鹤琴“大自然、大社会都是活教材”思想在当代城市化语境下的新内涵；在国际维度上，与全球批判教育学界展开对话，尤其关注后殖民理论、生态教育学等流派，反思“西方中心主义”对课程研究的隐性支配；在实践维度上，倡导“扎根研究”，鼓励学者长期深入幼儿园，与教师合作开展“设计—实施—反思”循环研究。由此，方能催生一批“贴着地面飞翔”的本土理论，为幼儿园课程实践提供兼具文化厚度与实践可操作性的指导框架，最终推动中国幼教从“理论消费者”向“知识生产者”的转变。

第四，技术应用的伦理反思。随着人工智能、大数据等技术加速渗透教育领域，幼儿园课程面临被技术异化的风险。一方面，AI 测评系统通过分析儿童行为数据生成“发展报告”，可能将复杂的成长过程简化为标准化指标，加剧“对象性思维”的复辟；另一方面，虚拟现实（VR）、智能教具的过度使用，可能削弱师幼间的情感联结与真实互动。要应对这一挑战，需确立“技术为人服务，而非人为技术奴役”的伦理原则，具体路径包括：在技术设计阶段，嵌入教育学与伦理学专家参与，确保工具支持而非替代教师的专业判断（如开发“辅助决策系统”而非“自动决策系统”）；在技术应用阶段，建立“人机协同”机制，例如利用 AI 分析儿童游戏中的社交互动模式，但由教师结合情境解读数据并调整支持策略；在政策层面，制定《幼儿园技术应用伦理指南》，明确数据隐私保护、算法透明度等红线。由此，技术将成为支持生成性课程的有力工具——既帮助教师捕捉儿童发展的细微线索，又避免陷入“数据至上”的陷阱，最终实现“科技赋能教育，而非教育迎合科技”的理想图景。

幼儿园课程的终极价值，在于唤醒儿童的生命自觉与文化认同。对象性思维主导下的课程实践，将儿童矮化为“被塑造的对象”，将文化降格为“被复制的符号”。而生成性思维的革命性意义在于让课程回归“生命在场”——在动态的师幼对话中，在文化的创造性转化中，在个体的诗意生长中，重新定义教育的本质。

陶行知曾言：“教育是依据生活、为了生活的‘活’教育。”本书的研究，正是对这一理想的当代呼应。期待更多教育者加入这场思维革命，共同书写中国幼儿园课程的崭新篇章——让每一所幼儿园成为文化生根的沃土，让每一个儿童成为自己故事的作者。

# 参考文献


［1］奥恩斯坦，等．当代课程问题［M］．余强，译．杭州：浙江教育出版社，2004.

［2］阿利埃斯．儿童的世纪：旧制度下的儿童和家庭生活［M］．沈坚，朱晓罕，译．北京：北京大学出版社，2013.

［3］博比特．课程［M］．张师竹，译．北京：商务印书馆，1927.

［4］布鲁纳著，邵瑞珍译．教育过程［M］．北京：文化教育出版社，1982.

［5］班克斯．多元文化教育概述［M］．李苹绮，译．台北：心理出版社，1998.

［6］皮埃尔·布尔迪厄．男性统治［M］．刘晖，译．深圳：海天出版社，2002.

［7］鲍尔格曼．跨越后现代的分界线［M］．孟庆时，译．北京：商务印书馆，2003.

［8］贝斯特，凯尔纳．后现代理论：批判性的质疑［M］．张志斌，译．北京：中央编译出版社，1999.

［9］乔治·A. 比彻姆．课程理论［M］．黄皖明，译．北京：人民教育出版社，1989.

［10］柏拉图．理想国［M］．郭斌和，张竹明，译．北京：商务印书馆，1986.

［11］陈中立，杨楹，林振义，等．思维方式与社会发展［M］．北京：社

会科学文献出版社，2001.

[12] 陈嘉明，等. 现代性与后现代性 [M]. 北京：人民出版社，2001.

[13] 陈晓明. 后现代主义 [M]. 开封：河南大学出版社，2003.

[14] 丛立新. 课程论问题 [M]. 北京：教育科学出版社，2010.

[15] 陈文华. 幼儿园课程论 [M]. 北京：科学出版社，2011.

[16] 仓桥物三. 幼儿园真谛 [M]. 李季湄，译. 上海：华东师范大学出版社，2013.

[17] 多尔. 后现代课程观 [M]. 王红宇，译. 北京：教育科学出版社，2000.

[18] 丁海东. 学前游戏论 [M]. 济南：山东人民出版社，2001.

[19] 杜威. 经验与自然 [M]. 傅统先，译. 南京：江苏教育出版社，2005.

[20] 德里达. 书写与差异 [M]. 张宁，译. 北京：生活·读书·新知三联书店，2001.

[21] 德里达. 论文字学 [M]. 汪堂家，译. 上海：上海译文出版社，1999.

[22] DEWAY JOHN.The Sources of a Science of Education [M]. H. Liveright, 1929.

[23] 恩格斯. 路德维希·费尔巴哈和德国古典哲学的终结 [M]. 中共中央马克思恩格斯列宁斯大林著作编译局，译. 北京：人民出版社，1997.

[24] 冯忠良，伍新春，姚梅林，等. 教育心理学 [M]. 北京：人民教育出版社，2000.

[25] 冯晓霞. 幼儿园课程 [M]. 北京：北京师范大学出版社，2001.

[26] 弗莱雷. 被压迫者教育学 [M]. 顾建新，等，译. 上海：华东师范大学出版社，2001.

[27] 福柯. 知识考古学 [M]. 马月，译. 北京：生活·读书·新知三联书店，1998.

[28] 方明. 陶行知教育名篇 [M]. 北京：教育科学出版社，2005.

[29] 郭元祥. 教育逻辑学 [M]. 北京：人民教育出版社，2002.

［30］高占祥，等．中国文化大百科全书·教育卷［M］．长春：长春出版社，1994.

［31］霍尔姆斯，麦克莱恩．比较课程论［M］．张文军，译．北京：教育科学出版社，2001.

［32］黄光雄，蔡清田．课程设计——理论与实际［M］．南京：南京师范大学出版社，2005.

［33］胡塞尔．欧洲科学危机和超验现象学［M］．张庆熊，译．上海：上海译文出版社，1988.

［34］怀特海．教育的目的［M］．徐汝舟，译．北京：生活·读书·新知三联书店，2002.

［35］胡志坚．教育家心理史学范式研究［M］．北京：社会科学文献出版社，2007.

［36］洪汉鼎．当代西方哲学两大思潮（上、下）［M］．北京：商务印书馆，2010.

［37］胡金平，周采．中外学前教育史［M］．北京：高等教育出版社，2011.

［38］黄进．儿童游戏文化引论［M］．南京：南京师范大学出版社，2012.

［39］黑格尔．小逻辑［M］．贺麟，译．北京：商务印书馆，1980.

［40］海德格尔．存在与时间［M］．陈嘉映，王庆节，译．北京：生活·读书·新知三联书店，2006.

［41］赫费．实践哲学：亚里士多德模式［M］．沈国琴，励洁丹，译．杭州：浙江大学出版社，2011.

［42］吉登斯．现代性与自我认同：现代晚期的自我与社会［M］．赵旭东，方文，译．北京：生活·读书·新知三联书店，1998.

［43］杰姆逊．后现代主义与文化理论——杰姆逊教授讲演录［M］．唐小兵，译．西安：陕西师范大学出版社，1987.

［44］托马斯·库恩．科学革命的结构［M］．北京：北京大学出版社，2003.

［45］夸美纽斯．大教学论［M］．傅任敢，译．北京：教育科学出版社，1995.

［46］卡林内斯库．现代性的五副面孔［M］．顾爱彬，李瑞华，译．北京：商务印书馆，2002.

［47］康德．纯粹理性批判［M］．邓晓芒，译．北京：人民出版社，2004.

［48］卡西尔．人论［M］．甘阳，译．上海：上海译文出版社，2003.

［49］刘放桐，等．新编现代西方哲学［M］．北京：人民出版社，2000.

［50］刘焱．儿童游戏通论［M］．北京：北京师范大学出版社，2004.

［51］李子健，杨晓萍，殷洁．幼儿园园本课程开发的理论与实践［M］．北京：人民教育出版社，2009.

［52］埃尔金德．儿童发展与教育［M］．刘光年，译．上海：华东师范大学出版社，1988.

［53］贾珀尔・鲁普纳林，詹姆斯・约翰逊．学前教育课程［M］．黄瑾，裴小倩，柳倩，等，译．上海：华东师范大学出版社，2005.

［54］爱德华兹，甘第尼等．儿童的一百种语言［M］．尹坚勤，王坚红，等，译．南京：南京师范大学出版社，2014.

［55］乔治・莫里森．学前教育——从蒙台梭利到瑞吉欧（第十一版）［M］．祝莉丽，等，译．北京：中国人民大学出版社，2014.

［56］约瑟夫・托宾，薛烨，唐泽真弓．重访三种文化中的幼儿园［M］．朱家雄，薛烨，译．上海：华东师范大学出版社，2014.

［57］陆有铨．现代西方教育哲学［M］．北京：北京大学出版社，2012.

［58］梁宁建．当代认知心理学［M］．上海：上海教育出版社，2003.

［59］利奥塔．后现代状况：关于知识的报告［M］．岛子，译．长沙：湖南美术出版社，1996.

［60］洛克．人类理解论［M］．关文运，译．北京：商务印书馆，1959.

［61］麦克尼尔．课程导论（第六版）［M］．谢登斌，等，译．北京：中国轻工业出版社，2007.

［62］马丁・杰伊．法兰克福学派史［M］．单世联，译．广州：广东人民出版社，1996.

[63] 马克斯·韦伯著，约翰内斯·温克尔曼整理，林荣远译．经济与社会（上卷）[M]. 北京：商务印书馆，1997.

[64] 欧力同．孔德及其实证主义 [M]. 上海：上海社会科学院出版社，1987.

[65] 彭聃龄．普通心理学（修订版）[M]. 北京：北京师范大学出版社，2004.

[66] 皮亚杰．儿童的心理发展 [M]. 傅统先，译．济南：山东教育出版社，1982.

[67] 帕克，等．课程规划——当代之取向 [M]. 谢登斌，等，译．杭州：浙江教育出版社，2004.

[68] 派纳等．理解课程：历史与当代课程话语研究导论 [M]. 张华，等，译．北京：教育科学出版社，2003.

[69] 派纳著．自传、政治与性别：1972—1992 课程理论论文集 [M]. 陈雨亭，王红宇，译．北京：教育科学出版社，2007.

[70] 曲玉波，等．逻辑学导论 [M]. 大连：东北财经大学出版社，2003.

[71] 邱雪华，李敏谊．聚集儿童　面向未来：幼儿园可持续发展教育实践 [M]. 北京：北京师范大学出版社，2021.

[72] 瑞泽尔．后现代社会理论 [M]. 谢立中，译．北京：华夏出版社，2003.

[73] 施良方．课程理论：课程的基础、原理与问题 [M]. 北京：教育科学出版社，1996.

[74] 斯宾塞．斯宾塞教育论著选 [M]. 胡毅，王承绪，译．北京：人民教育出版社，1995.

[75] 石中英．知识转型与教育改革 [M]. 北京：教育科学出版社，2001.

[76] 石筠弢．学前教育课程论 [M]. 北京：北京师范大学出版社，1999.

[77] 上海市教育委员会教学研究室．幼儿园课程图景 [M]. 上海：华

东师范大学出版社，2016.

［78］斯莱特里．后现代时期的课程发展［M］．徐文彬，孙玲，等，译．桂林：广西师范大学出版社，2007.

［79］SCHWAB J J.College Curriculum and Student Protest［M］．University of Chicago Press，1969.

［80］斯滕豪斯．课程研究与课程编制入门［M］．诸平，孙蕾，等，译．北京：春秋出版社，1989.

［81］泰罗．科学管理原理［M］．胡隆昶，等，译．北京：中国社会科学出版社，1984.

［82］田鹏颖．社会工程哲学［M］．北京：人民出版社，2008.

［83］陶行知著，中央教育科学研究所编．陶行知教育文选［M］．北京：教育科学出版社，1981.

［84］陶行知．陶行知文集［M］．南京：江苏教育出版社，2008.

［85］陶行知等著，胡晓风等编．生活教育文选［M］．成都：四川教育出版社，1988.

［86］陶行知著，华中师范学院教育科学研究室主编．陶行知全集（第1卷）［M］．长沙：湖南教育出版社，1984.

［87］唐淑，钟昭华．中国学前教育史［M］．北京：人民教育出版社，2000.

［88］唐淑．学前教育史［M］．北京：人民教育出版社，2009.

［89］路德维希·维特根斯坦著，（芬）赖特等编，许志强译．维特根斯坦笔记［M］．上海：复旦大学出版社，2008.

［90］韦斯特伯里，威尔科夫．科学、课程与通识教育：施瓦布选集［M］．郭元祥，乔翠兰，译．北京：中国轻工业出版社，2008.

［91］吴式颖．外国教育史教程［M］．北京：人民教育出版社，1999.

［92］王岳川．后现代主义文化研究［M］．北京：北京大学出版社，1992.

［93］王振州．实践理性视域下的工程思维研究［D］．西安：西安建筑科技大学图书馆，2009.

［94］马克斯·韦伯著，约翰内斯·温克尔曼整理，林荣远译.经济与社会（上卷）［M］.北京：商务印书馆，1997.

［95］王春燕.中国学前课程百年发展与变革的历史研究［M］.北京：教育科学出版社，2004.

［96］王阳明撰，吴光、钱明等编校.王阳明全集［M］.上海：上海古籍出版社，1992.

［97］王鉴.课程论热点问题研究［M］.桂林：广西师范大学出版社，2008.

［98］汪霞.课程研究：现代与后现代［M］.上海：上海科技教育出版社，2003.

［99］徐长福.理论思维与工程思维：两种思维方式的僭越与划界［M］.上海：上海人民出版社，2002.

［100］徐长福.拯救实践（第一卷　意识与异质性）［M］.重庆：重庆出版社，2012.

［101］于源溟.预成性语文课程基点批判［M］.北京：社会科学文献出版社，2007.

［102］叶浩生.西方心理学的历史与体系［M］.北京：人民教育出版社，1998.

［103］亚里士多德著，田昨苗译.亚里士多德全集（第1卷）［M］.北京：中国人民大学出版社，1990.

［104］亚里士多德著，苗力田主编.亚里士多德全集（第7卷）［M］.北京：中国人民大学出版社，1993.

［105］亚里士多德.尼各马可伦理学［M］.廖申白，译注.北京：商务印书馆，2003.

［106］亚里士多德.范畴篇　解释篇［M］.方书春，译.北京：商务印书馆，1959.

［107］蒙台梭利.蒙台梭利幼儿教育科学方法［M］.任代文，译.北京：人民教育出版社，1993

［108］袁爱玲.学前创造教育课程论［M］.北京：北京师范大学出版社，

2000.

［109］虞永平．学前教育学［M］．苏州：苏州大学出版社，2001.

［110］虞永平．学前课程价值论［M］．南京：江苏教育出版，2002.

［111］虞永平．学前课程的多视角透视［M］．南京：江苏教育出版社，2006.

［112］袁爱玲．当代学前课程发展［M］．广东：高等教育出版社，2007.

［113］虞永平．生活化的幼儿园课程［M］．北京：高等教育出版社，2010.

［114］培根．关注儿童生活：以儿童为中心的反思性课程设计［M］．高适，译．武汉：华中科技大学出版社，2012.

［115］虞永平．学前课程与幸福童年［M］．北京：教育科学出版社，2012.

［116］殷瑞钰，汪应洛，李博聪，等．工程哲学［M］．北京：高等教育出版社，2007.

［117］袁振国．教育政策学［M］．南京：江苏教育出版社，1996.

［118］张华，等．课程流派研究［M］．济南：山东教育出版社，2000.

［119］钟启泉，崔允漷，张华．为了中华民族的复兴・为了每位学生的发展——基础教育课程改革纲要（试行）解读［M］．上海：华东师范大学出版社，2001.

［120］张铃．西方工程哲学思想的历史考察与分析［M］．沈阳：东北大学出版社，2008.

［121］张楚廷．课程与教学哲学［M］．北京：人民教育出版社，2003.

［122］钟启泉，高文，赵中建．多维视角下的教育理论与思潮［M］．北京：教育科学出版社，2004.

［123］中国学前教育史编写组．中国学前教育史资料［M］．北京：人民教育出版社，1989.

［124］中国学前教育史编写组．中国学前教育史资料选（全一册）［M］．北京：人民教育出版社，1989.

［125］中国学前教育史编写组．中国学前教育史资料选［M］．北京：人

民教育出版社，1990.

［126］中国学前教育史编写组．中国学前教育史资料选［M］．北京：人民教育出版社，1993.

［127］钟昭华，唐淑．中国学前教育史［M］．北京：人民教育出版社，1993.

［128］张雪门．幼儿教育文集（上卷）［M］．北京：少年儿童出版社，1994.

［129］中国学前教育研究会．中华人民共和国幼儿教育重要文献汇编［M］．北京：北京师范大学出版社，1999.

［130］中国学前教育研究会．中华人民共和国文献［M］．北京：北京师范大学出版社，1999.

［131］中国学前教育研究会．百年中国幼教（1903—2003）［M］．北京：教育科学出版社，2003.

［132］朱家雄．幼儿园课程［M］．上海：华东师范大学出版社，2003.

［133］张雪门．幼稚园教材研究·幼稚教育新论［M］．北京：商务印书馆，2014.

［134］张亚军．幼儿园课程概论［M］．上海：华东师范大学出版社，2015.

［135］朱莉·戴维斯．幼儿与环境——致力于可持续发展的早期教育［M］．孙璐，等，译．南京：南京师范大学出版社，2018.